W0228547

LITERATUR
REISEN Wege
Orte
Texte

Literaturreisen
Prag

Hartmut Binder

Ernst Klett Verlag für Wissen und Bildung
Stuttgart · Dresden

Herausgeber der Reihe Literaturreisen: Jürgen Wolff

1. Auflage 1992
Alle Rechte vorbehalten
© Ernst Klett Verlag für Wissen und
Bildung GmbH, Stuttgart 1992
Satz: Fotosatz Janß, Pfungstadt
Karten: Günther Bosch, Stuttgart
Reproduktion: Repro Druck, Fellbach
Druck: Druckerei Ludwig Auer GmbH, Donauwörth
Einbandgestaltung: Eckart Roese, Stuttgart

Die Deutsche Bibliothek — CIP-Einheitaufnahme

Literaturreisen Prag / Hartmut Binder. —
1. Aufl. — Stuttgart ; Dresden :
Klett Verlag für Wissen und Bildung, 1992
(Literaturreisen — Wege, Orte, Texte)
ISBN 3-12-895210-8
NE: Binder, Hartmut

Inhalt

Vierter Spaziergang:
Franz Werfel und seine Welt –
Durch das Stadtparkviertel

Fünfter Spaziergang:
Beim braven Soldaten Schwejk –
Über die Sofieninsel durch die obere Neustadt

Sechster Spaziergang:
Ort des Gedenkens und der Entsagung –
Mit von Saar und Stifter auf dem Wischehrad

Vorwort

Ganz Praha ist ein Goldnetz von Gedichten.
(Detlev von Liliencron, „Poggfred")

Wer sich als kunstsinniger Zeitgenosse zu einer Reise nach Prag entschließt, darf reichen Gewinn erwarten. Er findet nicht nur eine fast gänzlich unzerstörte Stadt vor, sondern auch eine Vielzahl historischer Monumente, die an Qualität und Bedeutung in Mitteleuropa ihresgleichen sucht. Da diese Baulichkeiten, aber auch die Prager Inseln, Parks, Plätze, Quais, Straßen, Lokale, Privathäuser und das unvergleichliche Stadtbild selbst immer wieder Gegenstand von literarischen Gestaltungen geworden sind, bietet sich die reizvolle Möglichkeit, die böhmische Metropole am Leitfaden ausgewählter Texte zu durchwandern.

Wer sich entschließt, Prag mit Hilfe der sechs Spaziergänge kennenzulernen, die in diesem Band beschrieben werden, absolviert zugleich große Teile des üblichen kunstgeschichtlichen Besichtigungsprogramms. Kenntnis und Verständnis des Beschauers werden dabei jedoch um eine weitere Ebene bereichert, denn die gesehenen Einzelmonumente, baulichen Ensembles und stimmungsdichten topographischen Einzelheiten zeigen sich ihm aus ganz unterschiedlichen Perspektiven dichterischer Anverwandlung.

Erzählungen, Romane und Gedichte von Max Brod, Rudolf Fuchs, Camill Hoffmann, Franz Kafka, Egon Erwin Kisch, Paul Leppin, Gustav Meyrink, Rainer Maria Rilke, Karl Hans Strobl, Johannes Urzidil und Franz Werfel bilden den Schwerpunkt der ausgewählten Textbeispiele. Ergänzend treten dazu tschechische Schriftsteller wie Eduard Bass, Svatopluk Čech, Ota Filip, Alfred Fuchs, Jaroslav Hašek, Bohumil Hrabal, Vitezslav Nezval, Jan Neruda, Antonín Macek, Jaroslav Seifert und Zigmund Winter, die ihrer Heimatstadt nicht weniger eindringlich gehuldigt haben als ihre deutschen Kollegen.

Schließlich sind in angemessener Weise Autoren wie Guillaume Apollinaire, Else Lasker-Schüler, Detlev von Liliencron, Rudolf Pannwitz, Christian Morgenstern, Wilhelm Raabe und Adalbert Stifter berücksichtigt worden, die als gelegentliche Besucher der Stadt Texte gewidmet haben.

Die Spaziergänge sind als Rundwanderungen angelegt. Sie orientieren sich am *Václavské náměstí* (Wenzelsplatz) im Zentrum der

Stadt, an dem sich die drei Prager Metro-Linien kreuzen. Die einzelnen Sehenswürdigkeiten, an denen der Literaturfreund vorbeigeführt wird, sind auf den beigegebenen Stadtplänen mit arabischen Zahlen markiert worden, die in den Überschriften des Textteils wiederkehren. Da die tschechischen Bezeichnungen schwer zu behalten und noch schwieriger auszusprechen sind, wurden jeweils deutsche Übersetzungen beigefügt, die aber nicht immer als direkte semantische Entsprechungen aufgefaßt werden dürfen. Es wurden diejenigen Namen gewählt, die bis zum Ende des Ersten Weltkriegs von der in der Stadt lebenden deutschen Minorität gebraucht wurden, weil sie in dieser Form auch in den Werken und Lebenszeugnissen der Prager deutschen Autoren vorkommen.

Um die Identifizierung einzelner Objekte zu erleichtern, werden die beiden Hausnummern genannt, die neben oder über den Portalen Prager Gebäude von kleinen Täfelchen abzulesen sind. Dabei meint die erste Zahl die eigentliche *Orientierungsnummer,* die in einer unseren Hausnummern vergleichbaren Weise das schnelle Auffinden eines Hauses innerhalb einer Straßenfront erlaubt und an den Bauwerken auf blauem Grund steht. Die zweite, rot unterlegte Zahl ist als sogenannte *Konskriptionsnummer* zu verstehen, die sich nicht ändert, solange das ihr zugeordnete Bauwerk Bestand hat.

In der Zeit, in der Hausnummern noch nicht üblich waren, wurden die Prager Häuser mit Hilfe von Hauszeichen benannt, die an der Fassade befestigt waren und sich teilweise erhalten haben. Aber auch in späterer Zeit hat man gewohnheitshalber und aus ästhetischen Gründen zusätzlich zur Numerierung Hauszeichen verwendet, aus denen sich oft poetische Hausnamen ableiten. Wo sie sich eingebürgert haben, sind sie gelegentlich in der vorliegenden Darstellung verwendet worden.

Ausdrücklich sei darauf hingewiesen, daß die Prager Straßen und Gehwege besonders uneben sind. Man trage durch die Verwendung geeigneten Schuhwerks entsprechend Vorsorge.

Schließlich möge der Reisende bedenken, daß Prag seit der Öffnung des Landes im Jahr 1989 unter ähnlichen Problemen zu leiden hat wie andere europäische Millionenstädte. Besonders in Bahnhofsnähe, auf dem *Václavské náměstí,* in der *Pařížská* (Niklasstraße) und auf dem *Staroměstské náměstí* (Altstädter Ringplatz) sowie in der Nacht besteht die Gefahr, daß man bestohlen wird, wenn man sich unvorsichtig verhält.

Erster Spaziergang:
Kafkas „Beschreibung eines Kampfes" – Über Karlsbrücke und Kleinseite auf den Laurenziberg

Der Rundgang sollte als Tagesausflug unternommen werden, kann aber auch in zwei Etappen durchgeführt und etwas verkürzt werden. (Hinweise S. 58 und 66.) Er folgt einer Route, die in der ersten Fassung von Kafkas „Beschreibung eines Kampfes" geschildert wird: In einer Rahmenerzählung, die den ersten und dritten Teil der Erzählung bildet, wird ein nächtlicher Spaziergang durch das winterlich verschneite Prag beschrieben, der in einem nicht näher bezeichneten Haus in der Prager Neustadt beginnt, über die *Národní třída* und das *Smetanovo nábřeží* auf die Karlsbrücke und von dort weiter über die Kleinseite *(Malá Strana)* zum Laurenziberg *(Petřín)* führt. Der zuletzt

1 Nr. 29/342: Haus des Kinderbuchs
2 Nr. 20/116: Café „Louvre"
3 Nr. 12/137: Lese- und Redehalle der deutschen Studenten
4 Nr. 1/1012: Café „Slavia"
5 Franzensmonument
6 Nr. 34/208: Palais Pachta
7 Novotny-Steg
8 Karlsmonument
9 Brückenkreuz
10 Statue der hl. Ludmilla
11 Statue des hl. Johannes von Nepomuk

genannte Bergrücken ist überdies Schauplatz von Kafkas „Prozeß"-Roman, dessen Schlußszene in einem ehemals hier gelegenen Steinbruch spielt.

In der „Beschreibung eines Kampfes" fehlen allerdings Aussagen zur Topographie der Kleinseite, die im Mittelteil der Erzählung durchwandert wird. Die Hauptfigur, in Begleitung eines Bekannten, den sie eben bei einer Faschingsveranstaltung kennengelernt hat, gibt sich während dieser Zeit phantastischen Belustigungen hin, die ihre Aufmerksamkeit vollständig von der äußeren Umgebung abziehen und deswegen auch dem Leser nichts von den Baulichkeiten dieses Stadtteils gewahr werden lassen.

Der Spaziergang, der durch einen in der Erzählung nicht mehr dargestellten Rückweg zu ergänzen war, bringt das vielgerühmte Prager Stadtbild in immer neuen Abwandlungen zur Geltung und gibt Gelegenheit, Texte von Max Brod, Ota Filip, Jaroslav Hašek, Egon Erwin Kisch, Paul Leppin, Antonín Macek, Rainer Maria Rilke, Jaroslav Seifert, Karl Hans Strobl und Franz Werfel zu zitieren.

Národní třída (Ferdinandstraße)

Man geht am unteren Ende des Wenzelsplatzes *(Václavské náměstí)* in westlicher Richtung über die *28. října*. Hier beginnt die zwischen der Prager Altstadt und Neustadt verlaufende *Národní třída*. Die elegante, zur Moldau führende Geschäftsstraße war am Ende der Donaumonarchie und während der ersten Tschechoslowakischen Republik der Korso der Tschechen. Von 1864 bis zum Ende des Ersten Weltkriegs hieß sie Ferdinandstraße, zu Ehren Kaiser Ferdinands I. (1556–1564), der 1526 König von Böhmen und Ungarn geworden war.

Die „Beschreibung eines Kampfes", der erste größere Prosatext Kafkas (Näheres S. 142), der sich erhalten hat, liegt in zwei Fassungen vor, die leider in der Darbietung innerhalb der „Gesammelten Werke" miteinander vermischt worden sind. Erst 1969 erfolgte eine handschriftengetreue Parallel-Edition der beiden Versionen, von denen hier ausschließlich die erste, zwischen 1904 und 1907 entstandene von Bedeutung ist.

Die Erzählung steht ganz in der Erzähltradition der Prager Literatur, sowohl was die genaue topographische Fixierung des Handlungs-

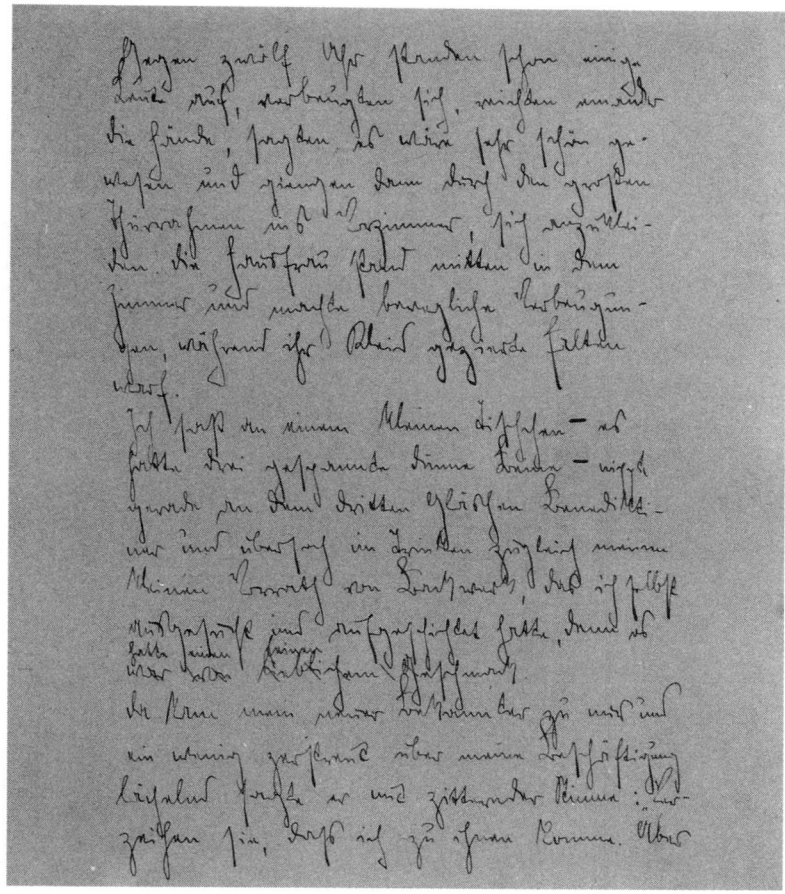

„Beschreibung eines Kampfes"

gangs betrifft – Straßen und Baulichkeiten werden bei ihrem wirklichen Namen genannt – als auch im Blick auf die Verfremdung dieser detailreich wiedergegebenen äußeren Wirklichkeit ins Bizarre und Unwirkliche, die vor allem für den traumhaften Mittelteil kennzeichnend ist. Die Verständigungsschwierigkeiten, die der Protagonist mit seinem Begleiter hat, gründen in Ich-Schwäche und Bindungsängsten, die der Welt der Erscheinungen ein bedrohliches Ansehen verleihen.

Als wir in die Ferdinandstraße kamen, bemerkte ich, daß mein Bekannter eine Melodie zu summen begann; es war ganz leise, aber ich hörte es. Ich fand, daß es für mich beleidigend sei. Warum sprach er nicht mit mir? Wenn er mich aber nicht nöthig hatte, warum hatte er mich nicht in meiner Ruhe gelassen. [...]
Doch, mein Bekannter gieng noch hinter mir, ja er beschleunigte sogar seinen Gang, als er merkte, daß er zurückgeblieben war und that, als wäre das etwas Natürliches. Ich aber überlegte, ob es nicht vielleicht passend wäre, in eine Seitengasse einzubiegen, da ich doch zu einem gemeinsamen Spaziergang nicht verpflichtet war. Ich konnte allein nachhause gehn und keiner durfte mich hindern. In meinem Zimmer würde ich die Stehlampe anzünden, welche in dem eisernen Gestelle auf dem Tische ist, ich würde mich in meinen Armstuhl setzen, der auf dem zerrissenen morgenländischen Teppich steht – Als ich soweit war, überfiel mich die Schwäche, die immer über mich kommt, sobald ich daran denken muß, wieder in meine Wohnung zu gehn und wieder Stunden allein zwischen den bemalten Wänden zu verbringen und auf dem Fußboden, welcher in dem an der Rückwand aufgehängten Goldrahmenspiegel schräg abfallend erscheint. Meine Beine wurden müde und schon war ich entschlossen auf jeden Fall nachhause zu gehn und mich in mein Bett zu legen, als mir der Zweifel kam, ob ich jetzt beim Weggehn meinen Bekannten grüßen solle oder nicht. Aber ich war zu furchtsam, um ohne Gruß wegzugehn und zu schwach, um laut rufend zu grüßen, daher blieb ich wieder stehn, stützte mich an eine mondbeschienene Häusermauer und wartete.

(Franz Kafka, Beschreibung eines Kampfes, S. 16, 18)

1. Nr. 29/342: „Haus des Kinderbuchs"
(„Dům détské knihy")

Im Erdgeschoß des Vorgängerbaus, also an der Stelle, an der sich jetzt die Buchhandlung „Albatros" etabliert hat, befand sich ehedem das Kaffeehaus „Union", das zu Anfang des Jahrhunderts ein beliebter Treffpunkt der tschechischen Avantgarde war. Hier verkehrten Schriftsteller wie Josef (1887–1945) und Karel (1890–1938) Čapek (vgl. S. 274), Viktor Dyk (1877–1931), Jaroslav Hašek (vgl. S. 257), der Lyriker Jaroslav Seifert, von dem gleich ausführlich die Rede sein wird, aber auch Bildende Künstler wie Jan Zrzavý (1890–1977) oder Jan Štursa (1880–1925).

2. Nr. 20/116: Café „Louvre" (kavárna „Louvre")

Im ersten Obergeschoß dieses Gebäudes, das heute eine Sprach-schule *(Jazyková škola)* beherbergt, war früher das Café „Louvre" un-tergebracht. Hinter den großen Rundbogenfenstern mit den dazwi-schen liegenden floralen Jugendstilsegmenten pflegte sich zu Anfang dieses Jahrhunderts alle zwei Wochen ein Zirkel deutscher Intellektuel-ler zu versammeln, der den Lehren des Philosophen Franz Brentano (1838–1917) anhing. Zu dieser Gruppe gehörten der Philosoph Oskar Kraus (1872–1942), Verfasser der seinerzeit berühmten „Meyriade" (dazu S. 208), kurze Zeit auch Max Brod und Franz Kafka.

3. Nr. 12/137: „Lese- und Redehalle der deutschen Studenten"

Bis zum Sommersemester 1904 (im Herbst dieses Jahres bezog man in der *Krakovská Nr. 14/1362* ein eigenes Vereinshaus) befanden sich auf dem Gelände unmittelbar links des Neubaus *Nr. 10/138,* in dem heute die „Deutsche Bank" residiert, Räumlichkeiten der 1848 entstandenen „Lese- und Redehalle der deutschen Studenten in Prag". Augenblicklich ist an dieser Stelle lediglich eine bis zur *Miku-landská* reichende, das ehemalige Eckhaus einschließende Baugrube zu sehen, die von einem hohen Bretterzaun umgeben ist.

Die „Halle" hatte es sich zur Aufgabe gemacht, die Studenten-schaft im Geist der deutschen Kultur zu erziehen. Es handelte sich um einen akademischen Dachverband liberaler Prägung, in dem man Mit-glied sein konnte, ohne einer studentischen Verbindung anzugehören. Man benützte die Vereinsräume und die hier untergebrachte, ausge-zeichnete Bibliothek, in der die zeitgenössische Literatur in beson-ders reichem Maße vertreten war, oder engagierte sich in einzelnen, teilweise den Fakultäten entsprechenden Sektionen, die durch eigene Ausschüsse geleitet wurden und vor allem durch Vorträge das kultu-relle Leben an der Prager deutschen Universität anzuregen suchten. Hier sprach Max Brod (Näheres S. 100), der gerade sein Jurastudium begonnen hatte, am 23. Oktober 1902 über „Schicksale und Zukunft von Schopenhauers Philosophie". Unter den Zuhörern befand sich Franz Kafka, der schon im dritten Semester war und den ihm bis da-hin unbekannten Referenten nach der Veranstaltung ansprach. Dies war der Beginn einer lebenslangen Freundschaft, ohne die Kafkas Werk in der vorliegenden Form nicht existieren würde. Brod förderte nicht nur die meisten Veröffentlichungen Kafkas, der seinem eigenen

Werk durchweg zwiespältig gegenüberstand, sondern rettete nach dem frühen Tod seines Intimus dessen literarische Hinterlassenschaft, die neben den bis dahin ungedruckten Romanen zahlreiche Erzählfragmente, die Tagebücher und den „Brief an den Vater" (vgl. S. 145) umfaßte, vor dem Vergessen und der Vernichtung. Brod erinnert sich an die erste Begegnung mit Kafka:

> Die Sektion hatte ihre regelmäßigen Debatten- und internen Vortragsabende. Bei einem dieser Abende debutierte ich, frisch vom Gymnasium weg, mit einem Vortrag ‚Schopenhauer und Nietzsche‘, der deshalb einiges Aufsehen machte, weil ich, erbitterter und fanatischer Schopenhauerianer der ich damals war und als welcher ich den geringsten Widerspruch gegen die Thesen meines vergötterten Philosophen förmlich als Majestätsbeleidigung empfand, von Nietzsche ganz einfach und unverblümt als von einem ‚Schwindler‘ gesprochen hatte. (Meiner Abneigung gegen Nietzsche bin ich übrigens bis heute treu geblieben, wenn auch mit Vorbehalten und in verändertem Sinn.)
> Nach diesem Vortrag begleitete mich Kafka, der um ein Jahr Ältere, nach Hause. – Er pflegte an allen Sitzungen der ‚Sektion‘ teilzunehmen, doch hatten wir einander bis dahin kaum beachtet. Es wäre auch schwer gewesen, ihn zu bemerken, der so selten das Wort ergriff und dessen äußeres Wesen überhaupt eine tiefe Unauffälligkeit war, – sogar seine eleganten, meist dunkelblauen Anzüge waren unauffällig und zurückhaltend wie er. Damals aber scheint ihn etwas an mir angezogen zu haben, er war aufgeschlossener als sonst, allerdings fing das endlose Heim-Begleitgespräch mit starkem Widerspruch gegen meine allzu groben Formulierungen an. Von da aus kamen wir auf die Autoren zu sprechen, die wir liebten, verteidigten sie gegeneinander. Ich schwärmte für Meyrink. Im Gymnasium hatte ich mich an den Klassikern gebildet, alles ‚Moderne‘ abgelehnt, noch in einer der Oberklassen war aber ein Umschwung eingetreten, jetzt war mir im rechten Sturm-und-Drang alles Seltsame, Ungezügelte, Schamlose, Zynische, Maßlose, Überspitzte willkommen. Kafka trat mir mit Ruhe und Weisheit entgegen. Für Meyrink hatte er nichts übrig. Nun zitierte ich auswendig ‚schöne Stellen‘. Eine aus dem ‚Violetten Tod‘ von Meyrink, der Schmetterlinge mit großen, aufgeschlagenen Zauberbüchern verglich. Kafka rümpfte die Nase. Derartiges erschien ihm weit hergeholt und allzu aufdringlich; was effektvoll und intellektuell, künstlich erdacht anmutete, verwarf er (wobei er aber nie derartig katalogisie-

rende Worte anwandte). In ihm war etwas (und das liebte er auch an andern) von der „leise redenden Stimme der Natur", die Goethe ansprach. Als Gegenbeispiel, als das, was ihm gefiel, zitierte Kafka einen Passus von Hofmannsthal: „Der Geruch nasser Steine in einem Hausflur". Und er schwieg lange, setzte nichts hinzu, als müsse dieses Heimliche, Unscheinbare für sich selbst sprechen. – Das machte einen so tiefen Eindruck auf mich, daß ich noch heute die Gasse und das Haus weiß, vor dem dieses Gespräch stattfand.
(Max Brod, Über Franz Kafka, S. 45 f.)

4. Nr. 1/1012: Café „Slavia" (kavárna „Slavia")

In dem noch heute bestehenden Café „Slavia" gegenüber dem 1883 erbauten Tschechischen Nationaltheater *(Národní divadlo)* am Ende der *Národní třída* trafen sich seit dem Ende des letzten Jahrhunderts tschechische Theaterleute und avantgardistische Künstler. Hier hat Rilke Teile seiner Erzählungen „König Bohusch" und „Die Geschwister" lokalisiert, die durch die Gestalt des nationalistischen tschechischen Studenten Rezek miteinander verbunden sind und 1899 unter dem Titel „Zwei Prager Geschichten" in Buchform herauskamen. Allerdings erscheint das Lokal in diesem Band unter dem Namen „Café National", der die Stoßrichtung der in einem nationalistisch gefärbten tschechischen Milieu angesiedelten Erzählung besser verdeutlicht. Rilke nahm ihn von der gegenüber dem Ursulinerinnen-Kloster Ecke *Národní třída/Karolíny Světlé* gelegenen *„Národní kavárna"* (Café „National") *(Nr. 13/339),* die den Intellektuellen dieser Volksgruppe ebenfalls als Stammsitz diente.

Der tschechische Schriftsteller *Jaroslav Seifert,* der am 23. September 1901 in Prag als Sohn eines Arbeiters geboren wurde, schloß sich der 1921 gegründeten, avantgardistischen literarischen Vereinigung „Devětsil" (wörtlich: Neunwurz) an, deren Wortführer Karel Teige und Vítězslav Nezval (vgl. S. 274) waren. Neben dem Café „National" gehörte nach dem Ersten Weltkrieg das „Slavia" zum bevorzugten Treffpunkt der Gruppe. 1922 wurde Seifert Redakteur der kommunistischen Parteizeitung „Rudé právo" (Rotes Recht), trat aber 1929 aus der Partei aus. Von 1945 bis 1949 leitete er das Feuilleton einer Gewerkschaftszeitung, danach lebte er als freier Schriftsteller. Nachdem die politische Ära des Prager Frühlings aufgrund einer Invasion des Warschauer Paktes zusammengebrochen war, hatte Seifert jahrelang Schreibverbot. Seine Niedergeschlagenheit angesichts dieser Entwicklung dokumentiert sich in seiner Lyriksammlung „Die Pestsäule" (1981), sein Widerstand gegen das neue System in der Tatsache, daß er zu den Mitunterzeichnern der „Charta 77" gehörte. 1984 erhielt Seifert den Nobelpreis für Literatur.

Seifert ist Vertreter einer melancholisch-meditativen Weltbetrachtung und in seinen lyrischen Hervorbringungen seit den sechziger Jahren zunehmend alltäglicher, schmuckloser Sprachgebung verpflichtet, die sich in eigenrhythmischen Versen ordnet. Er ist auch als Verfasser poetischer Feuilletons hervorgetreten, die in dem Band „Alle Schönheiten der Welt" (1982) vereinigt sind. Seiferts Werk hat vor allem die Liebe, die Musik und den Tod zum Gegenstand, ist aber zugleich durch eine intensive Beziehung zu seiner Heimatstadt gekennzeichnet, deren Erscheinungsformen in seinem Werk vielfältig gebrochen fortleben. Am 10. Januar 1986 ist er in Prag gestorben.

Seifert hat in seinen poetischen Stimmungsbildern die Kaffeehausbesuche seiner Frühzeit literarisch Gestalt werden lassen, die sich für ihn mit der Sehnsucht nach Paris und einer Wertschätzug der modernen französischen Dichtung verbanden. In seinem Essay „Fräulein Toyen" schildert Seifert seine erste Begegnung mit dem Werk Guillaume Apollinaires (1880−1918), der, zwischen Symbolismus und Surrealismus stehend, 1913 die kubistische Schule begründet und eine experimentelle, von Simultaneität und den Gesetzen der Assoziation beherrschte Poesie verwirklicht hatte, die zum Vorbild für die jungen Autoren der Zeit wurde. Der Vermittler war der Literaturkritiker und Graphiker Karel Teige (1900−1951) gewesen, zusammen mit dem Lyriker und Dramatiker Vítězslav Nezval (1900−1958) Hauptvertreter des sogenannten Poetismus, der zwischen 1920 und 1928 den Weg der tschechischen Avantgarde bestimmte.

In seinem Gedicht „Café Slavia" (1967) hat Seifert seine erste Berührung mit dem Werk Apollinaires nicht nur an den Ort versetzt, an dem sie tatsächlich stattgefunden hat, sondern auch eine Szenerie gewählt, die besonders geeignet war, die Atmosphäre von Paris zu beschwören. Zum besseren Verständnis des Textes muß man wissen, daß Apollinaire im März 1902 zwei Tage lang in Prag war, ein Besuch, der von den avantgardistisch gesinnten tschechischen Autoren mystifiziert wurde. (Näheres S. 223)

Von der Uferstraße durch eine Geheimtür
aus so klarem Glas,
daß sie fast unsichtbar ist,
              und deren Angeln
geschmiert sind mit Rosenöl,
pflegte Guillaume Apollinaire einst einzutreten.

Er trug noch den Kopfverband [1] aus dem Krieg.
Er setzte sich zu uns
              und las brutal schöne Verse,
die Karel Teige sofort übersetzte.

Dem Dichter zu Ehren
              wurde Absinth getrunken,
der grüner
              als alles Grüne ist,
und wenn wir von unserem Tisch aus dem Fenster blickten,
floß die Seine unter dem Kai.
                    Ach ja, die Seine!
Breitbeinig, ganz in der Nähe
erhob sich der Eiffelturm [2].

Einmal kam Nezval mit schwarzer Melone.
Damals ahnten wir nicht,
              ebensowenig wie er,
daß Apollinaire die gleiche getragen hatte,
als er sich in die schöne
Louise de Coligny-Châtillon [3] verliebte.
Er nannte sie Lou.
(Das Prager Kaffeehaus, S. 5 f.)

---

1 Apollinaire wurde 1916 als Soldat schwer verwundet; Picasso hat ihn mit Kopfverband auf einer Zeichnung festgehalten.
2 Gemeint ist der von den Fenstern des Kaffeehauses aus sichtbare, 60 m hohe eiserne Aussichtsturm auf dem *Petřín*, der 1891 nach dem Vorbild des Eiffelturms errichtet
und im Volksmund auch so benannt wurde.
3 Apollinaire begegnete der jungen, heißblütigen Frau Ende September 1914 in
Nizza. Sein Werben, auch in Gedichten, war erst im Dezember von Erfolg gekrönt, wo
die Liebenden eine Woche in Nîmes verlebten.

Der 1930 geborene tschechische Schriftsteller Ota Filip, der 1970 aus politischen Gründen im Gefängnis saß, 1974 ausgebürgert wurde und seitdem in München lebt, hat in seinem Roman „Café Slavia" (1985) dem traditionsträchtigen Kaffeehaus ebenfalls ein Denkmal gesetzt. Ein Prager Adliger, der letzte seines Geschlechts, berichtet dem Ich-Erzähler auf dem Kreuzherrenplatz und auf der Karlsbrücke in Etappen von den verschlungenen Pfaden seines durch wechselnde Maskeraden bestimmten Lebens, die ihn immer wieder ins Café „Slavia" führen. Als Stammgast genießt er selbstverständlich beträchtliche Vorteile: Der Kellner Alois preist ihm das Etablissement als „Zufluchtsort", der in willkommener Weise die Möglichkeit biete, sich gelegentlich vom Fluß des Lebens abzusetzen. (S. 85) Die Vorzüge dieser Auffassung zeigen sich gleich im nächsten Kapitel, der „Zwanzigsten Geschichte", die ein amouröses Abenteuer des wandlungsfähigen Helden zum Gegenstand hat:

Im Frühjahr war ich in ihre Kutsche gestiegen und fuhr mit ihr in ein Haus am Rande des Laurenziberges in eine grüne Wohnung. Sie schwieg, und ich hatte auch nichts zu sagen. Als ich mich angezogen hatte und mich verabschiedete, schwieg sie noch immer. Erst als ich die Verriegelung der hellgrünen Tür aufmachen wollte, kam sie im dunkelgrünen Schlafrock ins Vorzimmer und sagte: „Wissen Sie, daß ich unglücklich bin?"

Ich nahm damals einen besorgten Ausdruck an, und da mir nichts anderes einfiel, stellte ich leise die banale Frage: „Wo liegt eigentlich die Grenze zwischen Glücklich- und Unglücklichsein?"

„Das möchte ich eben wissen."

„Gnädigste, es war eher eine rhetorische Frage, auf die es keine Antwort gibt."

„Ich bin aber unglücklich!"

„Es ist schön und gut, wenn man überhaupt etwas empfindet", sagte ich und verließ die Wohnung.

Nein, sie kann mich nicht erkennen, dachte ich, ich trug damals die Maske eines fünfunddreißigjährigen polnischen Revoluzzers, und seit unserer Begegnung sind immerhin sieben oder acht Monate vergangen. Aber jetzt stand sie unter dem großen Fenster des Cafés und starrte mich an. Sie winkte mir zu, ja sie lächelte mich wehmütig an, vielleicht sogar, das konnte ich damals nicht entscheiden, zugleich auch hoffnungsvoll.

Ich bemühte mich, mein weitsichtiges Auge über den grünen Hut der Dame zur Schützeninsel schweifen zu lassen, ich hob sogar das leere Kognakglas an die Lippen, denn ich wollte ihr deutlich signalisieren: Ich sehe Sie nicht, gnädige Frau. Sie sind für mich nur ein grünes Loch in der sonnigen Winterluft!

Plötzlich stand sie vor mir.

„Da sind Sie endlich! Einen ganzen Monat laufe ich mir die Füße wund, habe Sie überall gesucht und erst jetzt gefunden. Oh, ich bin so unglücklich, ich bin schwanger, ich bekomme ein Kind, Sie Schuft!"

Sie sprach leise und mit der Stimme eines grünen Engels, eines Seraphims, dem ranghöchsten im Himmel. Sie hatte wunderschöne Augen, das linke war grau, das rechte grün.

„Ein Kind zu erwarten ist doch kein Unglück", erwiderte ich.

„Aber was sagt mein Mann dazu? Er kann es sich doch ausrechnen, Mitte April . . ."

„Sie irren, Madame", unterbrach Herr Alois, der rechtzeitig aus der Nebelzone auftauchte, die Dame in Grün. Mit seinem abwesenden Blick überschaute er das sanft gezeichnete Panorama über der Moldau.

„Den ganzen April waren wir mit dem Herrn Grafen auf seine Güter in Nordböhmen zum Angeln gefahren. Soweit ich mich erinnere, war auch unser Koch, Herr Franz, und der Oberkellner, Herr Adolf, dabei. Dies können wir vor jedem Gericht beschwören. Es tut mir leid, Madame, Sie irren. Ich muß Sie bitten, unsere Gäste nicht zu belästigen!"

„Das ist doch gemein!" stotterte mehrmals die Dame und wurde immer kleiner. Zuletzt blieb nur ein kleiner grüner Fleck an der gläsernen Eingangstür des Café Slavia von ihr übrig, aber auch der löste sich auf.

„Ich danke Ihnen, Herr Alois", sagte ich gerührt.

(Ota Filip, Café Slavia, S. 86 f.)

Derart abgewiesen, bleibt der Grüngekleideten nichts anderes übrig, als sich über das Geländer der an dieser Stelle über die Moldau führenden Brücke zu stürzen. Der aufmerksame Leser wird ihr gegen Ende des Spaziergangs wieder begegnen.

Smetanovo nábřeží (Franzensquai)

Am Ende der *Národní třída* biegt man rechts in den 1841–1845 erbauten Franzensquai ein, der einen herrlichen Blick auf die Moldau, die Kaiser-Franzens-Brücke *(most Legií)*, die sich darunter erstrekkende, baumbewachsene Schützeninsel *(Střelecký ostrov)* und die gegenüberliegende Kleinseite *(Malá Strana)* mit der sie beherrschenden Prager Burg *(Hradčany)* erlaubt.

Etwas von der Frühlingsstimmung, die in der Zeit der Donaumonarchie auf dieser Uferpromenade geherrscht haben mag, ist in einer Passage aus Paul Leppins Roman „Severins Gang in die Finsternis" (1914) gegenwärtig, der mehr durch die eindringliche Darbietung sprechender Details und Tableaus als durch stringente Handlungsführung überzeugt:

Am Franzenskai blühten die Akazien. Severin setzte sich auf eine Bank am Rande des Ufers. Unter ihm floß die Moldau und ein Segelboot trieb langsam den Mühlen zu. Ein Schwarm von abenteuerlichen Wolken zog über den Himmel und bedeckte zeitweilig die Sonne. [. . .]

Er sah die Kleinseite am jenseitigen Ufer des Flusses und die Karlsbrücke, über die die Ordenspriester in langen Röcken paarweise wie Schüler gingen. Etwas von der Stimmung der Nepomuktage [1] war noch in der Luft zurückgeblieben, die ruhig über das Wasser strich und die welken Blüten der Moldauakazien vor seine Füße kehrte. Auf der Brücke stand noch das Holzgerüst mit den gläsernen Lampen vor der Statue des Märtyrers, wo die Landleute aus den Dörfern alljährlich zusammenkamen, um ihren Schutzpatron zu verehren. [. . .]

Severin war schon seit Jahren in keiner Kirche gewesen. Die Glut seiner Jugend hatte sich in blinden und lässigen Schwärmereien verbraucht. Aus der Müdigkeit, die ihn hielt und von der er sich absichtslos von einem Tag in den anderen tragen ließ, kam nun die alte und lange vergessene Sehnsucht seiner Knabenseele herauf. Die Nachmittagssonne hatte aus dem Dufte der Akazien und dem Atem des Flusses einen warmen Dunst gekocht, dessen leise Fäulnis ihn erregte. Auf dem Gehsteig des Ufers ging eine Waisenschule spazieren und die gleichgekleideten Mädchen unterhielten sich flüsternd. Eine ver

---

1 Vgl. S. 39.

SMETANOVO NÁBŘEŽÍ (FRANZENSQUAI)

mummte Nonne geleitete sie und ihre jungen Augen sahen unter der
Kapuze einen Augenblick lang zu Severin herüber. Es waren graue
und fromme Augen, mit einem Stern in der Mitte, so wie Tante Regina
sie gehabt hatte. Unschlüssig stand er auf und suchte in den Taschen seines Rockes
nach einer Zigarette. Ihm gegenüber glänzte die Firmatafel der Bibelgesellschaft im Licht. Vor vielen Jahren hatte er hier einmal in den
Schulferien für billiges Geld eine heilige Schrift gekauft. Er behielt sie
nicht lange; sie ging ihm verloren, wie die meisten Bücher, die er besaß. Er dachte nur daran, weil er heute wieder den Wunsch nach den
schweren, vom Alter nachgedunkelten Berichten der Testamente und
nach der hellen Weisheit der Evangelisten spürte.

Es waren graue und fromme Augen, mit einem Stern in der Mitte, so wie Tante Regina sie gehabt hatte.

Unschlüssig stand er auf und suchte in den Taschen seines Rockes nach einer Zigarette. Ihm gegenüber glänzte die Firmatafel der Bibelgesellschaft im Licht. Vor vielen Jahren hatte er hier einmal in den Schulferien für billiges Geld eine heilige Schrift gekauft. Er behielt sie nicht lange; sie ging ihm verloren, wie die meisten Bücher, die er besaß. Er dachte nur daran, weil er heute wieder den Wunsch nach den schweren, vom Alter nachgedunkelten Berichten der Testamente und nach der hellen Weisheit der Evangelisten spürte.

Vor dem Monumente des Kaisers Franz spielten die Kinder im Sande. Ein weißbärtiger Greis mit einem grünen Augenschirm und einer verbogenen Brille bot klebrige Zuckerstangen feil und Brezeln mit Salz und Mohn. Severin kaufte den Rest seiner Ware und verteilte ihn unter die Kinder. Der Alte trug vergnügt den leeren Korb nach Hause; die Dienstmädchen auf den Bänken rückten zusammen und kicherten.

(Paul Leppin, Severins Gang durch die Finsternis, S. 85–89)

Paul Leppin wurde am 27. November 1878 als Sohn eines Kanzleischreibers in Prag geboren. Nachdem er das Stephans-Gymnasium (vgl. S. 259) absolviert hatte, wurde er Angestellter bei der Prager Post- und Telegraphendirektion. In den ersten Jahren dieses Jahrhunderts bildete er mit den Schriftstellern Viktor Hadwiger, Gustav Meyrink und Oskar Wiener sowie den Malern Hugo Steiner-Prag und Richard Teschner einen Freundeskreis, der durch die Bierlokale, Weinstuben und Kaffeehäuser der Stadt zog und die Nächte in endlosen Wortgefechten über Kunstfragen zu verbummeln pflegte. Diese auch sexuell ausschweifende Lebensphase begründete Leppins Ruf als ungekrönter König der Prager Bohème.

Sein 1903 erschienener Lyrikband „Glocken, die im Dunkeln rufen", zeichnet Prag als eine unheimliche, gespenstische alte Stadt, die ihre Bewohner ängstigt und bedroht, und erweist sich so als typisches Produkt der damals herrschenden Neuromantik.

Seit 1907 war Leppin mit der expressionistischen Lyrikerin Else Lasker-Schüler befreundet (vgl. S. 189), die sich immer wieder für seine Werke einsetzte. In der Zwischenkriegszeit betätigte er sich wenig erfolgreich als Dramatiker. Mit seinen elegisch getönten Erinnerungen

„Frühling in Prag" (1936), die ihn als Meister topographisch orientierter Genrebilder und feinsinnigen Schilderer Prager Besonderheiten ausweisen, hat er in Gedichten, Feuilletons und Erzählungen „den Gestalten und Landschaften einer inbrünstig verbrachten Jugend [. . .] ein Denkmal gesetzt" und damit der Stadt gehuldigt, deren „rattenfängerische Schönheit" seinen dichterischen Versuchen „immer aufs neue Antrieb und Inhalt gegeben" hatte. (Paul Leppin, Das Antlitz der Mutter, S. 89) Nach langer, schwerer Krankheit ist er am 10. April 1945 in Prag gestorben.

5. Franzensmonument (Fontána)

Der deutsche Name des Quais leitet sich von dem 1851 vollendeten Franzensmonument her, das sich rechter Hand in einer kleinen Anlage erhebt. Die Spitzsäule im gotischen Stil, die aus einem achteckigen Wasserbassin aufsteigt, trug ursprünglich in der jetzt leerstehenden, von einem Baldachin überwölbten Höhlung ein gegossenes Reiterstandbild des österreichischen Kaisers Franz I. (1804–1835), der sich im böhmischen Krönungsornat präsentierte. Fünfundzwanzig steinerne Figuren umgeben den Obelisken, von denen die unteren allegorische Verkörperungen der ehemaligen sechzehn böhmischen Kreise und der Stadt Prag darstellen. Die auf der Höhe des Standbilds angebrachten Figuren verbildlichen Wissenschaft, Kunst, Frieden, Überfluß, Ackerbau, Bergbau sowie Handel und Gewerbe.

Nach dem Umsturz des Jahres 1918 entfernte man die kaiserliche Skulptur als verhaßtes Symbol habsburgischer Fremdherrschaft, beließ aber das steinerne Monument als Symbol des eigenen Gemeinwesens. Franz Kafka, dem jede Art von Unvollkommenheit schmerzlich fühlbar war, ist vermutlich, sich spielerisch mit dem Herrscher identifizierend, 1920 von dem seines Mittelpunkts beraubten Bauwerk zu einem Aphorismus angeregt worden. Der Text bringt in verschlüsselter Form die zunehmende Isolation des Schreibers, sein Scheitern in drei Eheversuchen sowie die Tatsache zum Ausdruck, seit Jahren literarisch unproduktiv gewesen zu sein:

Er war früher Teil einer monumentalen Gruppe. Um irgendeine erhöhte Mitte standen in durchdachter Anordnung Sinnbilder des Soldatenstandes, der Künste, der Wissenschaften, der Handwerke. Einer von diesen Vielen war er. Nun ist die Gruppe längst aufgelöst oder wenigstens er hat sie verlassen und bringt sich allein durchs Leben. Nicht

einmal seinen alten Beruf hat er mehr, ja er hat sogar vergessen, was er damals darstellte. Wohl gerade durch dieses Vergessen ergibt sich eine gewisse Traurigkeit, Unsicherheit, Unruhe, ein gewisses die Gegenwart trübendes Verlangen nach den vergangenen Zeiten. Und doch ist dieses Verlangen ein wichtiges Element der Lebenskraft oder vielleicht sie selbst.
(Franz Kafka, Beschreibung eines Kampfes, S. 295)

6. Karolíny Světlé Nr. 34/208: Palais Pachta (palác Pachtů)

Nachdem man Weinstube und Restaurant „Bellevue" passiert hat, wird unterhalb der kleinen Rasenanlage, die durch das spitzwinklige Zusammenstoßen von Franzensquai und *Karolíny Světlé* gebildet wird, die gelbe Fassade eines Gebäudes sichtbar, ein Vorbau zum Palais Pachta, das sich bis zum *Anenské náměstí* (Annaplatz) erstreckt. Betritt man das Gebäude durch das Mittelportal, über dem sich ein schmiedeeiserner Balkon befindet, gelangt man in einen Hof mit den für Prag typischen umlaufenden Balkonen (Pawlatschen genannt), dessen Rückseite die ursprüngliche Front des Palais zeigt. Von hier aus erreicht man den reizvollen Innenhof des eigentlichen Palais, von dem man über Durchlässe weiter in die *Náprstkova* oder auf das *Anenské náměstí* gehen kann. Es handelt sich bei dem Gebäudekomplex um eines der zahlreichen und für das alte Prag so typischen Durchhäuser, die eine direkte, überbaute Verbindung zwischen verschiedenen Straßen und Plätzen herstellen. In dem zur *Karolíny Světlé* gekehrten Teil der Anlage befand sich linker Hand hinter den niedrigen Rundbogenfenstern des Erdgeschosses am Ende des 19. Jahrhunderts die *„Slovanská kavárna"* (das „Slawische Café"), ein Treffpunkt der tschechischen Patrioten des Jahres 1848, vor dem eine Szene in Rilkes *König Bohusch* spielt.

Inzwischen sind die nächtlichen Bummelanten aus Kafkas „Beschreibung eines Kampfes" ebenfalls in den Franzensquai eingebogen und offensichtlich auf der Höhe des Palais Pachta an das Quaigeländer getreten. Einerseits kann man von einer solchen Position aus tatsächlich, wie der Text voraussetzt, zum Turm der Altstädter Mühlen „auf"schauen. Andererseits befindet man sich im nächsten Abschnitt schon „unter" einem „Bogen", hat also, weil damit nur der Durchlaß gemeint sein kann, der das *Křižovnické náměstí* (den Kreuzherrenplatz) vom Franzensquai trennt, letzteren schon weitgehend durchschritten:

Als wir dann mit langsamen Schritten den Quai betraten, beneidete ich zwar meinen Bekannten um die Küsse, aber ich empfand auch mit Fröhlichkeit die innere Beschämung, die er mir gegenüber, so wie ich ihm erschien, wohl fühlen mußte.

So dachte ich. Aber meine Gedanken verwirrten sich damals, denn die Moldau und die Stadtviertel am andern Ufer lagen in einem Dunkel. Nur einige Lichter brannten und spielten mit den schauenden Augen.

Wir standen am Geländer. Ich zog meine Handschuhe an, denn vom Wasser wehte es kalt; dann seufzte ich ohne Grund auf, wie man es vor einem Fluß in der Nacht wohl thun mag, und wollte weiter gehn. Aber mein Bekannter schaute ins Wasser und rührte sich gar nicht. Dann trat er noch näher an das Geländer, stützte die Arme mit den Ellenbogen auf das Eisen nieder und legte die Stirne in seine Hände. Das schien mir thöricht. Ich fror und stülpte meinen Rockkragen in die Höhe. Mein Bekannter streckte sich und legte den Oberkörper, der jetzt auf seinen gespannten Armen ruhte, über das Geländer. [. . .]

Mich aber rührte es sehr und es wurde mir schmerzlich, daß ihm vielleicht meine lange Gestalt unangenehm sein könnte, neben der er vielleicht zu klein erschien. Und dieser Umstand quälte mich, trotzdem es doch Nacht war und wir fast niemandem begegneten, doch so sehr, daß ich meinen Rücken so gebückt machte, daß meine Hände im Gehn meine Knie berührten. Damit aber mein Bekannter meine Absicht nicht merke, veränderte ich meine Haltung nur ganz allmählich mit großer Vorsicht und suchte seine Aufmerksamkeit von mir abzulenken durch Bemerkungen über die Bäume der Schützeninsel und über die Spiegelung der Brückenlampen im Flusse. Aber mit plötzlicher Wendung drehte er sein Gesicht mir zu und sagte nachsichtig: „Warum gehen sie denn so? Sie sind ja jetzt ganz gebückt und fast so klein, wie ich!"

Da er das gütig gesagt hatte, antwortete ich: „Das mag sein. Aber mir ist diese Haltung angenehm. Ich bin ziemlich schwächlich, wissen sie, und es kommt mir zu schwer an, meinen Körper aufrecht zu erhalten. Das ist keine Kleinigkeit, ich bin sehr lang –

Er sagte ein wenig mißtrauisch: Das ist doch bloß eine Laune. Sie giengen doch früher ganz aufrecht, glaube ich und auch in der Gesellschaft hielten sie sich doch leidlich. Sie tanzten sogar oder nicht? Nein? Aber aufrecht giengen sie doch und das werden sie jetzt auch noch können."

Ich antwortete beharrlich und mit der Hand abwehrend: „Ja, ja ich gieng aufrecht. Aber sie unterschätzen mich. Ich weiß, was gutes Benehmen ist und darum gehe ich gebückt."

Aber ihm schien es nicht einfach, sondern verwirrt von seinem Glück verstand er den Zusammenhang meiner Worte nicht und sagte nur: „Nun, wie sie wollen" und schaute zur Uhr des Mühlenthurmes auf, die schon fast ein Uhr zeigte. Ich aber sagte zu mir: „Wie herzlos ist dieser Mensch! Wie bezeichnend und deutlich ist seine Gleichgültigkeit gegen meine demüthigen Worte! Er ist eben glücklich und das ist die Art der Glücklichen, alles natürlich zu finden, was um sie geschieht. Ihr Glück stellt einen glanzvollen Zusammenhang her. Und wenn ich jetzt ins Wasser gesprungen wäre oder wenn mich jetzt vor ihm Krämpfe zerreißen hier auf dem Pflaster unter diesem Bogen immer würde ich mich friedlich seinem Glück einfügen. Ja, wenn er in die Laune käme – ein Glücklicher ist so gefährlich, das ist unzweifelhaft – würde er mich auch todtschlagen wie ein Straßenmörder. Das ist sicher und da ich feig bin, würde ich vor Schrecken nicht einmal zu schreien wagen. – Um Gotteswillen! – Ich sah mich in Angst um. Vor einem entfernten Kaffeehaus mit rechteckigen schwarzen Scheiben ließ sich ein Schutzmann über das Pflaster gleiten. Sein Säbel behinderte ihn ein wenig, er nahm ihn in die Hand und nun gieng es viel hübscher. Und als ich ihn bei der mäßigen Entfernung auch noch schwach juchzen hörte, da war ich überzeugt, daß er mich nicht retten würde, wenn mich mein Bekannter totschlagen wollte.
(Franz Kafka, Beschreibung eines Kampfes, S. 24–30)

Berücksichtigt man Standort und Blickpunkt („Ich schaue mich in Angst um") des Beobachters, so muß es sich bei dem im Text erwähnten Kaffeehaus um das ehemalige Café „Bellevue" *(Nr. 18/329)* handeln, das dem heute an dieser Stelle gelegenen Restaurant gleichen Namens vorausging. Daß Kafka von „rechteckigen schwarzen Scheiben" spricht, während das Lokal, wie in Prag allgemein üblich, große Rundbogenfenster aufwies, muß dieser Zuordnung nicht widersprechen, meint er doch wohl die einzelnen, durch die Unterteilung der Fensterfläche entstandenen Glassegmente, die, weil man schon geschlossen hatte, im Dunkeln liegen. Auch findet sich in der zweiten Fassung der Erzählung lediglich das die Farbe des Glases bestimmende Adjektiv.

7. Novotny-Steg (Novotného lávka)

Der Ende des Quais linker Hand abgehende Novotny-Steg, der über ein kleines Plätzchen zum graffitigeschmückten „Smetana-Museum" führt, bildet den Schauplatz von Jaroslav Seiferts Altersgedicht „Am Novotny-Steg", das dem 1983 erschienenen Zyklus „Gewitter der Welt" entstammt und den eigenartigen Reiz dieses Ortes beschwört:

> Es sind schon hundert Jahre
> oder nur ein paar weniger,
> daß ich zum ersten Mal dorthin kam.
> Es war eine Offenbarung!
> Eine Weile hielt ich den Atem an.
> Vom Ufer dufteten die Akazien.
>
> Nicht nur die hübschen Schauspielerinnen,
> auch ich alterte ungern.
> Ich fürchte die Hilflosigkeit
> und habe Angst vor dem Abschied.

Blick auf Smetana-Museum, Karlsbrücke und Hradschin (um 1910)

Ich weiß,
das Leben ist ein ständiges Lebewohl.
Die Vögel kennen es nicht,
auf einem beliebigen Zweig
singen sie, was ihnen gerade einfällt,
und sind glücklich.

Bekränzt mit lebendigen Schaumkronen
tost das Wehr noch immer,
Welle auf Welle rollt ab
wie ein Film,
der nur von der Liebe erzählt
und daher nie endet.

Schon einmal, von Glanz bestrahlt,
entstand aus feinem Schaum
die Schönheit des weiblichen Körpers.
Ich wollte der Dichter der tschechischen Frauen sein.
Ich flocht ihnen ins Haar
die Mandorla der Weiblichkeit
und schluchzte vor Lust.
Ich küßte den Frauen die Füße.
Von diesem Liebesmythos
zehrte ich das ganze Leben.

Aber oft schaukelte nur das traurige Treibeis
wie die Fetzen eines trüben Schleiers
auf dem Wasser
am Eisbrecher [1] vorbei
unter die schweren Bögen der Brücke.

Prag aber verschlinge ich mit den Augen
bis heute.
Wenn ich nach Hause komme,
öffne ich nur zögernd die Tür.

---

[1] Gemeint sind die aus schweren Holzbohlen bestehenden Wellenbrecher, die der Karlsbrücke an der Südseite vorgelagert sind, um deren Pfeiler vor dem Druck der andrängenden Wasser- und Eismassen zu schützen.

Ich kann meine Augen nicht losreißen
von seinen rauchgeschwärzten Dächern.

Ich schlucke den würgenden Smog
und denke an seine Gärten.
Sie sind vornehm
und waren noch schöner,
als man nur von draußen und durch die Gitter
hineinschauen durfte.

Heute, und gerade jetzt,
halte ich mich am Geländer über dem Wehr
und drücke es fest,
bis ich ein Brennen verspüre.
Wie könnte ich aus dem kalten Metall
eine heiße Träne pressen.
(Jaroslav Seifert, Gewitter der Welt, S. 76f.)

Křižovnické náměstí (Kreuzherrenplatz)

Der kleine Platz wird an seiner östlichen, der Altstadt zugewandten Seite von der 1578–1659 erbauten St. Salvatorkirche *(kostel svatého Salvátora)* begrenzt, dem bedeutendsten kirchlichen Renaissancebau Böhmens. In der ersten Fassung der „Beschreibung eines Kampfes" erscheint sie mit ihren „Lauben" (dem 1653 zugefügten Portikus) als „Kirche" ohne nähere Bezeichnung, in der zweiten als Seminarkirche, also in der damals unter den Prager Deutschen üblichen Benennung. Auch die an der Ostseite des Platzes in Richtung Altstädter Ring abgehende Karlsgasse *(Karlova)* und eine ehemals dort gelegene Weinstube *(Nr. 6/187)* werden erwähnt.

Die St. Salvator an der Nordseite des Platzes gegenüberliegende Kreuzherrenkirche St. Franciscus Seraficus *(kostel svatého Františka Serafinského)*, vielleicht der schönste Prager Sakralbau, wurde von 1679 bis 1688 als Nachbildung der Peterskirche in Rom geschaffen. Auch sie wird in Kafkas Erzählung unter ihrem richtigen Namen genannt.

Aber jetzt wußte ich auch, was ich thun mußte, denn gerade vor schrecklichen Ereignissen überkommt mich große Entschlossenheit. Ich mußte weglaufen. Es war ganz leicht. Jetzt beim Einbug zur Karlsbrücke nach links konnte ich nach rechts in die Karlsgasse springen. Sie war winklig, es gab dort dunkle Hausthore und Weinstuben die noch offen waren; ich mußte nicht verzweifeln.

Als wir unter dem Bogen am Ende des Quais hervortraten, rannte ich mit erhobenen Armen in die Gasse; doch als ich gerade zu einer kleinen Thüre der Kirche kam, fiel ich, denn dort war eine Stufe die ich nicht gesehen hatte. Es krachte. Die nächste Laterne war entfernt, ich lag im Dunkel. Aus einer Weinstube gegenüber kam ein dickes Weib mit einem rauchigen Lämpchen heraus, um nachzusehn was auf der Gasse geschehen war. Das Klavierspiel hörte auf und ein Mann öffnete die jetzt halboffene Thür völlig. Er spie großartig auf eine Stufe und während er das Frauenzimmer zwischen den Brüsten kitzelte, sagte er, das was geschehen sei, sei jedenfalls ohne Bedeutung. Sie drehten sich darauf um und die Thüre wurde wieder zugemacht.

Als ich aufzustehn versuchte, fiel ich wieder. „Es ist Glatteis" sagte ich und verspürte einen Schmerz im Knie. Aber doch freute es mich, daß die Leute aus der Weinstube mich nicht sehen konnten und es schien mir daher das Bequemste hier bis zur Dämmerung liegen zu bleiben.

Mein Bekannter hatte die Hände in den Taschen und sah über die leere Brücke hin, dann zur Kreuzherrenkirche und dann auf zum Himmel, der klar war. Da er mir nicht zugehört hatte, sagte er dann ängstlich: „Ja, warum reden sie denn nicht mein Lieber; ist ihnen schlecht – ja warum stehn sie denn eigentlich nicht auf – es ist doch kalt hier, sie werden sich verkühlen und dann wollten wir doch auf den Laurenziberg"

„Natürlich" sagte ich „verzeihen sie" und ich stand allein auf, aber mit starkem Schmerz. Ich schwankte und mußte das Standbild Karl des Vierten fest ansehn um meines Standpunktes sicher zu sein. Aber das Mondlicht war ungeschickt und brachte auch Karl den Vierten in Bewegung. Ich staunte darüber und meine Füße wurden viel kräftiger aus Angst Karl der Vierte möchte umstürzen, wenn ich nicht in beruhigender Haltung wäre. Später schien mir meine Anstrengung nutzlos, denn Karl der Vierte fiel doch herunter, gerade als es mir einfiel, daß ich geliebt würde von einem Mädchen in einem schönen weißen Kleid.

Unnützes thue ich und versäume viel. Wie glücklich war dieser Einfall, das Mädchen betreffend! – Und lieb war es da vom Mond, daß er auch mich beschien und ich wollte aus Bescheidenheit mich unter die Wölbung des Brückenthurmes stellen, als ich einsah, daß es doch bloß natürlich sei, daß der Mond alles bescheine. Daher breitete ich mit Freude meine Arme aus, um den Mond ganz zu genießen. –
(Franz Kafka, Beschreibung eines Kampfes, S. 32–36)

8. Karlsmonument (pomník císaře Karla IV.)

Das sich vor der Kreuzherrenkirche erhebende Standbild Kaiser Karls IV. wurde im Jahr 1848 anläßlich des 500jährigen Bestehens der Prager Universität errichtet. Paul Leppin hat es zum Gegenstand eines Bänkellieds gemacht, das er, sich selbst mit der Gitarre begleitend, in geselliger Runde vorzutragen pflegte. Zum besseren Verständnis sei erwähnt, daß die in Höhe der Lendengegend befindliche Rechte des Kaisers mit dem Stiftungsbrief vom Portikus der St. Salvatorkirche aus gesehen zu Verwechslungen Anlaß gibt:

Frühlingslied

Ach, das Schweinefleisch wird teuer,
Und der Frühling ist gekommen.
Viele Bürger haben heuer
Schon das erste Bad genommen.

Und im Mondschein, im verschmierten,
Wibbeln, wabbeln alle Kanten.
Bei dem Denkmal Karls des Vierten
Sammeln sich die Buseranten.[1]

Und die Mädchen ohne Mieder,
Die so plastisch im Detail sind,
Kommen auf die Straße wieder,
Weil sie wissen, wie wir geil sind.

---

1 Männer, die sexuell auf Knaben fixiert sind.

Und die Menschen sind meschügge,[2]
Und die Hoffnung ist ihr Anker.
Mancher wird beizeiten flügge,
Mancher erst beim zweiten Schanker.[3]
(Max Brod, Der Prager Kreis, S. 75)

Der Altstädter Brückenturm *(Staroměstská mostecká věž)* ist das letzte Werk des aus Schwäbisch Gmünd stammenden Baumeisters Peter Parler (1330–1399), das zwar noch unter Karl IV. begonnen, aber erst unter seinem Sohn Wenzel IV. (1378–1419) fertiggestellt wurde. Die beiden Herrscher sind oberhalb des Torbogens als Sitzfiguren abgebildet, zwischen denen eine abgekürzte Darstellung der Karlsbrücke zu sehen ist. Darüber, gleichsam als plastischer Schmuck sich über deren Mittelpfeiler erhebend, ist der hl. Veit dargestellt, der Schutzpatron Böhmens. Ganz oben, an der durchbrochenen Galerie mit den von Türmchen bekrönten Ecken, waren zehn Jahre lang die Köpfe der 27 böhmischen Aufständischen aufgepfählt, die 1621 auf dem Altstädter Ring hingerichtet wurden (vgl. S. 156). 1648 trotzte der Turm den von der Kleinseite her angreifenden Schweden, denen es nicht gelang, die Altstadt zu besetzen. Zu den literarischen Werken, die auf dieses Ereignis anspielen, gehört Rilkes Gedicht „Frieden" aus den „Larenopfern" (1895).

Karlův most (Karlsbrücke)

Die von Peter Parler 1357 begonnene, aber erst 1503 fertiggestellte Karlsbrücke verdankt die heutige Berühmtheit den Skulpturen, die ihre Steinbrüstungen säumen, sowie der prächtigen Aussicht auf den Fluß und die sich an seinen Ufern erstreckende Stadt. Im Jahr 1657 war zunächst ein Brückenkreuz aufgestellt worden, 1683 folgte die Statue des hl. Nepomuk auf der Mitte der Brücke. Zwischen 1707 und 1714 wurden einundzwanzig weitere Gruppen angebracht. Andere kamen später hinzu, erreichen jedoch nicht den künstlerischen Wert der Barockplastiken.

2 richtig meschugge (jiddisch): verrückt.
3 damals häufige Geschlechtskrankheit.

Blick auf die Karlsbrücke (um 1900)

Als sich am 4. September 1890 bei stürmischem Wetter flußaufwärts in *Smíchov* verankerte Flöße losgerissen und vor der Brücke zu
einer Art Damm verklaust hatten, bildete sich wegen des gerade herrschenden Hochwassers ein Druck auf die Brücke, dem sie nicht stand-
hielt. Zwei ihrer Bögen stürzten ein, wobei ein Pfeiler teilweise zerstört
wurde, so daß die darauf befindlichen Standbilder in die Fluten stürzten. Als die Brücke am 19. November 1892 wieder dem Verkehr übergeben wurde, blieben die Standplätze auf dem fünften Pfeiler zunächst leer. 1913 konnte jedoch die ehemals auf der südlichen Brüstung angebrachte Statue des hl. Franziskus Xaverius, des Indianer-
apostels, durch eine Kopie ersetzt werden, weil man Bruchstücke des
Originals aus dem Schlamm der Moldau gebaggert hatte, die als Vor-
lage für die Rekonstruktion dienten. An Stelle der vollständig zerstör-
ten Statue des hl. Ignatius von Loyola traten 1938 die Statuen des hl.
Cyrillius und Methodius, der beiden Slawenapostel. Seit dem Anfang
dieses Jahrhunderts sind aus konservatorischen Gründen mehrere
Barockstatuen durch Repliken ersetzt worden.

9. Brückenkreuz

Das 1629 geschaffene und 1657 an der Nordseite des dritten Brückenpfeilers angebrachte bronzene Brückenkreuz wurde 1696 mit einer hebräischen Umschrift versehen, die folgenden Wortlaut hat: „Heiliger, heiliger, heiliger Gott". Die Finanzierung dieser vergoldeten Tafel geschah mit Hilfe einer Geldstrafe, zu der ein Jude verurteilt worden war, der das christliche Symbol geschmäht hatte. Die das Kreuz flankierenden Steinfiguren sind erst im letzten Jahrhundert hinzugefügt worden.

In Egon Erwin Kischs Erzählung „Der tote Hund und der lebende Jude", die dem 1934 erschienenen Band „Geschichten aus sieben Ghettos" entstammt, findet sich eine andere Erklärung der auf dem Brückenkreuz angebrachten hebräischen Schriftzüge. Während eines Spaziergangs durch den Alten jüdischen Friedhof (vgl. S. 192), den der Ich-Erzähler in Begleitung des Ewigen Juden unternimmt, wird er von diesem gefragt, ob die hebräische Inschrift auf der Karlsbrücke noch vorhanden sei. Nachdem er diese Frage bejaht hat, entwickelt sich der folgende Dialog:

„Ich gehe niemals über die steinerne Brücke. Lieber lasse ich mich mit der Fähre übersetzen." – „Warum gehen Sie nicht über eine andere Brücke?" – „Seitdem andere Brücken da sind, gehe ich manchmal über irgendeine. Aber an dem Kodosch, Kodosch, Kodosch gehe ich nicht vorbei . . ." – „Wer war denn der Jude, der die Inschrift auf dem Kruzifix bezahlen mußte?" – „Es war gar kein Jude. Der Graf Pachta hat es aus eigener Tasche bezahlt." – „Aber auf dem Sockel steht doch: *Dreymaliges Heilig, Heilig, Heilig aus dem Strafgelde eines wider das heilige Kreuz schmähenden Juden, aufgerichtet von einem hochlöblichen Appellationstribunal im Herbstmonat 1754.*"

„Das haben sie dort eingemeißelt, eine Lüge in Stein, wie die vielen hier auf dem Friedhof. Ein Jude ist froh, wenn er selbst nicht geschmäht wird." – „Weshalb wurde es also hingeschrieben?" – „Um den einen zu verhöhnen, der wirklich geschmäht hat, aber das ist schon lange, lange her, Jahrtausende schon, und Gott selbst hat ihn gestraft."

(Egon Erwin Kisch, Geschichten aus sieben Ghettos, S. 109)

10. Statue der hl. Ludmilla (socha svaté Ludmily)

Die von Matthias Braun um 1730 geschaffene Gruppe wurde 1784 auf dem achten Brückenpfeiler (Südbalustrade) aufgestellt. Ludmilla, Landespatronin Böhmens, war die Gemahlin des ersten christlichen Herzogs von Böhmen und die Großmutter Wenzels I., die 921 von der heidnischen Gegenpartei unter Führung Drahomíras ermordet wurde (vgl. S. 265).

Während die beiden Nachtschwärmer in der „Beschreibung eines Kampfes" die Karlsbrücke überqueren, verliert die Erzählung ihre bisher vorherrschende realistische Ausprägung. Der jetzt deutlicher zutage tretende Traumaspekt steht in der Tradition der Prager Literatur:

So kannte ich mit einem Male alle die vielen Sterne bei Namen, trotzdem ich es niemals gelernt hatte. Ja, es waren merkwürdige Namen, schwer zu behalten, aber ich wußte sie alle und sehr genau. Ich gab meinen Zeigefinger in die Höhe und nannte die Namen der einzelnen laut – Ich kam aber nicht weit mit dem Nennen der Sterne, denn ich mußte weiterschwimmen, wollte ich nicht zusehr untertauchen. Aber damit man mir später nicht sagen könnte, über dem Pflaster könnte jeder schwimmen und es sei nicht des Erzählens wert, erhob ich mich durch ein Tempo über das Geländer und umkreise schwimmend jede Heiligenstatue, der ich begegnete. – Bei der fünften, als ich mich gerade mit überlegenen Schlägen über dem Pflaster hielt, faßte mein Bekannter meine Hand. Da stand ich wieder auf dem Pflaster und fühlte einen Schmerz im Knie. Ich hatte die Namen der Sterne vergessen. [. . .]

Mein Bekannter drängte sich mit seinen Reden immer näher zu mir und in dem Augenblick, als ich anfing seine Worte zu verstehn, hüpfte ein weißer Schimmer zierlich am Brückengeländer entlang, strich durch den Brückenthurm und sprang in die dunkle Gasse.

„Immer liebte ich" sagte mein Bekannter auf die Statue der heiligen Ludmila zeigend „die Hände dieses Engels, links. Ihre Zartheit ist ohne Grenzen und die Finger, die sich aufspannen, zittern. Aber von heute abend an sind mir diese Hände gleichgültig, das kann ich sagen, denn ich küßte Hände" – Da umarmte er mich, küßte meine Kleider und stieß mit seinem Kopf gegen meinen Leib.

(Franz Kafka, Beschreibung eines Kampfes, S. 38, 40)

Es ist vielleicht kein Zufall, daß der Ich-Erzähler gerade bei der fünften Statue sein Kreisen um die Brückenheiligen beendet und wieder festen Boden unter die Beine bekommt. Die Annahme ist nicht von der Hand zu weisen, er sei aufgrund der an dieser Stelle vorhandenen Lücke in der regelmäßigen Abfolge der Skulpturen gleichsam aus dem Flugrhythmus gekommen und habe dadurch in die äußere Wirklichkeit des nächtlichen Spaziergangs zurückgefunden.

11. Statue des hl. Johannes von Nepomuk
(socha svatého Jana Nepomuckého)

Im Verlauf eines kirchenrechtlichen Streits zwischen Wenzel IV. und dem Erzbischof von Prag im Jahr 1393 hatte sich der Generalvikar Johannes von Nepomuk auf die Seite seines Herrn gestellt, was den König so erboste, daß er ihn foltern und in einem Sack in die Moldau werfen ließ. Der Legende nach soll Johann von Nepomuk allerdings ertränkt worden sein, weil er dem König nicht verraten wollte, was ihm dessen Frau gebeichtet hatte. Im Augenblick des Untersin-

Statue des hl. Johannes von Nepomuk auf der Karlsbrücke (um 1890)

kens seien fünf kreisförmig angeordnete Sterne als Symbol seiner Märtyrerkrone auf der Wasseroberfläche erschienen.

Zur Erinnerung an diesen Vorgang wurde 1683 auf der Nord-Balustrade des achten Brückenpfeilers eine von Matthias Rauchmüller und Johannes Brokoff geschaffene Bronzeskulptur des Heiligen aufgestellt, die entsprechend der Legende einen Sternenkranz um ihr Haupt trägt. Die Verehrung des 1729 heiliggesprochenen Johannes von Nepomuk erreichte in der Zeit der Donaumonarchie am 15. Mai, dem Vorabend seines Namenstags, ihren Höhepunkt. Eine große, zum Teil eigens angereiste Menschenmenge strömte zu seinem silbernen Reliquienaltar im Veitsdom (vgl. S. 126) und zur festlich geschmückten Statue auf der Karlsbrücke. Nach Einbruch der Dunkelheit wurden brennende Kerzen auf Brettern in die Moldau gebracht, die Boote, in denen man unterwegs war, mit Lampions geschmückt, so daß der Fluß in ein Lichtermeer getaucht zu sein schien, das durch ein abschließendes Feuerwerk noch überboten wurde.

Die folgende Passage aus dem 1908 erschienenen Roman „Der Schipkapaß" von Karl Hans Strobl (Näheres S. 203) beschreibt Erlebnisse der Hauptfigur während dieses Festes, die zugleich das Unbehagen der burschenschaftlich organisierten deutschen Studenten in einer anderssprachigen, feindlichen Umgebung spiegeln:

Hans Schütz aber ließ sich indessen unten in den abendlich dämmerigen Straßen vom flutenden Leben treiben. Es erfaßte ihn und zog ihn mit und gab ihm, ohne daß er etwas dazu zu tun brauchte, eine Richtung. Als sei durch den Kampf um die Bestimmung der Zukunft seine Energie vollkommen erschöpft, gab er sich mit Behagen darein, seinen Willen ausschalten zu können. Alle diese Leute, die vormittags das prunkvolle Silbergrab des Heiligen besucht und den Nachmittag im Schatten des Baumgartens zugebracht hatten, kamen nun wieder in die Stadt, um das Feuerwerk auf der Moldau zu sehen. In den Hauptstraßen konnte man sich kaum gegen die Richtung des Zuges durchkämpfen, und wer seine Absichten gegen den Willen der Masse durchsetzen wollte, wurde in stillere Nebengassen verschlagen. Noch immer war der Himmel über der Stadt licht, als wolle er der Dunkelheit verwehren, sich mit den hundert Türmen Prags zu vermählen, als sei er noch nicht gesonnen, seine reine Herrlichkeit vor der Nacht zurückzuziehen. Neben Hans wurde eine Gruppe von jungen Männern vorwärtsgeschoben, tschechische Maler oder Dichter oder Musiker,

kurz Leute, die es durch ihr Äußeres darauf angelegt hatten, aller Welt
deutlich anzuzeigen, daß sie es mit irgendeiner Kunst hielten. Sie trugen kolossale Mähnen, die in gebrannten Locken bis auf die Schultern
fielen, hatten verwegene Schlapphüte oder aber runde Kappen, die an
irgendeine slawische Nationaltracht erinnern sollten, und sahen hinter
schwarzgefaßten Zwickern glutvoll und herausfordernd jedem Mädchen ins Gesicht. Hans Schütz ärgerte sich über die laute und rauhe
Vergewaltigung ihrer ganzen Umgebung, über das Durcheinander-
schreien und brüllende Gelächter, und er ärgerte sich auch darüber,
daß die Mädchen, die durch die Zurufe der Jünglinge geehrt wurden,
sich wirklich geschmeichelt fühlten. Er hatte sich nie viel um Weiber
gekümmert, dazu hatte er keine Zeit gehabt, denn er war immer allzusehr von den Angelegenheiten seiner Burschenschaft in Anspruch genommen worden. Aber heute, da er sich ganz abgetrennt hatte und so
einsam geworden war, heute sah er jedem Mädchen nach und be-
dachte, wie das wohl wäre, wenn sich nun eine zu ihm fände und ihm
mit leisen Händen die schwere Stirn berührte. Aber das war in Prag
unmöglicher als anderswo, denn hier gab es keine Brücken zwischen
den Nationen, und einem deutschen Studenten blühte bei tschechischen Mädchen kein Glück. Sie waren alle zum Haß gegen die Deutschen erzogen, zu einem dumpfen und abgründigen Haß. Und wie
wollte er, der sich selber eingestehen mußte, keine Erfahrung zu besit-
zen, unter der Menge die Frauen seines eigenen Stammes erkennen?
Im übrigen waren das ganz überflüssige Erwägungen, sagte er sich:
denn, da er es versäumt hatte, auszuschauen, als er Zeit zum Überfluß
gehabt hätte, mußte er nun, da die ernsthafte Arbeit seine Zukunft bestimmte, sich bescheiden und einsam bleiben. Aber trotzdem er sich
vornahm, nichts für sich selbst zu verlangen, erregten die Erfolge der
lauten Jünglinge seinen Zorn, und rücksichtslos drängte er sich durch
ihre Gruppe, um in einen anderen Arm des Stromes zu gelangen. Die
Jünglinge erkannten mit dem Ahnungsvermögen des Hasses den Feind
und sendeten ihm einige Flüche und Drohungen nach. Die Ufer der
Moldau waren von einer dichten Menge besetzt. Hinter einer mauer-
gleichen Front von unbeweglich Wartenden, die an den Rand der Kais
gedrängt waren, wurden die unruhigen Massen der Spaziergänger hin
und her geschoben. Unternehmende Jungen hatten die Bäume erklet-
tert und schrien über die Köpfe der Menge weg einander zu. Schon begann das erregte Geflüster, das begehrliche Werben um Liebe, das von
der Dämmerung begünstigt wird. Man stieß sich an, versuchte im Ge-

dränge eine Mädchenhand zu erfassen und sprach ganz dicht an willigen Ohren von seiner Sehnsucht und seiner Glut. Das Fest des Heiligen führte die Gelegenheit zu neuen Abenteuern herbei, brachte die Möglichkeiten neuer Beziehungen, und in der gehobenen Stimmung des Frühlingsabends brandeten die rhythmischen Schwingungen junger Lust und unbedachten Genusses.

Über den dunklen Massen des Veitsdomes am jenseitigen Ufer stand ein einzelner, schöner Stern am Nachthimmel.

Da schoß von der rauschenden Fläche der Moldau ein zweiter Stern empor, stand einen Augenblick lang rot neben dem ersten und zerfiel dann mit einem schwachen Knall in unzählige kleinere Sterne, die wie brennende Welten mit Feuerschwänzen wieder zum Wasser hinabfielen. Die Spannung der Menge löste sich in einem lauteren Atmen. In einer der Baumkronen schrie ein Kind vor Entzücken laut auf. Und noch lauter und lebhafter wurden die Stimmen der Menge, als nun drei Raketen auf einmal steil in die Nacht aufstrebten und sich oben, ganz hoch oben zu einem Feuerregen ausbreiteten. Hans Schütz war vor den Turm der Karlsbrücke geschoben worden und wurde nun durch den Torbogen auf die Brücke selbst hinausgedrängt. Hier war die Menge schwarz gestaut, und es schien, als ob kein Schritt und keine Bewegung mehr möglich sei. Aber dennoch gab es in der Masse ein langsames Fluten, und nach einiger Zeit sah sich Hans ganz in der Nähe der Statue des Johannes von Nepomuk, die in einer Nische des Brückengeländers das Kruzifix inbrünstig an das Herz drückt. Man hatte sie zu Ehren ihres Festes mit allem Lichterglanz geschmückt. Hundert Kerzen, die, von frommen Händen gespendet, hundert Bitten bedeuteten, hundert sehnsüchtige Wünsche und Beschwörungen, gaben der steinernen Gestalt im Priestergewand eine reine Helle, und das im Nachtwind tropfende Wachs fiel auf duftende, leicht verwelkte Blumenleiber, die in Massen zu Füßen des Heiligen lagen. Um die Nische war ein Rahmen von Lampen angebracht, die, sternförmig gestaltet, das Licht durch verschieden gefärbte Gläser aussandten. Und über dem geneigten Kopf des Heiligen schwebte ein kleiner Kranz von leuchtenden Sternen. Vor dem Heiligen war die Menge am dichtesten gedrängt, als sei in ihren Zug ein Knoten geschlungen. Hier waren die in der ersten Reihe knienden Beter in Gefahr, von den hinter ihnen Stehenden erdrückt und ertreten zu werden. Hans Schütz war in einen Winkel geschoben worden, wo er etwas Ruhe fand. In der Ecke, zwischen dem Wall der Beter, die sich an den Rand der Nische

anschlossen, und der Brüstung der Brücke hatte er Zeit, das Feuerwerk zu betrachten, das sich immer glänzender entfaltete. Die dunkle
Wasserfläche der Moldau trug jetzt eine Menge von beleuchteten Käh-
nen und Flößen, von denen unaufhörlich Strahlen, Büschel und Bündel von Flammen aufstiegen. Die bunte Unruhe der Lichtkünste
zuckte, von dem schwarzen Stahl der Moldau widergespiegelt, ihre
feurigen Botschaften von Kahn zu Kahn und von Floß zu Floß. Über
die Brüstung geneigt, sah Hans gerade unter sich aus dem tiefschwar-
zen Schatten der Brückenbogen ein Boot hervorkommen, das rings
um den Bordrand mit farbigen Papierlaternen besteckt war. Ein junger
Mann bearbeitete die Ziehharmonika, und auf der hinteren Bank saß
ein Paar, das von einem einzigen, gemeinsamen Havelock umwickelt
war.

Hans erhielt einen derben Stoß, und dann hörte er ein halb verle-
genes Lachen hinter sich. Der Strom hatte eine Gefährtin in den stille-
ren Winkel geworfen, ein junges Mädchen, das gleich ihm hierher getrieben worden war und nun von der lebendigen, flutenden Kraft hier
in engster Nachbarschaft mit Hans festgehalten wurde. Noch immer
etwas verlegen über den ersten Anprall, sah das Mädchen an Hans vorbei auf die Moldau hinaus, als wäre er gar nicht vorhanden. Er war ihr
für diese Art sehr dankbar, denn so gewann er Unbefangenheit genug,
sie anzusehen. In ihrem Gesicht war etwas, das an alte Kirchenbilder
erinnerte, etwas Verhaltenes, von innen Bestrahltes; und als jetzt der
Widerschein einer grünen und gleich darauf der einer roten Feuer-
kugel über sie hinflog, mußte er an eine heilige Agathe in der Kirche
seiner Vaterstadt denken, in die er als Junge verliebt gewesen war, und
auf deren Gesicht auch immer die Lichter der bunten Kirchenfenster
spielten. Sie war auch braun wie die heilige Agathe seiner Kinder-
träume. Nur die Haare, die sich hinten im Nacken verwirrt und wie
aufgeregt durcheinanderringelten, waren rot, ganz rot, von irgendeinem verirrten, dunkeln, rubinfarbenen Strahl aus der Sternenkrone
des Heiligen. Nie noch hatte Hans so schön geschwungene Augen-
brauen gesehen, und die Augen hatten lange und leicht gebogene
Wimpern. In seinem ganzen Leben hatte Hans noch kein Mädchen so
genau angeschaut, und es war ihm jetzt, als habe er dadurch vieles versäumt. Zweimal nahm er einen Anlauf, um sie anzusprechen, aber er
wagte es nicht. Es fehlte nicht an einem Vorwand, denn das kleine
Handtäschchen, das sie trug, war aufgegangen, und ein Taschentuch
schien im Begriff, sein Gefängnis zu verlassen. Aber er wollte sich kei-

nen der kalten und empörten Blicke der stolzen Tschechenjungfrau[en]
zuziehen, von denen die abenteuerlustigen unter seinen Couleurbrü-
dern mit großem Hallo zu erzählen wußten. Als er so unschlüssig
zögerte und sann, kam ihm mit dem Widerschein einer Feuergarbe die
Erleuchtung. Das Blinken kam von einer Brosche her, die seine Nach-
barin am Hals trug. Und diese Brosche war aus glatt poliertem Karls-
bader Sprudelstein verfertigt und trug die deutschen Worte: „Gruß aus
Karlsbad."

„Verzeihung, Fräulein", sagte Hans, und hob den Hut ein wenig.
„Ihre Handtasche ist aufgegangen. Sie werden etwas verlieren."

Das Mädchen wendete sich ihm zu. In ihren Augen war, verklei-
nert, aber noch strahlender als in der stumpfen Wirklichkeit, der
ganze Lichterkranz über dem Kopf des Johannes. Sie schloß das
Täschchen zu: „Ich danke Ihnen. Es ist wirklich kein Wunder, wenn
man in diesem Gedränge etwas verliert." „Ja, man wundert sich eher,
daß man ihm lebendig entkommen ist." „Ich habe meine Freundin verloren. Eben wurde sie noch neben mir geschoben, und einen Augenblick später war sie verschwunden."

„Darf ich Ihnen die Freundin für heute abend ersetzen?" Hans
Schütz war außer sich vor Erstaunen über sich selbst. Es war etwas in
ihm, das ihn in einer Richtung trieb, deren Ziel er noch nicht erkannte, dem er sich aber ebensowenig widersetzen konnte wie vorhin
dem Zug der Menge.

(Karl Hans Strobl, Die Flamänder von Prag, S. 27–32)

12. Statuengruppe des hl. Vinzenz Ferrer und Prokop
(sousoší svatého Vincence Ferrarského a Prokopa)

Auf dem zehnten Brückenpfeiler links erhebt sich auf der Balu-
strade die 1712 von Ferdinand Maximilian Brokoff geschaffene
Gruppe, die den hl. Vinzenz und Prokop darstellt. Hermen-Karyatiden
tragen den im Bischofsornat dargestellten Prokop (um 1004–1053),
der auf dem Rücken eines zu Boden geschmetterten Teufels steht. Ein
dem Hradschin zugekehrtes Relief in der Sockelzone stellt den Sieg
des Heiligen über den Teufel dar: Prokop war 1030 Einsiedler im Tal
der Sasau (Sázava) geworden und hatte dort wenig später einem Kloster vorgestanden, das oben links abgebildet ist. Als ihn der Teufel versucht, spannt er ihn vor seinen Pflug und läßt ihn als Zugpferd für sich
arbeiten.

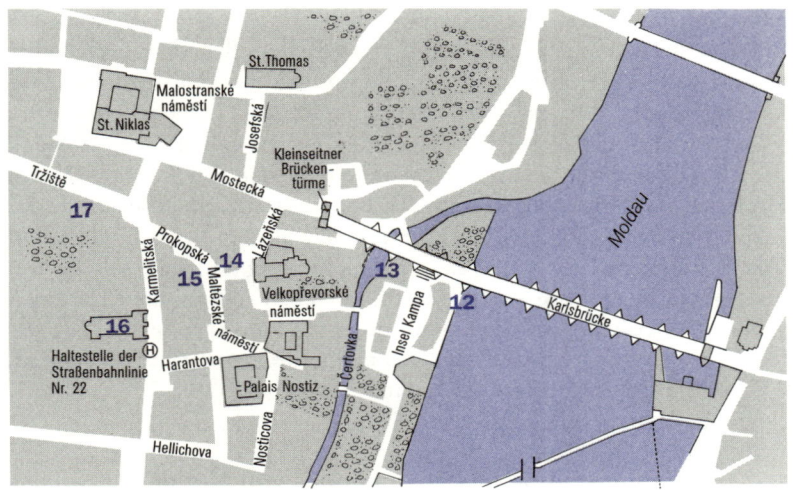

12 Statuengruppe des hl. Vinzenz Ferrer und Prokop
13 Statuengruppe des hl. Johannes von Matha, Felix von Valois und Iwan
14 Nr. 7/290: Palis Doudlebsky-Sterneck
15 Nr. 8/480: Hotel „Zur alten Post"
16 St. Maria de Victoria
17 Nr. 7/369: Café „Zu den drei Eicheln"

Kafka hat auf diese Darstellung in einem Brief Bezug genommen, den er im März 1920 an die junge Minze Eisner richtete. Er stellte dem entwurzelten, neurasthenischen Mädchen, das er während eines Kuraufenthalts in Schelesen (Želízy) an der Elbe kennengelernt hatte, die nützliche, gesundmachende Wirkung landwirtschaftlicher Arbeit vor Augen: Solche Tätigkeit sei geeignet, den Teufel der Nervenschwäche zu besiegen, unter dem er genauso zu leiden hatte wie seine Briefpartnerin:

Jeder hat seinen beißenden nächtezerstörenden Teufel in sich und das ist weder gut noch schlecht, sondern es ist Leben: Hätte man den nicht, würde man nicht leben. Was Sie in sich verfluchen, ist also Ihr Leben. Dieser Teufel ist das Material (und im Grunde ein wunderbares), das Sie mitbekommen haben und aus dem Sie nun etwas machen sollen. Wenn Sie auf dem Land gearbeitet haben, so war das meines Wissens keine Ausflucht, sondern Sie haben Ihren Teufel hingetrieben so wie man ein Vieh, das sich bisher nur in den Gassen von Teplitz genährt hat, einmal auf eine bessere Weide treibt. Auf der Karlsbrücke in Prag ist unter einer Heiligenstatue ein Relief, das Ihre Geschichte zeigt. Der Heilige pflügt dort ein Feld und hat in den Pflug einen Teufel eingespannt. Der ist zwar noch wütend (also Übergangsstadium; solange nicht auch der Teufel zufrieden ist, ist es kein ganzer Sieg), fletscht die Zähne, schaut mit schiefem bösem Blick nach seinem Herrn zurück und zieht krampfhaft den Schwanz ein, aber unter das Joch ist er doch gebracht. Nun sind Sie ja, Minze, keine Heilige und sollen es auch nicht sein und es ist gar nicht nötig und wäre schade und traurig, wenn alle Ihre Teufel den Pflug ziehen sollten, aber für einen großen Teil von ihnen wäre es gut und es wäre eine große gute Tat, die Sie damit getan hätten. Ich sage das nicht, weil es nur mir so scheint, – Sie selbst streben im Innersten danach.

(Franz Kafka, Briefe 1902–1924, S. 267)

13. Statuengruppe des hl. Johannes von Matha, Felix von Valois und Iwan
(sousoší svatého Jana z Mathy, Felixe ze Valois a Ivana)

Nachdem man am Abgang zur Insel Kampa und danach noch an zwei weiteren Statuen vorbeigeschritten ist, erhebt sich linker Hand auf dem vorletzten Brückenpfeiler eine 1714 von Ferdinand Maximilian Brokoff geschaffene volkstümliche Gruppe mit Heiligen, die Christen aus türkischer Gefangenschaft loskaufen.

Egon Erwin Kisch wurde von der Skulptur zu einer Art ätiologischer Erzählung angeregt, die unter dem Titel „Wie der Türke auf der Karlsbrücke um seinen Säbel kam" in der erweiterten Ausgabe seines „Prager Pitaval" (1952) gedruckt wurde. Der Säbel des steinernen Türken, der die im Kerker schmachtenden Christen-Seelen bewacht, war schon zu Anfang des Jahrhunderts nur noch teilweise vorhanden und ist bei Renovierungsarbeiten vor wenigen Jahren so ungeschickt ergänzt worden, daß er zwischenzeitlich neuerlich abgebrochen ist, und zwar gänzlich, so daß jetzt lediglich der Griff mit dem Ansatz des Futterals zu sehen ist.

Kurz zum Inhalt der Erzählung: Miluschka, eine arme Sattlerstochter, hat den reichen Teppichhändler Patkanian geheiratet, fürchtet sich aber vor dessen Krummsäbel. Patkanian erzählt ihr, er habe damit seine erste Frau getötet, die ihm untreu war. Da erinnert sich Miluschka:

Unter der Karlsbrücke, ganz nahe dem Kleinseitner Turm, dort,
wo die Stiege zum einstigen Badhofe führt. Ein Brückenbogen wölbt
sich über Festland, und ein festländischer Brückenpfeiler steht da und
viele Wagen: Kutschen, Lastwagen, Schubkarren, geschlossene Fiaker,
mancher hat nur ein Rad, mancher nur drei Räder, mancher ist zur
Seite geneigt, mancher nach vorne, mancher nach hinten. Miluschka
sieht sich als Kind. Vater arbeitet in der Wagnerei, und sie spielt in dem
Schuppen zwischen den Wagen unter dem Brückenbogen mit sich
selbst Verstecken, oder sie fährt, in einer wirklichen Equipage sitzend
und Pferde ihrer Phantasie peitschend, spazieren oder turnt auf Deich-
seln oder schaukelt auf Handwagen. Auch auf den Brückenrand hat
sie sich gesetzt und die Füße baumeln lassen, das war wunderwunder-
schön, aber der Vater hat's gesehen und es ihr verboten: „Wenn du das
noch einmal machst, kommt der Türke auf dich . . ."
    Oh, der Türke! Vor dem hat Klein Miluschka Angst. Scheu
drückt sie sich an ihm vorbei, wenn sie über die Brücke gehen muß.
    Der Türke auf der Karlsbrücke ist ein sehr böser Mann. In einer
engen Felsenhöhle hält er drei Männer gefangen. Die sind angeschmie-
det und elendiglich mager, die Armen, sie haben nichts zum Anziehen
und schreien vor Hunger und Schmerz. Ein großer Hund bewacht die
Grotte auf der einen Seite, auf der andern steht der Türke, sein
Schnurrbart reicht bis auf die Brust, und in der rechten Hand hält er
einen Karabatsch hinter dem Rücken versteckt, eine neunschwänzige
Knute, die Wange lehnt er in die linke. Und um den Bauch hat er einen
Riemen geschlungen mit einem krummen Säbel. Mit dem schneidet er
Kindern den Kopf ab, wenn sie schlimm sind, wenn sie sich auf den
Brückenrand setzen und die Füße baumeln lassen: schon vielen Kin-
dern hat er den Kopf abgeschnitten, das weiß Klein Miluschka, der
Vater hat es ihr gesagt.
    Angstvoll, aber doch auch forschend blinzelt Miluschka von der
Seite her auf die Gestalt.
    Da ist der Türke von der Brückenbrüstung vor dem Felsenloch,
worin die drei armen Männer sind, und hält den Ellbogen auf den Bett-
rand gepreßt . . . Ja, neben ihrem Bett steht er . . . Das Gesicht in die
aufgestützte linke Hand gelehnt . . . Das Schwert an der Seite . . . Den
rechten Arm hinter dem Rücken . . . Auch der Hund ist da . . .
    Unsinn, sagt sich Frau Miluschka, es wird nicht so arg sein. Hat
ihr denn damals der Türke etwas getan? Sie schließt die Augen und läßt
ihren Film weiter abrollen, sieht sich von neuem als Kind und schaut

den Türken an. Von ferne nur, von der anderen Brückenseite, damit sie noch rechtzeitig weglaufen kann . . . Der Türke rührt sich nicht, wie versteinert steht er auf der Brüstung. Früher ist er den schlimmen Kindern nachgelaufen und hat ihnen die Köpfe abgeschnitten, das ist gewiß, das hat ihr der Vater gesagt, aber jetzt mag er alt und faul geworden sein. Vielleicht ist es ihm heute schon ganz gleichgültig, wenn sich ein kleines Mädchen auf die Brücke setzt und die Füße baumeln läßt?

(Egon Erwin Kisch, Prager Pitaval, S. 312 f.)

Zu Tonik, dem ehemaligen Lehrbuben des Vaters, hat Miluschka inzwischen eine Zuneigung gefaßt. Dienstag und Freitag, wenn Herr Patkanian mit Freunden in der Weinstube sitzt, treffen sich die Liebenden und verbringen die Abende auf der zum Laurenziberg führenden Ewigen Stiege. Einmal trennen sie sich so spät, daß Miluschka Angst hat, ihr Mann werde sie umbringen:

Sie rennt die engen Gassen hinunter, durch den Kleinseitner Brückenbogen. Dort steht der Türke, der ihr das Leben nehmen wird. Sie faßt seinen Säbel, sie will – sie muß ihn zerbrechen. Aber der Säbel ist fest, er rührt sich nicht, wie der Türke sich nicht rührt. Wut über ihre Ohnmacht packt Frau Miluschka. Sie sieht sich um. Schräg drüben auf der Fahrbahn der Brücke brennt eine rote Laterne: damit die Fußgänger bei Nacht nicht in den Haufen Pflastersteine stoßen, der dort liegt. Sie hebt den größten Stein, eilt zurück, und aus unmittelbarer Nähe, mit Aufwand aller Kraft wirft sie ihn gegen die Hüfte der Statue.

In Trümmern fällt der Türkensäbel auf den Gehsteig. Nur der Gürtel, darinnen der Knauf steckt, schlingt sich um den breiten Leib des Muselmannes. Ein kleiner Sockel, auf den der Krummsäbel gestützt war, ragt noch aus dem Burnus. Das Schwert selbst liegt auf der Erde. Zersplittert.

Aufgeregt und doch auch beruhigt läuft Frau Miluschka weiter. Heimwärts.

An diesem Abend hatte Herr Zadriades Patkanian in seiner Weinstube etwas mehr vom gewürzten Wein getrunken und etwas größere Augen auf die schwarzhaarige Kellnerin gemacht und sich etwas länger aufgehalten als sonst. Es schlug schon zwölf. Er erhob sich und bemühte sich, in seinen Mantel zu schlüpfen. Die schwarzhaarige Kellnerin nahm gerade das Tischtuch ab. Herr Patkanian näherte sich ihr,

sie zu umfangen. Sie wich zurück, sie lief um den Tisch, Herr Patkanian ihr nach, drängte sie in eine Ecke; nun wollte er auf sie zusprin-
gen, aber sie schob einen Stuhl zwischen sich und ihren stürmischen
Verehrer. Herr Patkanian stieß heftig gegen die Stuhlkante, und es gab
einen Knacks, als hätte er eine Rippe gebrochen. Erschrocken ließ er
ab. Ohne Atem, Schmerz in der Hüfte, ging er.

Im Schlafzimmer sieht er, daß seine Frau noch nicht zu Hause ist.
Da tritt Miluschka ein. Er stößt ein unverständliches Wort aus und ist
bleicher als sie. Überrock, Weste reißt er auf, und mit wahnsinnigem
Schwung hebt er den Handschar empor.

Nein, nicht den Handschar. Nur den Griff. Die Klinge ist abgebrochen. Herr Zadriades Patkanian starrt auf seine verstümmelte
Waffe.

Dann verzieht er das Gesicht zu einem Lächeln erzwungener
Resignation.

Türkenfigur auf der
Karlsbrücke (1986)

Unter Brokoffs Statuengruppe des heiligen Johann Matka und des heiligen Felix von Valois auf der Prager Karlsbrücke steht der Türke mit seinem Hund. Nichts als den Schwertgriff trägt er im Gürtel. Die Klinge ist abgebrochen. Jedermann kann sich davon überzeugen und erkennen, daß vorstehende Geschichte der Realität entnommen ist.
(Egon Erwin Kisch, Prager Pitaval, S. 316 f.)

Natürlich ist die Karlsbrücke auch als Ganzes in die Literatur eingegangen. Größere, in der Stadt spielende Erzählwerke verzichten selten auf die Erwähnung des berühmten Monuments. Lyrisch besungen, allerdings nicht selten deutschtümelnd oder trivial, wurde häufig der Blick auf Kleinseite und Prager Burg. Ungewöhnlich, schon von der Gattung her, ist der folgende Text Kafkas, den er im November 1903 einem Brief an seinen damaligen Freund Oskar Pollak beilegte. In seiner vergleichsweise dunklen Tönung verweist er auf die schwermütige Stimmung des Schreibers:

> Menschen, die über dunkle Brücken gehn,
>   vorüber an Heiligen
>   mit matten Lichtlein.
> Wolken, die über grauen Himmel ziehn
>   vorüber an Kirchen
>   mit verdämmernden Türmen.
> Einer, der an der Quaderbrüstung lehnt
>   und in das Abendwasser schaut,
>   die Hände auf alten Steinen.

(Franz Kafka, Briefe 1902–1924, S. 21 f.)

Lázeňská (Badgasse)

Nachdem man die beiden Torbögen durchschritten hat, welche die Kleinseitner Brückentürme miteinander verbinden, gelangt man in die *Mostecká* (Brückengasse), an deren Ende sich die grüne Kuppel von St. Niklas *(kostel svatého Mikuláše)* erhebt. Da der Ich-Erzähler in der „Beschreibung eines Kampfes" nichts von der Außenwelt wahrnimmt, während er mit seinem Begleiter die Kleinseite durchquert, ist der Weg der beiden Nachtschwärmer in diesem Teil der Erzählung nicht genau auszumachen. Es ist aber anzunehmen, daß sie die *Mostecká* hinaufgehen, an der Südseite des *Malostranské náměstí* (Kleinseitner Ringplatzes) entlanggehen, um über einen Durchlaß in die *Tržiště* (Marktgasse) den damals allgemein üblichen Weg zur Spitze des *Petřín* zu erreichen.

Das rechter Hand liegende Haus *Nr. 2−4/53* ist nicht ohne historische Bedeutung: Hier wohnte der bucklige Schneidersgeselle Rudolf Mrva, der Ende 1893 ermordet wurde. Die Täter waren Mitglieder des tschechischen Geheimbundes „Omladina" (Jugend), von deren hochverräterischen Absichten Mrva, der sich als Provokateur in die Gruppe der Aufrührer eingeschlichen hatte, die Polizei unterrichtete, so daß die Verschwörer gefaßt und im Jahr darauf verurteilt werden konnten. Durch diese Ereignisse wurde Rilke zur Konzeption seiner Doppelerzählung „Zwei Prager Geschichten" angeregt. Mrva diente als Vorbild für die Titelgestalt des „König Bohusch".

14. Nr. 7/290: Palais Doudlebsky-Sterneck (dům Šiferdekrovský)

Die andere Prager Geschichte, von Rilke „Die Geschwister" überschrieben, spielt in der Lázeňská. Die Wohnung der Geschwister Zdenko und Luisa befindet sich nämlich im dritten Stock eines alten Hauses gegenüber der Malteserkirche *(Panny Marie pod řetězem)*, bei dem es sich mit Sicherheit um das Palais Doudlebsky-Sterneck handeln muß. Es besitzt zwei vollwertige Obergeschosse und darüber einen ausgebauten Dachstuhl, der Prager Sprachgebrauch zufolge als drittes Stockwerk zu bezeichnen war und überdies dem Sozialstatus der neuen Mieter entsprach. Die Erzählung setzt damit ein, wie die Försterswitwe Wanka und ihre beiden Kinder im Palais einziehen. Rilke beschreibt nicht ohne Humor, wie die Magd der Familie die Hausbewohner über die Ankömmlinge unterrichtet:

Mittags waren in dem alten Haus gegenüber der Malteserkirche – drei Treppen hoch – die neuen Mieter eingezogen, und bis zum Abend wußte man nur, daß sie ungewöhnlich große Möbel mitgebracht hatten, die in den engen Windungen der Wendeltreppe fast steckengeblieben wären. Und die alte, triefäugige Hökin, die nahe unter den dunklen Steinlauben[1] saß, konnte sich kaum beruhigen in Erinnerung der

---

1 dem Gebäude *Nr. 14/476* auf dem benachbarten Malteserplatz vorgelagerte Arkaden, unter denen Kleinhändler ihre Stände hatten.

riesigen Eichenschränke und beschwor die Nachbarn, ihr zu glauben, daß es ‚hochherrschaftliche' Schränke gewesen seien. Diese Versicherung bewirkte, daß eine ungewöhnliche Unruhe die vielen kleinen Parteien des bewußten Hauses in Atem hielt: jeden Augenblick kam aus irgendeiner der weißlackierten Türen, auf deren jeder um ein Blech- oder Glasschild herum sich ein paar schmutzige Visitenkarten drängten, ein unordentliches Frauenzimmer heraus, lauschte die Treppe aufwärts und fuhr beschämt zusammen, wenn es da schon auf andere Horcher stieß, welche ebenfalls in Schrecken sich zurückziehen wollten, bis die gleichgesinnten Seelen einander erkannten und ihre hungernde Neugier durch dunkle Vermutungen nur noch mehr anreizten.

Plötzlich aber wurde die weibliche Bewohnerschaft aus dem engen Treppenhaus, welches wie eine Wirbelsäule durch das Gemäuer aufwuchs, nach den Hof-Fenstern hingezogen. Tief unten in dem röhrenförmigen Hofe, wie am Grunde eines Brunnens, begann ein Leierkasten schluchzend die Melodie aus dem ‚Bettelstudent', und zugleich waren auch schon – man wußte nicht woher – ein paar Kinder dabei, welche um den alten Saufbold einen wilden und seltsamen Tanz aufführten. Die Töne aber kamen nach gequältem Ächzen wie ein Rülpsen aus den trockenen Orgelkehlen, schienen emporzuschnellen und wie unsichtbare Lassoleinen an den verschiedenen Hälsen zu ziehen, welche in ganz unglaublicher Länge aus allen Luken und Küchenfenstern herauswuchsen und als ein bizarrer architektonischer Schmuck die Kahlheit der Wände unterbrachen. Die Frauenzimmer, welche sich da von hüben und drüben begrüßten, sahen einander in der Dämmerung zum Verwechseln ähnlich; ihre Gesichter schienen alle, wie ein vorsichtiges Mimicri, die unbeschreibliche Mißfarbe der Mauer angenommen zu haben, und auch in Bewegung und Stimme war eine so überraschende Einheitlichkeit zu bemerken, daß sie mehr als zugehörige Organe dieses Hauses, denn als freibewegliche Einzelwesen erscheinen mochten. Man könnte nun leicht glauben, daß die Aufmerksamkeit der vielen Köpfe dem erbärmlichen Leierkasten gehörte, – denn manche nickten sogar den Takt mit; in Wahrheit aber wuchsen alle Augen ganz sachte zu dem Küchenfenster des dritten Stockes, und manch leichtgläubiges Ohr glaubte dessen Riegel klirren zu hören. Allein die Drehorgel hatte sich mit einem Galopp, zu dem ein kleiner schwarzer Rattler die Begleitung heulte, erschöpft, der Spielmann brüllte seinen Dank und schlürfte mit schweren Schritten davon. Der helle Schwarm der Kinder zog wie eine Kette hinter ihm her, und mit einem Male fühlten alle die Stille und das Dunkel des dumpfen Hofes. Aber gerade in diesem eigentümlich lauschenden Augenblick ging das ersehnte Fenster fast unhörbar auf, und die alte Magd Rosalka neigte sich weit vor. Fast alle Köpfe tauchten unter, nur eine kecke, ungeduldige Stimme schrie: „Na, seid ihr schon fertig eingezogen?" Die Magd Rosalka nickte nur, und gerade, als der Leierkasten in einem nächsten Hause leise etwas sehr Wehmütiges begann, setzte sich die Alte wie ein großer, trauriger Vogel ins schwarze Fenster und ließ nachlässig, als wären es Kartoffelschalen, Stück für Stück die Lebensgeschichte ihrer Herrschaft in den horchenden Hof hinunterfallen. Und wenngleich jetzt niemand an den Fenstern zu sehen war, so ging doch keines von ihren breiten Worten den Mauern verloren, aus denen nur dann und wann eine ermunternde Frage aufstieg. Eine Stunde nachher, als sie bei den Maltesern Ave läuteten, kannte auch die alte Hökin unter den Steinlauben das ganze Schicksal der Försterswitwe Josephine Wanka und ihrer beiden Kinder und gab es ihren letzten, täglichen Kunden, dem Gerichtskanzlisten Jerabek und dem Lakaien Dvorak nebst den ‚hochherrschaftlichen' Schränken mit.

(Rainer Maria Rilke, Zwei Prager Geschichten, S. 65–67)

Der aus einer deutsch-tschechischen Mischehe stammende Zdenko studiert an der tschechischen Universität und wird dadurch mit dem Studenten Rezek bekannt, einem nationalistischen Fanatiker. Zdenko erliegt auf gemeinsamen Spaziergängen, die ihn unter anderem in den Hungerturm *(Daliborka)* auf dem Hradschin führen, der politischen Agitation seines Begleiters, dem als Gegenfigur auf deutscher Seite die Frau eines Obristen gegenübergestellt ist, die als Arbeitsgeberin der Familie Wanka in ihrem Tschechenhaß und ihren gesellschaftlichen Wertvorstellungen ein Abbild der Mutter Rilkes darstellt und nicht ohne Einfluß auf die beiden Kinder bleibt.

Der innere Zwiespalt zwischen zwanghaft empfundener Pflicht, die Sache der Tschechen für die seine zu erklären, und emotionaler Ablehnung des von Rezek vermittelten revolutionären Gedankenguts lassen Zdenko krank werden und gleichsam als Opfer des in der Stadt herrschenden Nationalitätenkonflikts an einer Lungenentzündung sterben. Die Erzählung endet aber versöhnlich: Die tschechisch sprechende Luisa und ein deutscher Student, der inzwischen bei den Wankas Wohnung genommen hat, finden Gefallen aneinander und unterrichten sich gegenseitig in ihrer Muttersprache.

Maltézské náměstí (Malteserplatz)

Wenn die *Lázeňská* in südlicher Richtung endet, öffnet sich linker Hand der Grandprioratsplatz, an dessen Ende ein Durchlaß zu einer die *Čertovka* überquerende Steinbrücke und weiter auf die Insel *Kampa* führt. Linker Hand das Grandpriorats-Gebäude *(Nr. 4/485)*, gegenüber das 1682 errichtete und 1738 umgebaute Palais Buquoy-Longueval *(palác Buquoyský) (Nr. 2/486)*, in dem heute die Französische Botschaft untergebracht ist.

Auf diesem Platz mit den alten Pflastersteinen, zwischen denen wie vor hundert Jahren Gras wächst, beginnt eine tragische Episode in Egon Erwin Kischs 1914 erschienenem Roman „Der Mädchenhirt". Die Hauptgestalt Jarda, einer Zufallsverbindung zwischen einem wohlhabenden Deutschen aus der Prager Altstadt und einer auf der *Kampa* lebenden tschechischen Flößersfrau entstammend, ist in dem Arme-Leute-Milieu der Insel geboren und aufgewachsen. Der Körper der Frau stellt hier fast das einzige, zum Überleben notwendige Be-

Blick auf den
Malteserplatz

triebskapital dar. Eines Tages erfährt der Dreizehnjährige von seiner zwei Jahre älteren Freundin, sie werde sich jetzt das Geld verdienen, das Kavaliere für unberührte Mädchen zu zahlen bereit waren. Die ältere Schwester wartet vor dem Grandpriorats-Gebäude und führt das Opfer dem Kunden zu, der in der „Alten Post" auf dem nahegelegenen Malteserplatz wartet.

Jarda schleicht ihnen nach, verbirgt sich im „Vestibül" (der neugotischen, durch ein schmiedeeisernes Gitter gesicherten Vorhalle) der Malteserkirche und beobachtet von dort aus, wie die Mädchen in der „Alten Post" verschwinden, deren Fassade teilweise von dem davorstehenden Standbild des hl. Johannes verdeckt ist.

15. Nr. 8/480: Hotel „Zur alten Post"

Wir beeilen uns, Jardas Perspektive einzunehmen, gehen also bis zur Malteserkirche zurück, von wo aus die Fassade des ehemaligen Hotels auf der dem Beschauer abgewandten Seite des sich linker Hand öffnenden Malteserplatzes sichtbar wird. Im 18. Jahrhundert Prager Hauptpostamt, hatte es wie alle amtlichen Einrichtungen der Donaumonarchie einen Anstrich in Kaisergelb, der sich bis heute erhalten hat. Vor dem Ersten Weltkrieg war das Haus ein bekanntes Stundenhotel:

Nun schleicht er sich in das Vestibül der Maltheserkirche. Hier ist Jarda oft gewesen, weil hier die Schulgottesdienste der Kampa-Realschule abgehalten werden. Jetzt ist er dem Hotel gerade gegenüber. Er versteckt sich hinter dem Pfeiler und schaut geradeaus. Die braune Heiligenstatue auf dem Platz, an deren Postament ein welk und spröde gewordener Kranz hängt und eine rote Ampel brennt, stört die Aussicht kaum. Die Hotelfenster sind offen. Überall sind Gardinen, aber nur oben vereinigen sich ihre beiden Hälften zu einer Spitze und senken sich dann, schräg auseinandergehend, in die Ecken des Fensterbrettes. Ein Dreieck bleibt in jedem Fenster unverdeckt. Aber die Dreiecke sehen von unten schwarz aus – Jarda kann nicht wissen, in welchem Zimmer Betka mit dem Herrn ist.

Bis – Jarda kann nicht atmen – ein Herr mit braunem Spitzbart am Fenster im ersten Stock erscheint. Er nestelt an der Rouleauschnur. Ein gelber Leinenvorhang rollt langsam auf das Fensterbrett hinunter. Dahinter verschwindet der Herr, alles . . . Nur der gelbe Leinenvorhang ist noch zu sehen, mit je einem roten Streifen am Rand.

In Jardas Kopf schaukelt es, und er muß sich an den Pilaster stützen. Ein gelbes Rouleau fällt über seine Augen, rote Streifen, aber er sieht durch, ja, er sieht durch, ein spitzbärtiger Mann, er schwingt hundert Kronen, mit den Füßen schlägt er auf Betka los, und Betka küßt ihm die Füße, muß ihm die Füße küssen, er besudelt die Betka und lacht. Und dann sieht Jarda gar nichts. Nicht die Heiligenstatue mit dem welken Kranz am Sockel, nicht die Lampe, nicht die Lampe, gar nichts.

Er läuft wankend fort. Oberhalb der Fenster des Buquoyschen Palastes lacht von der Mauer herab eine Reihe spitzbärtiger Gesichter, alle sind ganz gleich und lassen die Rouleaus hinab.

Jarda kann die Tränen nicht mehr halten. So sehr er sich schämt, wie ein Kaschkind [1] zu weinen, er kann es nicht verhindern, daß es über seine Wangen und sein Kinn strömt wie die Wasser des Altstädter Wehrs, vor das er sich unten auf die Kampa-Böschung, zwischen die Landungspflöcke der Kähne, auf staubige Grasbüschel und grünbraune Lindenblätter setzt, damit ihn niemand weinen sehe.

Im Mund verspürt er einen bitteren Geschmack. So hat der kandierte Kalmus geschmeckt, den er einmal von einem Mandoletti [2]-mann gekauft hat; er hatte geglaubt, es seien verzuckerte Orangenschalen.

Sein Hals ist trocken. Der Magen ist leer. Seine Augen schmerzen ihn vom Weinen. Sein Herz schlägt wirres Zeug. Seine Stirn ist heiß, nein, kalt ist sie. In diese Leiden sind Gedanken verzahnt, Gedanken, die gräßlich verwundend durch den ganzen Körper laufen.

Er möchte sich trösten: Der fremde Herr ist ein Kren, er muß ja hundert Kronen zahlen.

Aber plötzlich durchzuckt ihn ein gräßlicher Schluß: Hundert Kronen kriegt das Mädel nur das erste Mal – also ist sie jetzt weniger wert. Weniger wert.

Jarda springt auf und möchte ins Hotel Post, es der Betka sagen. Schnell – bevor es zu spät ist. Aber er kann nicht. Seine Eingeweide rumoren, und der kleine Jarda erbricht. Schleimiggrüne Galle fällt in das Moldauwasser. Fast wäre er selbst ins Wasser gestürzt, so bebt er. Er muß sich halten.

---

1 Breikind, Säugling.

2 von Straßenverkäufern in Körben feilgebotenes Gebäck aus Mandelteig, tschechisch ‚mandoleta'. Die eingedeutschte Form leitet sich vom Plural ‚mandolety' her.

Es kommt ihm vor, als ob ihn jemand von der Brückenbrüstung beobachte. Er schaut auf. Es sind die Heiligenstatuen, ihre Rückseite. Wie Säulen sehen sie aus, halbrund und glatt. Man sieht genau, wo sie geflickt sind, man hat sich nicht bemüht, die eingesetzten hellen Steine mit dem Dunkel des ursprünglichen Materials in Einklang zu bringen. Wozu auch? Das ist ja die Rückseite. Die Leute gehen vorüber, ihre Köpfe bewegen sich längs der Brüstung, aber sie wissen nicht, wie häßlich die Denkmäler von hinten sind. Sie wissen ja nichts, die Menschen. Sie wissen nicht, was im Hotel Post vorgeht, sonst würden sie nicht so ruhig ihres Weges gehen.
(Egon Erwin Kisch, Der Mädchenhirt, S. 60–62)

Jarda entwickelt sich im Lauf der Zeit zu einem Mädchenhirten, einem Zuhälter, der als schicksalsmächtiger Herrscher über die Frauen nichts mehr für seine Schützlinge empfindet, schließlich geschlechtskrank wird und mit den Gesetzen in Konflikt kommt. Nachdem er immer mehr ins soziale Abseits geraten ist, bleibt ihm nur eines seiner Mädchen gefühlsmäßig verbunden, das er heiraten möchte. Um dieses Unternehmen finanzieren zu können, beschließt er, seinen Vater zu berauben, stößt aber auf dessen Haushälterin und erhängt sich.

Karmelitská (Karmelitergasse)

An dem rechter Hand liegenden Nobellokal vinárna „U Malířů" vorbeigehend, gelangt man auf das Maltézské náměstí, das man bis zu dem 1660 errichteten Palais Nostiz (palác Nostický) (Nr. 1/471) am Südende durchschreitet. Dort biegt man rechts in die Harantova ein. Nachdem man die Karmelitská überquert hat und rechts ein Stück weit aufwärts gegangen ist, sieht man links die zurückgesetzte Fassade der Kirche St. Maria de Victoria, zu der eine Freitreppe hochführt.

16. St. Maria de Victoria (kostel Panny Marie Vítězné)
Die Kirche wurde 1611 bis 1613 von deutschen Protestanten erbaut. Nach der Schlacht am Weißen Berge (Näheres S. 156) wurde sie katholisch und 1624 dem Karmeliter-Orden übergeben, der sie der Muttergottes vom Siege weihte: Die kaiserlichen Truppen waren 1621 unter dem Zeichen Mariens gegen die aufrührerischen böhmischen Stände in den Kampf gezogen.

Am mittleren Altar der rechten Wandseite befindet sich das sogenannte Prager Jesulein, dessen Kult beonders in Westeuropa und Lateinamerika verbreitet ist. Die knapp einen halben Meter hohe, von Engeln umgebene Wachsstatue, die durch eine Glashaube geschützt ist, trägt ein weißes Kleid und darüber einen goldbestickten, dunklen Mantel. Auf dem Kopf des Jesuskindes sitzt eine mit Edelsteinen verzierte Krone. Seine rechte Hand ist segnend erhoben, in der Linken trägt es den Reichsapfel.

Die aus Spanien stammende Statue wurde 1628 dem Karmeliter-Konvent übergeben. Als das Kloster 1631 von den Truppen Gustav Adolfs geplündert wurde, geriet sie in Vergessenheit, trat aber bald nach der 1637 erfolgten Rückkehr der Mönche als wundertätiges Kultbild in Erscheinung und erfuhr seit dem Ende des 17. Jahrhunderts allgemeine Verehrung. Der katholische Schriftsteller Paul Claudel hatte während der Zeit, die er in Prag als französischer Konsul verbrachte, eine Nachbildung des Prager Jesuleins über den Betten seiner Kinder stehen (P. Claudel, Œuvre poétique, S. 1110) und schrieb im Dezember 1910 das Gedicht „Das Prager Jesuskind".

Der tschechische Schriftsteller Bohumil Hrabal hat im zweiten Kapitel seines Romans „Ich habe den englischen König bedient" (Näheres S. 215) die dem Prager Jesulein zuteil werdende Verehrung parodistisch aufs Korn genommen. Er erzählt die skurril anmutenden Verwicklungen, die bei dem Versuch einer bolivianischen Delegation entstehen, eine in ihrer Heimat gefertigte goldene Replik des Kultbilds durch den Prager Erzbischof im Veitsdom weihen zu lassen.

Hinweis: Wer müde ist, kann den Rundgang an dieser Stelle unterbrechen oder beenden. In diesem Falle geht man nach dem Verlassen der Kirche nach rechts zu der Straßenbahn-Haltestelle *Hellichova,* die sich vor dem Nachbarhaus befindet. Mit der Linie 22 (Richtung *Hostivař*) abwärtsfahrend, gelangt man über den *most Legií* (Kaiser Franzens-Brücke) und die *Národní třída* in die *Spálená,* wo sich die Haltestelle *Národní třída* befindet. Zur Fortsetzung des Spaziergangs steigt man auf der gegenüberliegenden Straßenseite vor dem Kaufhaus „Máj" in die Linie 22 (Richtung *Břevnov*) und fährt zur Haltestelle *Hellichova* zurück, die sich etwas weiter unterhalb der Stelle befindet, an der man eingestiegen ist. (Fahrscheine erhält man in jeder Trafik.)

Tržiště (Marktgasse)

Die *Karmelitská* in Richtung St. Niklaskirche aufwärtsgehend, deren grüne Kuppel unübersehbar das Straßenbild beherrscht, erreicht man die linker Hand einmündende *Tržiště*, in welcher der zweite Teil des Spaziergangs beginnt.

17. Nr. 7/369: Café „Zu den drei Eicheln"

In diesem Gebäude befand sich um die Jahrhundertwende ein kleines, biedermeierlich wirkendes Kaffeehaus, in dem eine alte Harfenistin tschechische Volksweisen und Schelmenlieder zu Gehör brachte. Es war eines der Lieblingslokale der damals in der Stadt ansässigen literarischen Avantgarde. In diesem Kaffeehaus nimmt Paul Leppins Erzählung „Gespenster" ihren Anfang, die zuerst 1907 in der Prager Zeitung „Bohemia" veröffentlicht wurde:

Auf dem Eiermarkt, bevor man durch die Wälsche Gasse zum Lobkowitz-Palais emporsteigt, steht, von kleinen und winkeligen Häusern eingeengt, ein unbeachtetes Kaffeehaus. Am Sonntag nachmittag ist es da heimlich. Die Straßen der Kleinseite sind leer und die Wirtin kocht einen dünnen Kaffee auf dem Herde, der in der Gaststube steht. Die alte Harfenistin schläft in der Ecke und manchmal rührt sich die Turteltaube in dem verrosteten Käfig. An der Wand hängt ein verstaubter Farbendruck, der die vier Lebensalter des Menschen im Bilde zeigt: das spielende Kind, den Knaben, den Mann und den Greis an der Krücke. Durch das ebenerdige Fenster kann man den wunderlichen Brunnen sehn, dessen eiserne Zierraten eine längst entschwundene Zeit zusammenschlang.

Kein Fremder verirrt sich um diese Stunde in das dämmerige Lokal. Der späte Tag lockt bleiche Lichter auf die vertretenen Dielen und die verrußten Wände. Eine Wolke geht langsam über die Dächer der Stadt und verlöscht sie wieder. Das leise Geräusch des Geschirrs auf dem Herde ist der einzige Ton in der Stille. Die Kinder auf der Gasse klopfen manchmal an die Scheiben und lugen durch die Lücken des Vorhangs in das Zimmer. Eine wunderbare und verklärte Ruhe behütet das „Gasthaus zu den drei Eicheln". Draußen läuten die Glocken der Niklaskirche zum Segen.

Aber in der Nacht kann sich alles seltsam ändern. Ein gelbes Licht qualmt von der niedrigen Decke und macht das Gesicht der

Wirtsfrau mißtrauisch und häßlich. Mit schläfrigen Augen sitzen die Soldaten bei den ungehobelten Tischen und schauen schweigend in das schale Bier in den roten Flaschen. Im Hintergrund, dort wo es beinah schon ganz finster ist, hat einer die Fäuste in die Schläfen gegraben und starrt vor sich ins Leere. Der Mann der Wirtin sitzt frierend neben dem Ofen und ein röchelnder Husten schüttelt von Zeit zu Zeit seinen Körper. Hie und da ruft eine heisere Stimme nach einem Schnaps und ein betrunkenes Weib, das bisher mit dem Kopf auf den verschränkten Armen schlief, stammelt eine Zote. Dann plötzlich spielt die Harfenistin ein Lied. Ein paar Kupferkreuzer liegen vor ihr auf der bunten Serviette in dem schmutzigen Teller. Ihre langen und magern Finger zupfen die Saiten, sie öffnet ihre weiten und leeren Augen und singt. Sie singt ein böhmisches Volkslied. Schrill und zerbrochen klingen die Worte in ihrer Kehle und die Sehnsucht und Süßigkeit der Melodie flüchtet sich kreischend aus der Stube. Das Lied ist zu Ende und das Weib stellt die Harfe ermüdet an die Wand. Der Mann in dem dunkeln Winkel, der sein Gesicht in den Fäusten vergräbt, hat sich nicht gerührt. Nur den Kranken beim Ofen hat wieder der Husten gepackt und er spuckt erschöpft auf den Boden.

Bohemia 80, Nr. 282, Beilage S. 1

18. Nr. 15/365: Schönborn-Palais (palác Schönbornský)

Am Ende der Straße links das 1795 erbaute Schönborn-Palais, heute Sitz der Amerikanischen Botschaft. Von Anfang März bis August 1917 hatte Kafka in diesem Palais eine Zweizimmerwohnung gemietet, die sich aufgrund verschiedener Hinweise in seinen Lebenszeugnissen genau lokalisieren läßt. Sie lag hinter den vier inneren, also rechts liegenden Fenstern im zweiten Obergeschoß des sich straßenabwärts erstreckenden Gebäudeflügels. Die Werke, die während dieser Zeit entstanden sind, wurden freilich im Alchimistengäßchen auf dem Hradschin geschrieben (Näheres S. 135), so daß sich für Kafka in diesen Monaten vermutlich folgende Tageseinteilung ergab: Nachdem er um 14 Uhr die Arbeiter-Unfall-Versicherungs-Anstalt (vgl. S. 219) verlassen und in der Wohnung seiner Eltern am Altstädter Ring (vgl. S. 166) sein Mittagessen eingenommen und Zeitung gelesen hatte, begab er sich im Lauf des Nachmittags (vielleicht auf Umwegen, weil er ausgedehnte Spaziergänge zur Erholung benötigte) in die Wohnung im Schönborn-Palais, um dort einige Stunden zu schlafen. In den Abend-

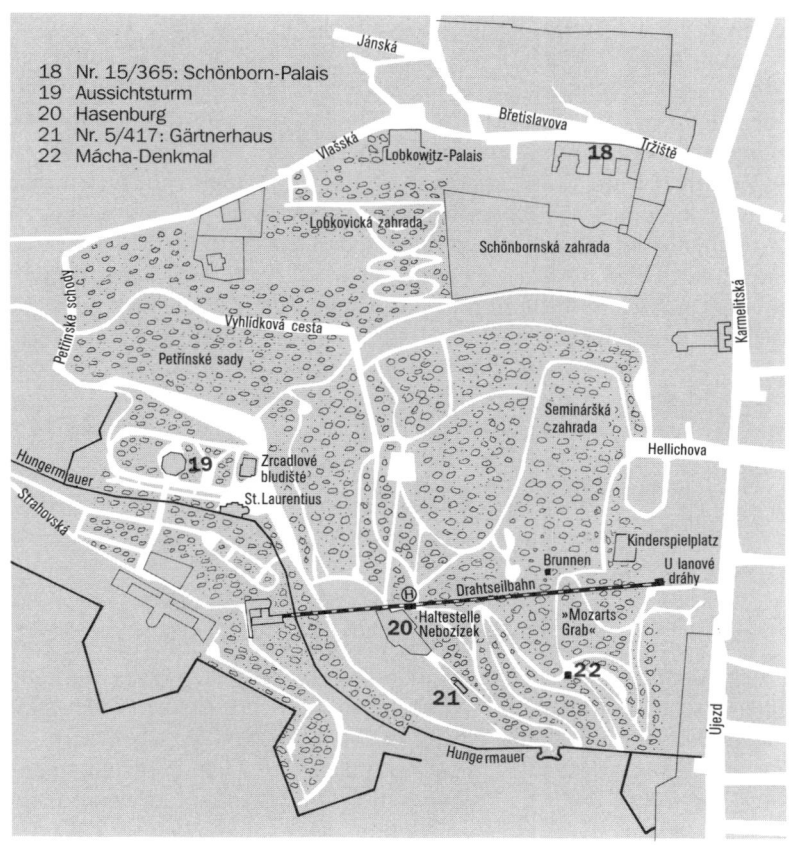

18 Nr. 15/365: Schönborn-Palais
19 Aussichtsturm
20 Hasenburg
21 Nr. 5/417: Gärtnerhaus
22 Mácha-Denkmal

stunden mag er über den *Jánský vršek* und die *Nerudova* zum Eingang des Hradschin und von dort weiter ins Alchimistengäßchen gegangen sein, wo er in der für seine literarische Arbeit unerläßlichen Ruhe und Abgeschiedenheit bis Mitternacht oder später schrieb. Anschließend übernachtete er im Schönborn-Palais.

Hier ist es auch in der Nacht vom 12./13. August 1917 zu dem denkwürdigen Blutsturz gekommen, durch den sich seine Lungentuberkulose erstmals direkt bemerkbar machte. Kafka beschreibt dieses Ereignis im April 1920 in einem Brief an die tschechische Journalistin Milena Jesenská mit folgenden Worten:

Vor etwa 3 Jahren begann es bei mir mitten in der Nacht mit einem Blutsturz. Ich stand auf, angeregt wie man durch alles neue ist (statt liegen zu bleiben, wie ich es später als Vorschrift erfuhr), natürlich auch etwas erschreckt, gieng zum Fenster, lehnte mich hinaus, gieng zum Waschtisch, gieng im Zimmer herum, setzte mich auf's Bett – immerfort Blut. Dabei aber war ich gar nicht unglücklich, denn ich wußte allmählich aus einem bestimmten Grunde, daß ich nach 3, 4 fast schlaflosen Jahren, vorausgesetzt daß die Blutung aufhört, zum erstenmal schlafen werde. Es hörte auch auf (kam auch seitdem nicht wieder) und ich schlief den Rest der Nacht. Am Morgen kam zwar die Bedienerin (ich hatte damals eine Wohnung im Schönborn-Palais), ein gutes, fast aufopferndes, aber äußerst sachliches Mädchen, sah das Blut und sagte: „Pane doktore, s Vámi to dlouho nepotrvá."[1] Aber mir war besser als sonst, ich gieng ins Bureau und erst nachmittag zum Arzt. Die weitere Geschichte ist hier gleichgiltig.

(Franz Kafka, Briefe an Milena, S. 6)

Vlašská (Wälsche Gasse)

Die am Ende der Tržiště beginnende Vlašská führt direkt zum Petřín. Verfolgt man sie einige Zeit aufwärts, zeigt sich linker Hand an einer platzartigen Erweiterung das Lobkowitz-Palais (palác Lobkovický) (Nr. 19/347), in dem heute die Deutsche Botschaft untergebracht ist. Vor seiner Fassade zieht sich eine auffällige Reihe von Prellsteinen entlang, die früher dafür zu sorgen hatten, daß Straßenfuhrwerke nicht das Mauerwerk beschädigten. Schräg gegenüber (Nr. 34/335) das 1602 von den in Prag lebenden Italienern gegründete Wälsche Spital (Vlaškého špitál), an dessen unterem Ende 1611–1617 die Karl-Borromäus-Kirche hinzugefügt wurde. An ihrer Außenwand (rechts des Portals) findet sich ein großes, von einem modellierten Steinrahmen umschlossenes Gemälde, das mit dem Eingangsteil des Lobkowitz-Palais künstlerisch zu wetteifern scheint.

Danach endet die geschlossene Bebauung. Der Weg führt jetzt zwischen hohen Mauern weiter nach oben, die linker Hand den Lobkowitzschen Garten (Lobkovická zahrada), rechts den Garten des Stra-

---

1 „Herr Doktor, mit Ihnen dauert's nicht mehr lange."

chover Stifts *(Strahovská zahrada)* begrenzen, das 1148 als Prämon-
stratenserkloster gegründet wurde und an der Stelle im Hintergrund
sichtbar wird, wo der eigentliche Fahrweg endet und die rechter Hand
verlaufende Mauer ein Stückchen unterbrochen ist. In diesem Teil der
Vlašská, in dem sich auch die beiden Liebenden in Kischs Erzählung
„Wie der Türke auf der Karlsbrücke um seinen Säbel kam" aufgehalten
hatten, spielt eine Szene in Max Brods 1931 gedrucktem Roman
„Stefan Rott oder Das Jahr der Entscheidung".

Der jugendliche, deutlich autobiographische Züge tragende Titelheld ist, damaligem Prager Brauch entsprechend, mit der Dame seines Herzens heraufgekommen und beschwört das Altösterreichische
dieses stillen Winkels, der allerdings durch Renovierungsmaßnahmen
in den letzten Jahren einiges von seinem Reiz eingebüßt hat. Der Weg
wurde nicht nur mit modernen Beleuchtungsmasten versehen, sondern auch seines alten Eisengeländers beraubt, und auf der linken
Seite hat man teilweise der ursprünglichen Gartenbegrenzung Stütz-
mauerwerk aus Steinquadern vorgesetzt:

Der Abend war lau. In diesem Jahr war den Kälteschauern der
letzten Apriltage ganz unvermittelt ein warmer regnerischer Mai gefolgt, der wie über Nacht das Grün der Büsche und Bäume hervor-
trieb. Dieses Grün war noch mager, hell durchscheinend und gleichsam unmateriell, dabei aber ungeheuer kräftig. Scharf, frisch der Duft
der Blütenrispen und Dolden, die über die Gartenmauern in die Gassen herabhingen. Die Gärten der Kleinseite, zwischen altem Mauerwerk, genossen gleichsam eine doppelte Jugend; als freuten sie sich
über die Unwahrscheinlichkeit ihres Lebensbeginns in einem Stadtteil,
in dem jeder Stein nur an Weisheit und das Ende der Dinge zu mahnen
schien. Feinnerviges Hellgrün zum klobigen Grauschwarz der Fassaden – raffiniert nebeneinandergesetzt, ein Japaner hätte das nicht ge-
schmackvoller ausbalancieren können, in kokett aufreizender Gegen-
sätzlichkeit. Es war eine kulturvolle und zugleich überschwengliche,
ja in ihrer Freudigkeit geradezu schwelgerische Landschaft. Wiewohl
der Weg in die Wälsche Gasse aufwärts an lauter Kirchen, an einem
Waisenhaus, sogar an einem Krankenhaus vorbeiführte, hatte diese
Gegend wahrlich nichts Asketisches. Hier schien sich das Christen-
tum nur von der Seite der Liebe her zu zeigen, die Kirche überdies von
der Seite einer hohen Urbanität, die sie den Palastbauten der großen
Barone verschwisterte. Sinnbilder, künstlerische Portale, schöner Li-

nienschwung; Klerus und Weltlichkeit wetteiferten miteinander. Eine Reihe von alten Prellsteinen vor einer mächtigen Fassade – erinnerte das nicht an die bunten wappengeschmückten Anlegepfähle im Wasser vor einem venezianischen Palais? Auch hier waren einmal zauberhafte Feste großer Herren gefeiert worden. Und dicht daneben gemahnte ein altes Gartentor mit verrostetem Klingelzug an die genießerische Luft der Wiener Vorstädte, an leise Schubertmusik, an diese seltsam süße Vermählung von Treuherzigkeit und erlesener Kultur. Jetzt wohnten in der Umgebung der stolzen Bauten arme Kleinbürger – eine Menschenart, gegen die im Allgemeinen viel einzuwenden ist; aber gerade hier im Stadtviertel der Prager Kleinseite (vielleicht nur hier) zeigten sie sich von ihrer angenehmsten Seite, ohne allzuviel Beschränktheit, ohne Herzensroheit. Ja, hier wurde die Seele zur Freude gestimmt. Hier war man zwischen Gartenmauern links und rechts der Straße versteckt (die Häuser hatten aufgehört), hier in Frühlingsmusik und Duft geborgen, nicht einem öden Himmel und Strom und melancholischen Wirtshauslied schutzlos preisgegeben. Nun stieg der Weg den Abhang hinan, immer zwischen den alten Gartenmauern. Links der Park-Wald des Laurenzibergs, rechts stand über seinen Gärten wie eine ferne Festung das Strahower Stift. Der Weg verengte sich, führte um die Ecke, war nun steingepflasterte Stiege mit sehr breiten Treppenabsätzen (kleine rosa und schieferblaue Steine wiederholten im Bodenmosaik immer dieselbe einfache Figur) und einem uralten Eisengeländer längs der einen Wand. Man kann sich schwerlich einen Winkel denken, der altösterreichischer wäre als dieser liebliche Engpaß zwischen Gemäuer und Baumwerk. Schubert und Smetana klangen auf, die Genies dieses Himmelsstrichs. Hier war nichts so verfallen wie in ähnlichen, schon allzu dramatischen Szenerien Italiens, hier gab es peinliche Ordnung und guten Reichtum, doch beide ohne Pedanterie und ohne Aufdringlichkeit, – hier konnte man leben, wo Süd und Nord ihre Mitte gefunden hatten, ja hier schlug des Lebens allerlustvollstes und würdigstes Herz. – Niedrige Wirtschaftsgebäude parkeinwärts da und dort längs der Mauer. Eine Kapelle[1] am Weg, mit frischem Reisig geschmückt. In den Wandmörtel der Gartenmauern viele Namen geritzt und lauter, lauter Herzen, manche mit Flammen oder mit einem Kreuz versehen, vielleicht in unbewußter Anlehnung an

---

1 eine der erhaltenen Kreuzwegstationen zu der auf dem Gipfel des Berges liegenden Laurentiuskirche, die diesem seinen deutschen Namen gegeben hat.

Bilder in einer der vielen nahen Kirchen. Nirgends das obszöne Zeichen, das sonst auf Mauern nicht zu fehlen pflegt. Hier war eben alles anständig gemildert, volkstümlich und edel zugleich, beseelt von Glaubenskraft, Frühling, Leidenschaft, allen lebensholden Kräften des Daseins. [. . .]

Es war dämmrig geworden. Und ruhig; denn von dem Knick an, den der Weg machte, waren sie keinem Menschen mehr begegnet. Diese wenig bekannte Ecke Prags ist auch tagsüber recht unbelebt, obwohl nicht sehr weit vom Stadtzentrum entfernt. Sie bildet keine Verbindung, ist in keine Verkehrslinie eingeschaltet. Jetzt, am Abend gab es weit und breit keinen Menschen. Man konnte glauben, auf dem Lande zu sein. In den Parkanlagen hinter den Mauern erhob sich in dieser Stille deutlicher als sonst das leise Vogelzwitschern, dazu da und dort ein kurzer Lauf, ein Triller, eine gehauchte Kadenz, stärker abgesetzt von dem wirren Hintergrund und in den Pausen wie mit sehnsüchtigem Warten in die Ferne lauschend. „Da, dieser ist es", sagte Phyllis und wies in einen Baumwipfel hinauf. In den noch nackten Ästen hob sich ein Vogel vom lichtlosen, aber noch nicht verdunkelten Himmel ab. Grau und blank wie das spiegelglatte Meer bei Windstille war der Himmel, schwarz saß der Vogel davor, man sah scharf die Zakken der gespreizten Schwanzfedern, sogar das Öffnen des kleinen Schnabels zeichnete sich bewegt in den klaren Himmel ein. „Ist es eine Nachtigall?" Beide wußten es nicht. Großstädtische Menschen ohne viel Naturkenntnis; aber in dieser Stunde sprach die Natur, die der Nomenklatur entraten kann, mit all der lieblichen Vernehmlichkeit, die ihr eigen ist, stürmisch zu ihren Herzen.

Sie stiegen weiter, endlich standen sie vor einem eisernen Gittertor. Die Parkanlagen des Laurenzibergs waren um diese Zeit bereits geschlossen. Unter den Bäumen dort war schon Nacht. Über dem Zwischenreich der netzartig durcheinandergreifenden Äste lag verlöschend, doch deutlich noch taghaft der wolkenlos reine Himmel.

Sie wandten sich zum Rückweg, die Stufengasse hinab. Die vielfach sich wendenden Parkmauern in ihrer schönen alten launenhaften Bauweise ließen immer nur eine kleine Wegstrecke sehen. Nun verstärkte sich der Gesang. Sie hatten sich wieder dem Baum genähert, auf dem hoch oben immer noch die Nachtigall saß und sang. Sie sang vom Rande des einen Parks über den Weg hinüber, aus der Ferne des andern Parks hinter der rechtsseitigen Mauer kam eine Antwort; in jeder Pause, die der Vogel machte, erklang ein Stück des fernen Lieds.

Dann brach es dort ab, und bald nachher öffnete sich der Schnabel hier, ein Schmettern und Verhauchen brach los, so rückhaltslos und bis an die Grenzen des nur irgendwie Möglichen, als sänge das kleine Tier nicht für sich allein, sondern für den ganzen Baum, ja für alle Baumgruppen der Umgebung oder den ganzen Bereich dieses schönen Abends oder wenigstens den Bereich der beiden großen Gärten. Stefan und Phyllis waren vor dem Baum stehen geblieben, lange schwiegen sie und horchten. „Für uns sind es zwei Gärten", sagte Phyllis, wie aus tiefem Sinnen hervor, „für den Vogel aber ist es doch eigentlich nur ein einziger, denn die Mauern und diesen Wegeinschnitt merkt er nicht, für seinen Flug sind sie vielleicht gar nicht da oder nur wie im Wald eine ausgetrocknete Bachrinne für uns."

(Max Brod, Stefan Rott oder Das Jahr der Entscheidung, S. 205–209)

Petřín (Laurenziberg)

Wo die *Vlašská* in die Steintreppe übergeht, die von den Prager Deutschen Ewige Stiege genannt wurde, beginnt der *Petřín,* der den östlichen Ausläufer des Weißen Berges bildet.

Hinweis: Einige Zeit, bevor die Ewige Stiege endet, zweigt nach links ein Asphaltweg ab, der, immer auf gleicher Höhe bleibend, am Hang des Laurenziberges entlangführt. Literaturfreunde, denen die Besteigung des *Petřín* und des darauf befindlichen Aussichtsturms zu anstrengend ist, können die Route verkürzen, indem sie diesen *Vyhlídková cesta* (Aussichtsweg) bis zum Lokal *Nebozízek* (Hasenburg) verfolgen und von dort mit der Drahtseilbahn zurück in die *Karmelitská* fahren. (Als Tickets reichen Straßenbahnfahrscheine.)

19. Aussichtsturm (Petřínská rozhledna)

Die Ewige Stiege endet an dem 1891 errichteten, 60 Meter hohen Aussichtsturm. Die Besteigung (täglich bis 23 Uhr) lohnt sich besonders Kafkas wegen, denn von seiner Plattform aus läßt sich fast der gesamte Weg erkennen, den der zum Tode verurteilte Josef K. im „Prozeß" zurücklegt. Auch wenn Kafka in diesem Schlußkapitel die Schauplätze der Handlung nicht eindeutig festlegt, verwendet er doch Realitätssplitter, die seiner Prager Umgebung entstammen, sich aber zugleich der eigenen Gesetzen folgenden poetischen Topographie des

Aussichtsturm auf dem Laurenziberg (um 1920)

Romans einfügen. So ist zu vermuten, daß es sich bei der Brücke, die von K. und seinen beiden Begleitern auf ihrem nächtlichen Gang zur Richtstätte überschritten wird, um die Karlsbrücke handelt. Denn als der Verurteilte einen Augenblick am Brückengeländer verweilt, bemerkt er auf einer im Mondlicht liegenden Insel, deren Kieswege er oft durchschritten hat, „Laubmassen von Bäumen und Sträuchern", offensichtlich eine Beschreibung der nahe gelegenen Schützeninsel, die einen Standort auf der Karlsbrücke annehmen läßt. Vorbei an dem an der Südfront des Kleinseitner Ringplatzes gelegenen K. u. k. Korpskommando *(Nr. 15/258)* mit der Hauptwache der Polizei (was die vielen Polizisten erklärt, denen K. und seine Begleiter an dieser Stelle begegnen), gelangt die Gruppe über „einige ansteigende Gassen", die man als *Nerudova* und *Úvoz* (Hohler Weg) identifizieren darf, zum Strahower Kloster, hinter dem damals, wie im Text vorausgesetzt, die Stadt endete und freies Feld begann. (Franz Kafka, Der Proceß, S. 309)

Vom Aussichtsturm aus ist die Karlsbrücke mit ihren Steinplastiken in östlicher Richtung deutlich auszumachen. Weiter links überragt die grüne Kuppel der St. Niklaskirche am Kleinseitner Ringplatz die

Dächer der am linken Moldauufer gelegenen Häuser, während der Verlauf der *Nerudova* durch die Barockfassade der 1717 erbauten Marienkirche *(kostel svatého Kajetána)* markiert wird. Links unterhalb des Hradschin beginnt der in gerader Linie zum Strahower Kloster ansteigende *Úvoz,* der dem Beschauer zu an die Gartenanlagen des Stifts grenzt, auf der jenseitigen Straßenseite aber von der hier endenden mehrstöckigen Häuserfront der Burgstadt *Hradčany* begleitet wird. In dem Waldgebiet links vom Strahower Kloster ist zwischen den Bäumen ein Teil der Hungermauer *(Hladová zed')* zu erkennen, die als Teil eines umfassenden Befestigungswerks den gesamten Bergrücken umschließt und unter anderem das Stift schützen sollte. Sie wurde 1360, als in Prag eine Hungersnot herrschte, von Kaiser Karl IV. als Arbeitsbeschaffungsprogramm in Auftrag gegeben und hat vermutlich Kafka zu seiner Erzählung „Beim Bau der Chinesischen Mauer" (1917) angeregt.

Noch weiter links, jetzt schon in südwestlicher Richtung, erhebt sich als höchster Punkt des Bergrückens das Strahower Stadion *(Strahovský stadión),* das auf dem Gelände des ehemaligen Strahower Steinbruchs erbaut wurde. Nachdem K. und seine beiden Henker die hinter dem Kloster liegenden Felder erreicht haben, brauchen sie lediglich nach Süden abzubiegen, um diesen Steinbruch zu erreichen, in dem Kafka die Exekution seines Helden offensichtlich lokalisiert:

So kamen sie rasch aus der Stadt hinaus, die sich in dieser Richtung fast ohne Übergang an die Felder anschloß. Ein kleiner Steinbruch, verlassen und öde, lag in der Nähe eines noch ganz städtischen Hauses. Hier machten die Herren halt, sei es daß dieser Ort von allem Anfang an ihr Ziel gewesen war, sei es daß sie zu erschöpft waren, um noch weiter zu laufen. Jetzt ließen sie K. los der stumm wartete, nahmen die Cylinderhüte ab und wischten sich, während sie sich im Steinbruch umsahen, mit den Taschentüchern den Schweiß von der Stirn. Überall lag der Mondschein mit seiner Natürlichkeit und Ruhe, die keinem andern Licht gegeben ist.

Nach Austausch einiger Höflichkeiten hinsichtlich dessen wer die nächsten Aufgaben auszuführen habe, – die Herren schienen die Aufträge ungeteilt bekommen zu haben – gieng der eine zu K. und zog ihm den Rock, die Weste und schließlich das Hemd aus. K. fröstelte unwillkürlich, worauf ihm der Herr einen leichten beruhigenden Schlag auf den Rücken gab. Dann legte er die Sachen sorgfältig zusammen, wie Dinge die man noch gebrauchen wird, wenn auch nicht in allernächster Zeit. Um K. nicht ohne Bewegung der immerhin kühlen Nachtluft auszusetzen, nahm er ihn unter den Arm und gieng mit ihm ein wenig auf und ab, während der andere Herr den Steinbruch nach irgendeiner passenden Stelle absuchte. Als er sie gefunden hatte winkte er und der andere Herr geleitete K. hin. Es war nahe der Bruchwand, es lag dort ein losgebrochener Stein. Die Herren setzten K. auf die Erde nieder, lehnten ihn an den Stein und betteten seinen Kopf obenauf. Trotz aller Anstrengung, die sie sich gaben, und trotz alles Entgegenkommens, das ihnen K. bewies, blieb seine Haltung eine sehr gezwungene und unglaubwürdige. Der eine Herr bat daher den andern ihm für ein Weilchen das Hinlegen K.'s allein zu überlassen, aber auch dadurch wurde es nicht besser. Schließlich ließen sie K. in einer Lage, die nicht einmal die beste von den bereits erreichten Lagen war. Dann öffnete der eine Herr seinen Gehrock und nahm aus einer Scheide, die an einem um die Weste gespannten Gürtel hing, ein langes dünnes beiderseitig geschärftes Fleischermesser, hielt es hoch und prüfte die Schärfen im Licht. Wieder begannen die widerlichen Höflichkeiten, einer reichte über K. hinweg das Messer dem andern, dieser reichte es wieder über K. zurück. K. wußte jetzt genau, daß es seine Pflicht gewesen wäre, das Messer, als es von Hand zu Hand über ihm schwebte, selbst zu fassen und sich einzubohren. Aber er tat es nicht, sondern drehte den noch freien Hals und sah umher. Vollständig konnte er sich nicht bewähren, alle Arbeit den Behörden nicht abnehmen, die Verantwortung für diesen letzten Fehler trug der, der ihm den Rest der dazu nötigen Kraft versagt hatte. Seine Blicke fielen auf das letzte Stockwerk des an den Steinbruch angrenzenden Hauses. Wie ein Licht aufzuckt, so fuhren die Fensterflügel eines Fensters dort auseinander, ein Mensch schwach und dünn in der Ferne und Höhe beugte sich mit einem Ruck weit vor und streckte die Arme noch weiter aus. Wer war es? Ein Freund? Ein guter Mensch? Einer der teilnahm? Einer der helfen wollte? War es ein einzelner? Waren es alle? War noch Hilfe? Gab es Einwände, die man vergessen hatte? Gewiß gab es solche. Die Logik ist zwar unerschütterlich, aber einem Menschen der leben will, widersteht sie nicht. Wo war der Richter den er nie gesehen hatte? Wo war das hohe Gericht bis zu dem er nie gekommen war? Er hob die Hände und spreizte alle Finger.

Aber an K.'s Gurgel legten sich die Hände des einen Herrn, während der andere das Messer ihm ins Herz stieß und zweimal dort drehte. Mit brechenden Augen sah noch K. wie nahe vor seinem Gesicht die Herren Wange an Wange aneinandergelehnt die Entscheidung beobachteten. „Wie ein Hund!" sagte er, es war, als sollte die Scham ihn überleben.

(Franz Kafka, Der Proceß, S. 310–312)

Wie im „Dom"-Kapitel des Romans (Näheres S. 126) hat Kafka unterschiedliche Elemente seines Prager Ambiente mit poetischer Lizenz zu einem eindringlichen Szenarium zusammengefügt, das den Gesetzen des Traums zu folgen scheint: An der Bruchwand des Strahower Steinbruchs hat nie ein Haus gestanden. Kafkas produktive Einbildungskraft mag dieses Gebäude aus dem südlich des Laurenzibergs liegenden Kinsky-Garten, den er nach Ausweis der Tagebücher gelegentlich besuchte, auf den Ort der Hinrichtung übertragen haben. Dort liegt nordöstlich der neuromanischen St. Gabrielskirche ein mehrstöckiges Gebäude *(Nr. 13/104)*, das früher ein Taubstummen-Institut beherbergte. Zwischen ihm und dem Strahower Steinbruch erstreckten sich zu Kafkas Lebzeiten nur unbebaute Grasflächen, Heckengebiete und Baumwiesen.

Oder er dachte an den südlich des Stadions zum Stadtteil *Smíchov* abfallenden Berghang, an dem damals ein Fußpfad (die heutige *Pěší*) zum Strahower Steinbruch hochführte. In dieser durch Weinberge und Gärten bestimmten Landschaft gab es vor dem Ersten Weltkrieg noch keine Wohnhäuser, allerdings westlich der *Pěší* eine bedeutende, aus zwei Gebäudekomplexen bestehende Anlage. In dem oberen, nur wenige hundert Meter vom Stadion entfernten, *Dolní Palata* genannten Anwesen *(Nr. 18/110)* befand sich zur Zeit, als Kafka den „Prozeß" schrieb, die Direktion des 1892 gegründeten Francisco-Josephinums, eines Instituts für unheilbar Blinde, dessen weiter unterhalb liegender Hauptbau *(Nr. 5/737)* noch heute der Blindenfürsorge dient *(Ústav sociální péče pro nevidomé)*.

Auf Spaziergängen mag Kafka beobachtet haben, wie Kranke sich in der im „Prozeß" beschriebenen Weise aus den Fensterflügeln beugten und diesen, gerade aufgrund seiner Sprach- und Hilfsigkeit beeindruckenden Vorgang als Bild menschlicher Isolation, Ohnmacht und Unfähigkeit, mit anderen in Verbindung zu treten, verstanden haben. Als er Josef K. in vergleichbarer Lage zu Tode kommen ließ, versetzte er den Vorgang an den Rand des nahegelegenen Steinbruchs.

Seminářská zahrada (Seminargarten)

Vom Aussichtsturm aus geht man auf einer von Lindenbäumen gesäumten kleinen Allee entlang der Hungermauer nach Süden und dann zwischen der St. Laurentiuskirche *(kostel svatého Vavřince)* rechts und dem bergabwärts gelegenen Pavillon hindurch, in dem sich ein Spiegelkabinett *(Zrcadlové bludiště)* befindet. Man gelangt auf einen nach rechts führenden Weg, der nach einiger Zeit die Geleise der Drahtseilbahn überquert, sich später an einer scharfen Linkskurve von der Hungermauer entfernt und schließlich, an Höhe verlierend, den Wald an einer Stelle verläßt, an der linker Hand ein großer Gebäudekomplex sichtbar wird.

20. Hasenburg (Nebozízek)

Von der Gartenterrasse der am Hang des Laurenzibergs (seiner Lehne, wie die Prager Deutschen sagten) gelegenen Hasenburg aus hat man einen besonders prächtigen Blick auf Hradschin, Kleinseite, Altstadt und Neustadt.

Hier, auf einer der Bänke, die sich vor dem Lokal um einen großen Kastanienbaum gruppieren, siedeln wir einen bekannten Aphorismus Kafkas aus dem Jahr 1920 an. An der Schwelle des Erwachsenenalters stehend, formuliert er die Umstände, unter denen er sich seiner literarischen Berufung bewußt wurde:

Es handelt sich um folgendes: Ich saß einmal vor vielen Jahren, gewiß traurig genug, auf der Lehne des Laurenziberges. Ich prüfte die Wünsche, die ich für das Leben hatte. Als wichtigster oder als reizvollster ergab sich der Wunsch, eine Ansicht des Lebens zu gewinnen (und – das war allerdings notwendig verbunden – schriftlich die anderen von ihr überzeugen zu können), in der das Leben zwar sein natürliches schweres Fallen und Steigen bewahre, aber gleichzeitig mit nicht minderer Deutlichkeit als ein Nichts, als ein Traum, als ein Schweben erkannt werde. Vielleicht ein schöner Wunsch, wenn ich ihn richtig gewünscht hätte. Etwa als Wunsch, einen Tisch mit peinlich ordentlicher Handwerksmäßigkeit zusammenzuhämmern und dabei gleichzeitig nichts zu tun, und zwar nicht so, daß man sagen könnte: „Ihm ist das Hämmern ein Nichts", sondern „Ihm ist das Hämmern ein wirkliches Hämmern und gleichzeitig auch ein Nichts", wodurch ja das Hämmern noch kühner, noch entschlossener, noch wirklicher und, wenn du willst, noch irrsinniger geworden wäre.

Aber er konnte gar nicht so wünschen, denn sein Wunsch war kein Wunsch, er war nur eine Verteidigung, eine Verbürgerlichung des Nichts, ein Hauch von Munterkeit, den er dem Nichts geben wollte, in das er zwar damals kaum die ersten bewußten Schritte tat, das er aber schon als sein Element fühlte. Es war damals eine Art Abschied, den er von der Scheinwelt der Jugend nahm, sie hatte ihn übrigens niemals unmittelbar getäuscht, sondern nur durch die Reden aller Autoritäten ringsherum täuschen lassen. So hatte sich die Notwendigkeit des ‚Wunsches' ergeben.
(Franz Kafka, Beschreibung eines Kampfes, S. 293 f.)

21. Nr. 5/417: Gärtnerhaus

Wenn man nicht mit der Drahtseilbahn *(Lanová dráha)*, die vor der Hasenburg hält, nach unten fahren will, geht man auf den weiter abwärts führenden Waldweg zurück, den man gerade verlassen hat. Gleich rechter Hand ein halb verfallenes kleines Haus, das früher dem Parkgärtner als Wohnung diente und von den Prager Deutschen Gärtnerhaus genannt wurde. Der Ich-Erzähler hat sich im Mittelstück der „Beschreibung eines Kampfes" phantastischen „Belustigungen" hingegeben, ist jedoch im dritten Teil auf den Boden der Realität zurückgekehrt. Nachdem er mit seinem Begleiter über die *Vlašská* den Laurenziberg erreicht hat, ergeht er sich auf einer Allee, die Kafka gegen den Augenschein von Akazien statt von Kastanien gesäumt sein läßt, um sich schließlich auf einer Bank vor dem Gärtnerhaus auszuruhen. Die von Kafka gewählte, aus heutiger Sicht vielleicht etwas verwunderliche Bezeichnung für den in Serpentinen verlaufenden Weg war damals in Prag üblich. Mit dieser, im folgenden auszugsweise angeführten Szene endet die erste Fassung der Erzählung:

„Wie ist das doch" sagte mein Bekannter, der mit mir aus der Gesellschaft gekommen war und ruhig neben mir auf einem Wege des Laurenziberges gieng „Bleiben sie endlich ein wenig stehn, damit ich mir darüber klar werde. – Wissen sie, ich habe eine Sache zu erledigen. Das ist so anstrengend – diese wohl kalte und auch bestrahlte Nacht, aber dieser unzufriedene Wind, der sogar bisweilen die Stellung jener Akazien zu verändern scheint"
Der Mondschatten des Gärtnerhauses war über den ein wenig gewölbten Weg gespannt und mit dem geringen Schnee verziert. Als ich die Bank erblickte, die neben der Thüre stand, zeigte ich mit erhobe-

ner Hand auf sie, denn ich war nicht muthig und erwartete Vorwürfe,
legte daher meine linke Hand auf meine Brust.

Er setzte sich überdrüssig, ohne Rücksicht gegen seine schönen
Kleider und brachte mich in Staunen, als er seine Ellbogen gegen seine
Hüften drückte und seine Stirn in die durchgebogenen Fingerspitzen
legte. [. . .]

Mir war sehr kalt und schon neigte sich der Himmel ein wenig in
weißlicher Farbe: „Da wird keine Schandthat helfen, keine Untreue
oder Abreise in ein entferntes Land. Sie werden sich morden müssen"
sagte ich und lächelte außerdem.

Uns gegenüber am andern Rande der Allee standen zwei Büsche
und hinter diesen Büschen unten war die Stadt. Sie war noch ein wenig
beleuchtet. [. . .]

Als ob unsere Sorge alles verdunkelt hätte, saßen wir oben auf
dem Berg, wie in einem kleinen Zimmer, trotzdem wir doch schon
früher Licht und Wind des Morgens bemerkt hatten. Wir waren nahe
beisammen, trotzdem wir einander gar nicht gerne hatten, aber wir

Gärtnerhaus
in „Beschreibung
eines Kampfes"

konnten uns nicht weit von einander entfernen, denn die Wände waren förmlich und fest gezogen. Aber wir durften uns lächerlich und ohne menschliche Würde benehmen, denn wir mußten uns nicht schämen vor den Zweigen über uns und vor den Bäumen, die uns gegenüber standen. Da zog mein Bekannter ohne Umstände aus seiner Tasche ein Messer, öffnete es nachdenklich und stieß es dann wie im Spiele in seinen linken Oberarm und entfernte es nicht. Gleich rann Blut. Seine runden Wangen waren blaß. Ich zog das Messer heraus, zerschnitt den Ärmel des Winterrocks und des Fracks, riß den Hemdärmel auf. Lief dann eine kurze Strecke des Weges hinunter und aufwärts, um zu sehn, ob niemand da sei, der mir helfen könnte. Alles Gezweige war fast grell sichtbar und unbewegt. Dann saugte ich ein wenig an der tiefen Wunde. Da erinnerte ich mich an das Gärtnerhäuschen. Ich lief die Stiegen aufwärts, die zu dem erhöhten Rasen an der linken Seite des Hauses führten, ich untersuchte die Fenster und Thüren in Eile, ich läutete wüthend und stampfend, trotzdem ich gleich gesehen hatte, daß das Haus unbewohnt war. Dann sah ich nach der Wunde, die in dünnem Strom blutete. Ich näßte sein Tuch im Schnee und umband ungeschickt seinen Arm.

„Du Lieber, du Lieber" sagte ich „meinetwegen hast du dich verletzt. Du bist so schön gestellt, von Freundlichen umgeben, am hellen Tag kannst du spazieren gehn, wenn viele Menschen sorgfältig gekleidet weit und nah zwischen Tischen oder auf Hügelwegen zu sehen sind. Denke nur, im Frühjahr, da werden wir in den Baumgarten fahren, nein nicht wir werden fahren, das ist schon leider wahr aber du mit dem Annerl wirst fahren in Freude und Trab. O ja, glaube mir, ich bitte dich, und die Sonne wird euch schönstens allen Leuten zeigen. Oh, da ist Musik, man hört die Pferde weit, es ist keine Sorge nöthig, da ist Geschrei und Leierkästen spielen in den Alleen."

„Ach Gott" sagte er, stand auf, lehnte sich an mich und wir giengen „da ist ja keine Hilfe. Das könnte mich nicht freuen. Verzeihen sie. Ist es schon spät? Vielleicht sollte ich morgen früh etwas thun. Ach Gott."

Eine Laterne nahe an der Mauer oben brannte und legte den Schatten der Stämme über Weg und weißen Schnee, während der Schatten des vielfältigen Astwerkes umgebogen wie zerbrochen auf dem Abhang lag.

(Franz Kafka, Beschreibung eines Kampfes, S. 128–138)

Vergleicht man diese Darstellung mit den am Gärtnerhaus herrschenden Gegebenheiten, so erkennt man, wie genau Kafka die Szenerie des Laurenzibergs nachgezeichnet hat. Weil der vor dem Gebäude entlangführende Weg abfällt, muß der Ich-Erzähler korrekterweise „hinunter und aufwärts" laufen, um seiner Aufregung Herr zu werden. An der bergabwärts gerichteten Schmalseite des Hauses befindet sich noch heute ein niederer Anbau, der das nach dieser Seite zu abfallende und nach hinten zum Steilhang ansteigende Gelände zu einem ebenen Plateau ausgleicht. Der Ich-Erzähler betritt diesen kleinen Garten über nicht erhaltene Treppenstufen, um Hilfe für seinen Begleiter herbeizuschaffen, den er, noch nicht wieder vollständig der äußeren Realität angepaßt, verwundet glaubt. Daß sein Klopfen am Fenster und der (schon am gegenläufigen oberen Wegstück liegenden) Tür auf der Rückseite des Hauses ohne Resonanz bleibt, ist verständlich, weil im Winter die Gartenarbeiten im Park ruhten, das Haus also unbewohnt war.

Auch die weitere Umgebung wird entsprechend den wirklichen Gegebenheiten gestaltet. Wenn man vor dem Gärtnerhaus sitzt, hat man, wie im Text vorausgesetzt, Buschwerk vor sich, weil auf dem gegenüberliegenden Steilhang, der wenig unterhalb schon wieder von dem in Gegenrichtung sich wendenden Weg durchschnitten wird, große Bäume nicht wachsen können. Und ganz unten liegt tatsächlich, viel näher als den auf dem Plateau des Berges sich hinziehenden Alleen, die Stadt mit Fluß, Schützeninsel, Franzensquai und Tschechischem Nationaltheater.

Schließlich belegt auch der Schlußabsatz, daß man sich an der Lehne des Laurenziberges befindet. Denn wenn Kafka eine „an der Mauer oben" brennende Laterne erwähnt, die Baumschatten auf den sich darunter erstreckenden „Abhang" wirft, so kann er damit nur den an der Hungermauer entlangführenden, von einer einsamen Straßenlaterne erhellten Weg meinen, den man eben heruntergekommen ist.

22. Mácha-Denkmal (pomník Karla Hynka Máchy)
Der weiter an Höhe verlierende Weg führt unterhalb des Gärtnerhauses zum Gleiskörper der Drahtseilbahn zurück, um sich dann, schmäler werdend, wieder davon zu entfernen. An der nächsten Linkskehre rechter Hand das 1911 errichtete Denkmal des tschechischen Schriftstellers Karl Hynek Mácha (1810–1836), des Hauptvertreters der tschechischen Romantik. (Vgl. S. 274)

Auf dieses Monument nimmt Jaroslav Seiferts Gedicht „Der Veilchenregen" Bezug. Hintergrund ist neben seiner Bewunderung Máchas der Umstand, daß die *Petřínské sady* einer seiner Lieblingsorte waren, „Gärten der Liebe und des Liebeslagers, vibriert vom Frühling an vom Vogelgesang in den Zweigen", wie er in dem Essay „Eine vertrauliche Mitteilung" ergänzend schreibt. (Jaroslav Seifert, Alle Schönheiten der Welt, S. 61) In dem Gelände unterhalb des Mácha-Denkmals hatte er an einem wenig begangenen Seitenpfad, wie er in seinem Essay „Ein Strauß künstlicher Veilchen" erzählt, eine besonders schöne Stelle entdeckt, an der Veilchen blühten (S. 64). In diesen zur Stadt abfallenden Baumwiesen, wo Prag Mozart gleichsam zu Füßen liegt, siedelt Seifert in seinen Gedichten „Tempo di Minuetto" und „Allegro con spirito" (aus der 1983 erschienenen Sammlung „Gewitter der Welt") das Grab des von ihm bewunderten Komponisten an.

Auf den Parkwegen des Seminargartens spielt teilweise Franz Werfels 1931 veröffentlichte Erzählung „Kleine Verhältnisse", in der er eigene Kindheitserlebnisse verarbeitet hat: Als er gerade zwölf Jahre alt geworden war, hatten seine Eltern zur Entlastung der im Hause lebenden Kinderfrau Barbara Šimůnková die aus kleinen Verhältnissen stammende Erna Tschepper als Gouvernante engagiert, die aber, nachdem sie schwanger geworden war, wieder entlassen wurde. Dieser Sachverhalt und seine Vorgeschichte sind genauso in die Erzählung eingegangen wie die Spaziergänge, die Erna an Nachmittagen mit dem Sohn des Hauses zu unternehmen pflegte, der in der Gestalt des elfjährigen, aus großbürgerlicher Familie stammenden Hugo verkörpert ist:

Die Stadt war jetzt von zahlreichen und bezaubernden Gärten durchbrochen. Erna liebte am meisten die ‚Hasenburg', jenen Park, der sich mit labyrinthischen Wegen, weiten Rasenflächen, Terrassen, künstlichen Grotten, Springbrunnen, blühenden Heimlichkeiten an die Lehne eines Berges schmiegt. Auch Hugo mochte diesen weitgedehnten Ort gerne, von dessen sich überstufenden Wandelflächen und efeuumklammerten Brüstungen man die dichtgedrängte Stadt bis zu den nebligen Vorbezirken am Horizont betrachten konnte. Der schwere schläfrige Fluß halbierte das altertümliche Gedränge des Zentrums. Die vielen steinernen und eisernen Brücken schwangen verschiedenartige Melodien von Ufer zu Ufer. Die älteste unter ihnen hielt den erstarrten Schmerz ihrer gefesselten Statuengruppen ins braune oder silberne Licht, das sich sekündlich verwandelte. Düsteren Kristalldrusen glichen diese bewegten Gestalten, die der Druck der Geschichte aus den felsigen Brückenbögen emporgetrieben hatte. Hugos Auge aber hing vor allem an der mächtigen Kuppel des National-theaters, die breit und grün mitten unter dem gotischen Emporstreben der hundert Türme in der Sonne brütete oder die wie ein architektoni-sches Tiergespenst aus dem Nebel tauchte, den die Stadt gegen Abend immer von sich gab. Er war zwei- oder dreimal schon in dieses Theater mitgenommen worden. Seitdem umlauerte sein Herz das Gebäude, dessen grünspäniger Kuppelsturz Dinge enthielt, die ihn tief entzück-ten: den pathetisch bemalten Vorhang, die lichterfüllte Wölbung, die Stimmen der Instrumente, den einzigartigen Geruch, aus feinem Staub, Moder, Parfum, Frauen gemischt, und das Zaubergeheimnis der Bühne, das Geheimnis eines unwirklichen Raumes, der den wirk-lichen schneidet, mächtiger noch als der göttliche Raum den irdischen der Kirche durchdämmert. Allein nicht nur die erhabene Sicht auf die schöne Stadt zeichnete die Hasenburg aus. Sie besaß ja außerdem noch die mysteriöse ‚Hungermauer', die den blühenden Garten von einer wüsten lehmigen Hochfläche abgrenzte, woher manchmal die militä-rischen Hornsignale wehten, um mit goldgelb gespreiteten Flügeln einen Augenblick lang über dem Tal der Stadt schweben zu bleiben. Dieses alte traurige Gemäuer war, wenn man den Chroniken glauben durfte, ein geschichtliches Denkmal. Irgend ein mittelalterlicher König hatte es aufführen lassen, um zur Zeit der Hungersnot das Pro-blem der Arbeitslosigkeit auf ebenso harmlose wie märchenhafte Art zu lösen. Wie dem auch immer sei, die Hungermauer bot für Hugos Phantasterei einen schönen Anlaß, und er log der willigen Erna man-cherlei von Pest, Krieg, Sturmwiddern, Breschen und nächtlichen Überrumplungen vor. Dies aber gehörte zum Wesen der einzigartigen Stadt: Ein alter Stein irgendwo, ein Holzgeländer, ein Brunnen in einem Hof, eine ausgebrannte Mühle, die man stehen gelassen hatte, ein grauer augenleerer Turm, in dessen Höhlung ein Alteisenhändler sein Warenlager besaß. Ein unverhoffter Durchgang, ein trauerndes Wappentor, in dem ein frecher Bierschank lärmte, greise tagblinde Winkel, die der verlotterten Nacht entgegenlauerten. Nichts, Gerüm-pel, oft ohne Schönheit, meist ohne Kunst! Aber die Toten huschten über den Stein, die Toten schmiegten sich an das Holzgeländer, die Toten der Jahrhunderte hockten in der ausgebrannten Mühle, die Toten stiegen über die rostigen Eisenstangen, die Toten mischten sich in das

Straßengedränge, ein Licht in Händen, das den Tag verfinstert, die Toten verließen diese Stadt nicht. Alter Sandstein, brüchiges Gemäuer nur! Aber auf einmal zitterte im Mittagsstrahl ein kranker Schatten, ein unsagbar blasses, abgezehrtes Bildchen drüber hin, wie aus der Laterna magica unserer Kinderjahre geworfen, die in irgend einer Rumpelkammer vermodert.

(Franz Werfel, Erzählungen aus zwei Welten, S. 242 f.)

Vom Mácha-Denkmal aus den Parkweg zwischen Wiesen weiter abwärtsgehend, unterschreitet man nach einiger Zeit den Gleiskörper der Drahtseilbahn, wendet sich dann nach rechts und gelangt, das rechter Hand liegende Denkmal Jan Nerudas passierend, zu einem kleinen Spielplatz, vor dem man sich nach links wendet. Vor dem Gebäude *Nr. 22/535* zweigt rechts die *Hellichova* ab, der man, die *Karmelitská* überquerend, weiter folgt, bis linker Hand die *Nosticova* abgeht.

Blick von der Insel Kampa auf das tschechische Nationaltheater (1910)

Kampa (Insel Kampa)

Man durchschreitet den kleinen Park, der sich nach einiger Zeit rechts über ein Tor öffnet, und gelangt über eine die *Čertovka* (den Teufelsbach) überquerende Brücke auf die Insel Kampa. Unter den Kastanien, die die Brüstungsmauer am Moldauufer säumen, hat man einen schönen Blick auf die Prager Altstadt, die Schützeninsel, die Kaiser Franzens-Brücke *(most Legii)* und das Tschechische Nationaltheater. Das Panorama hat den tschechischen Schriftsteller Antonín Macek (1872–1923), der zu dem Kreis der im Café „Arco" (vgl. S. 227) verkehrenden Literaten gehörte, im Jahr 1912 zu einem Gedicht inspiriert:

Frühling auf der Insel Kampa

Über dem glitzernd gekräuselten Flusse
neigte ein Kastanienbaum
seine Äste, mit Blütenrispen verziert.
Und Efeu wand sich um den alten Baum,
dem Stamm verwuchsen seine Zweige
und neigten sich und formten eine Laube.
Hier war es still, Friede und Wasser,
und Flieder duftete.

Am andern Ufer ragten Kirchentürme,
die Kuppel des Theaters wölbte sich
am blauen Himmel.
Und hier in dieser Stille dachte ich
an jene unterirdischen, armseligen,
finstern und traurigen
und übelriechenden Wohnstätten,
an die zusammengedrängten Seelen, oh Prag,
in deiner Frühlingsschönheit!
An jener Menschen, Pflanzen, Bäume, Blüten Los,
an alle fruchtlose Anmut der Herzen,
welche, wie deine Schönheit,
bestimmt sind, zu verderben.
(Prager Presse 9, Nr. 89, Beilage S. 1)

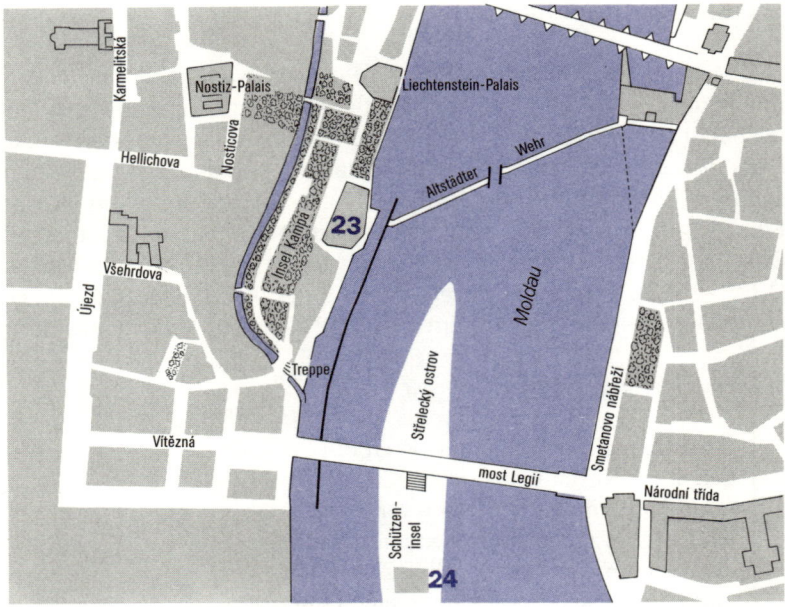

23 Nr. 2/503 und 3/504 und 527: Odkolek-Mühlen   24 Nr. 336: Gartenrestaurant

23. Nr. 2/503 und 3/504 (mit 527): Odkolek-Mühlen (Sovovy mlýny)

Wenn man nach rechts weiter an der Steinbrüstung entlanggeht, stößt man auf den Gebäudekomplex der früheren Odkolek-Mühlen, die den Uferweg blockieren.

An der Stelle, an der das Altstädter Wehr auf das Ufer trifft, findet die Geschichte von der grüngekleideten Dame, der wir bereits im „Café Slavia" begegnet sind, ihr trauriges Ende. In der „Zweiundzwanzigsten Geschichte" sitzt der Held, der direkt vom „Café Slavia" hergekommen ist, auf einem Stein am Ufer und beobachtet den gegenüberliegenden Quai:

Die Dämmerung fiel schnell über den Fluß.

Am gegenüberliegenden Kai sah ich einen alten Mann die Gaslaternen anzünden. Er trug einen langen Stab, mit dem er die Glaskugel der Lampen berührte, und sofort leuchteten diese auf. Dann schritt er langsam, den Zauberstab auf die Schulter gelegt, zum nächsten Laternenmast. Je weiter er sich von der ersten Laterne entfernte, die er gleich gegenüber den Fenstern des Café Slavia angezündet hatte, um so dunkler wurde es. Als er bei der zehnten Lampe angekommen war, sah ich nur noch seinen Schatten und dann die hagere Gestalt im Lichtkegel. Er legte wieder den Zauberstab auf die Schulter und tauchte lautlos in der Finsternis unter. Kurz darauf leuchtete einige Meter stromabwärts eine weitere Lampe auf; die Lichtkugel lag genau in der Höhe der pseudogotischen Reiterstatue des Kaisers Franz und ersetzte seinen gekrönten Kopf. An der letzten Gaslampe beim Königsbad angekommen, blieb hinter dem gebeugten Rücken des Laternenmannes eine Kette von Lichtkegeln zurück.

Im dreizehnten Lichtkegel links vom Café Slavia erkannte ich die Umrisse des Bootes mit dem jungen Mann. Drei- oder viermal riß er blitzschnell die Angel aus dem Wasser, ruderte dann in den vierzehnten Kegel hinein und wiederholte mehrmals in immer schnellerer Folge die Bewegung mit der Angelrute. Als er sie hob, um das Bleigewicht mit dem Haken ins Wasser zu schleudern, schien es mir, als ob er ein Wesen, das sich dicht unter der Wasseroberfläche duckte, peitschen wollte.

(Ota Filip, Café Slavia, S. 89f.)

Der Fischer entdeckt eine Tote, die ein grünes Kleid trägt. Leise grüßend steigt der Graf die Böschung zum Spazierweg am Ufer hinauf und geht nach Hause.

most Legií (Kaiser Franzens-Brücke)

Nachdem man die Odkolek-Mühlen umgangen und zum Südende der Insel gekommen ist, gelangt man über eine Treppe zum *Malostranské nábřeží* und von dort aus auf den *most Legií,* der 1901 in Anwesenheit des Kaisers Franz Joseph dem Verkehr übergeben worden war. Bis zum Ende des Ersten Weltkriegs war für das Überqueren der Prager Brücken (mit Ausnahme der Karlsbrücke) ein Wegzoll zu entrichten (Soldaten durften unentgeltlich passieren), der sogenannte Brückenkreuzer, der Prager Schriftsteller mehrfach zu Betrachtungen anregte. Kafka erwähnt ihn in einem Tagebucheintrag vom 26. Dezem-

Die Kaiser Franzens-Brücke mit Maut-Häuschen (um 1910)

ber 1911 in einem kleinen Verzeichnis der „heute leicht als altertüm-
lich vorzustellenden Dinge" (S. 322). Franz Carl Weiskopf berichtet in
seinem Roman „Das Slawenlied" (1931) von den Streichen, die Halb-
wüchsige den Maut-Einnehmern zu spielen pflegten: Man überquerte
verbotenerweise die zugefrorene Moldau, rannte neben einer fahren-
den Straßenbahn her, die einen vor den Blicken des Gestrengen ver-
barg, oder organisierte sich als Gruppe, die im Gänsemarsch an ihm
vorbeizog, wobei jeder sagte, der nächste werde zahlen, der Schluß-
mann aber behauptete, die anderen überhaupt nicht zu kennen.
(S. 243 f.) Und Egon Erwin Kisch hat in einem Feuilleton weitere sich
um diese Einrichtung rankende Episoden der Nachwelt hinterlassen.
So ärgerten er und neun Kommilitonen den Zöllner der Kaiser Franzens-Brücke dadurch, daß sie von ihm verlangten, er müsse jedem
einzelnen auf zwanzig Kronen herausgeben. Die Sache endete damit,
daß die Studenten ihrer Bürgerpflicht nicht Genüge tun konnten, weil
sich der Maut-Einnehmer in seiner Hütte verkroch. Die schönste Geschichte vom Brückenkreuzer hat aber doch Jaroslav Hašek (Näheres
S. 257) erzählt (1911):

Der Amtseifer des Mauteinnehmers Štěpán Brych
auf der Prager Brücke

Sicherlich ist sich jeder, der schon einmal über eine der Prager Brücken gegangen ist, beim Betreten der Brücke der Bedeutung dieses Augenblickes bewußt gewesen. Die strengen Amtsmienen der uniformierten Männer im Mauthaus und davor, die ernste, würdevolle Gestalt des Polizeiwachtmeisters auf der Fahrbahn und die Tafel, die nüchtern die für Mensch und Tier geltenden Brückengebühren aufzählt – all das hinterläßt den Eindruck eines wichtigen Ereignisses. Betrachtet man jene Gestalten vor dem Mauthaus, die sich sogar vom verführerischen Lächeln einer Frau nicht beeinflussen lassen, möchte man am liebsten die Hand küssen, die sich einem entgegenstreckt, um den fälligen Kreuzer zu kassieren. Man empfindet Liebe zum Magistrat, schätzt den Amtseifer und die Unbestechlichkeit der Mauteinheber, und wenn man sich vor Augen hält, daß diese Männer mit den Deckelmützen durch alle jene Paragraphen geschützt sind, die sich auf Feststellung und Bestrafung jeder Form von Beamtenbeleidigung beziehen, zieht man ehrerbietig den Hut und legt pflichtschuldigst seinen Kreuzer in die Hand jener unerbittlichen Brutusse der Stadt Prag.

Unter diesen Männern ragte durch besonderen Amtseifer Štěpán Brych hervor, Mauteinheber auf der Kaiser-Franz-Josef-Brücke.

Wie ein Habicht blickte er auf jene Zivilisten, die die Brücke überschreiten wollten.

Er verstand keinen Spaß, und er liebte keine langen Erklärungen.

Befand sich einer von den Zivilisten (die Offiziere brauchten nämlich keine Brückenmaut zu zahlen), einer von den dämlichen Zivilisten, auch nur um Nasenlänge hinter der ausgestreckten Hand des Štěpán Brych, gab es keinen Pardon, galten keine Ausreden. Entweder bezahlte er seinen Kreuzer, oder er war verloren.

Štěpán Brych brauchte nur zu winken, und der Polizeiwachtmeister vor der Brücke wußte Bescheid. Die Hand auf der Pistolentasche, kam er gemessenen Schrittes herbei, Štěpán Brych zeigte auf die Person, die nicht bereit war, die Brückenmaut zu entrichten, und sagte nur ein Wort: „Mitnehmen!"

Dann faßte der Wachtmeister den Betreffenden am Arm und fragte, ebenfalls kurz angebunden: „Kommen Sie gutwillig mit oder muß ich Gewalt anwenden?"

Gewöhnlich wählte jeder die erste Art, auf die Polizeidirektion zu gelangen.

Dort mußte er sich ausziehen, man durchsuchte ihn, maß ihn ab, fotografierte ihn, dann unterzog man ihn einem Verhör, schließlich führte man ihn in Einzelarrest und stellte einen Tag oder höchstens eine Woche später Ermittlungen an, ob der Festgenommene wirklich dort wohnte, wo er angegeben hatte. Dann wurde er entweder entlassen, oder man brachte ihn, wenn er sich in der Zwischenzeit mit allen diesen gesetzlichen Maßnahmen nicht einverstanden gezeigt hatte, ins Landes-Strafgericht auf dem Karlsplatz, von wo er nach verbüßter Haft per Schub in seine Heimatgemeinde gebracht wurde – was alles eine verhältnismäßig geringe Strafe war in Anbetracht des Verbrechens, das sich der Betreffende gegen die Finanzen der Bauabteilung des Prager Magistrats zu verüben erfrecht hatte.

Das alles ließ den Marat der Prager Brücke, den Mauteinheber Štěpán Brych, völlig kalt.

Eines Tages kam der Herr Rat Pojsl von der Bauabteilung des Magistrats zum Mauthause und sagte zu Herrn Štěpán Brych: „Mein Lieber, lassen Sie mich heute einmal umsonst über die Brücke? Ich muß schnell nach Smíchov und habe mein Geld zu Hause vergessen."

Wie hätte Štěpán Brych seinen Vorgesetzten nicht kennen sollen? Er hatte ihn sehr gern und schätzte ihn hoch, und diese Liebe zu seinem Vorgesetzten führte nun in seiner Brust einen erbitterten Kampf mit dem amtlichen Pflichtgefühl.

Der Magistratsrat überschritt die Grenze, die durch die vorgeschobene Hand gekennzeichnet war, und Štěpán Brych zog Herrn Pojsl am Rock. Das Pflichtgefühl hatte gesiegt.

„Kehren Sie sofort um, oder bezahlen Sie einen Kreuzer!" sagte er in trockenem Amtston.

„Fällt mir gar nicht ein!"

Štěpán Brych gab dem Wachtmeister, der wie eine Spinne auf Opfer lauerte, einen Wink und sprach sein gewohntes Wort: „Mitnehmen!"

Als der Wachtmeister nach seiner üblichen Beschwörungsformel: „Kommen Sie gutwillig mit, oder muß ich Gewalt anwenden?" den Herrn Magistratsrat abführte, schimmerte im Auge des Brutus von der Prager Brücke eine Träne, und Štěpán Brych weinte zum ersten Male in seinem Leben.

Vierzehn Tage darauf fand in der Bauabteilung eine kleine, aber ergreifende Feier statt: Der Magistrat verlieh dem Mauteinheber Štěpán Brych die Bronze-Medaille für treue Dienste. Den Antrag hatte der Magistratsrat Pojsl persönlich gestellt, der nach seiner Affäre nicht per Schub ins Büro befördert worden war.

Seit dieser Auszeichnung waltete Štěpán Brych noch strenger seines Amtes.

(Jaroslav Hašek, Schule des Humors, S. 123–125)

Střelecký ostrov (Schützeninsel)

Von der Südseite der Brücke führen Treppen zur Schützeninsel hinunter, die ihren Namen von dem Schieß- und Exerzierplatz herleitet, der im 15. Jahrhundert auf ihrer Südspitze angelegt worden war. 1812 wurde hier ein Schützenhaus errichtet, das 1842 erweitert und teilweise als Gartenrestaurant genutzt wurde. Es wurde besonders von den in der Stadt lebenden Deutschen aufgesucht; auch Kafka zählte zu den Gästen.

Restaurant auf der Schützeninsel (um 1900)

24. Nr. 336: Gartenrestaurant

Schützeninsel und Gartenrestaurant werden im Anfangsteil von Max Brods autobiographisch getönter Erzählung „Jugend im Nebel" (1959) atmosphärisch dicht geschildert. Hier lernen sich der dreizehnjährige Armand Tischler und die im nationalen Geist erzogene tschechische Lehrerin Hermine kennen, die als Kindermädchen arbeitet. Später erfährt Armand, daß sie aus Liebe zu ihrem Freund zur Diebin geworden ist. Als er ihr danach zufällig auf der Straße begegnet, gehen sie zusammen ins Café „Slavia" und beschließen, das Gestohlene seinem rechtmäßigen Besitzer zurückzugeben. Hier der Beginn des Textes:

Über der Insel schwebte immer ein leichter Nebel, der die Türme und Häuser der nicht allzu fernen Ufer des Stromes mit silbernen Tönen sprenkelte. Diese Ufer, dieses Festland – es war nichts anderes als meine alltäglich gewohnte Heimatstadt; aber in den sanften Nebeln sah alles unbestimmt und neuartig träumerisch aus. Silbern war die Luft, auch Gold blitzte drüben am Quai durch, und patinagrüne Kuppelkirchen stauten sich unter den Wolken. [...]

Das Leben lag vor mir, es war Frühling, die riesenhaften Bäume auf der Schützeninsel dufteten, ein Hauch von morgenhellem Nebel, durch den schwere Materie durchschimmerte, zitterte wasserdunstigkühl drüben über den fernen Häuserreihen der Stadt. Ich nahm einen der Grillparzerbände auf die Insel mit, bald den, bald jenen, seither kann ich den Eindruck morgenheller Feinheit, hinter der ferne Silberstreifen und feurige Goldadern glühn, von dem Werk dieses empfindlichen und geheimnisreich durchschauerten Wiener Poeten nicht abtrennen.

Den ganzen unberührten Jugendschmelz der Unschuld entfaltete übrigens meine Insel nur an Vormittagen. Nur dann war sie, so schien es mir, durch die beiden breiten Gürtel aus Wasser und aus Laubkronen gegen den Ruß und Staub der Stadt hinreichend geschützt. Im Stillen gab ich ihr daher den Namen Vormittagsinsel. Das paßte besser zu ihr als das harte, gewissermaßen klirrende Wort Schützeninsel. An Nachmittagen erfüllten Scharen von Erwachsenen und lärmenden Kindern die Wege zwischen den Beeten; unter den gewaltigen steinernen Brückenbogen spielten wilde junge Burschen Fußball. Und was auf der andern Seite der Insel hinter den Brückenbogen lag, das war erst recht unausstehlich. Hier machte sich im Freien eine Restauration mit schier unzähligen Tischen breit, die dicht neben der erwähnten Schießbude begann. Welch ein Trubel! Schwitzende Kellner liefen hin und her; sie konnten gar nicht genug von den gefüllten Biergläsern heranschleppen, nach denen man wüst und beharrlich rief. Im Pavillon war an gewissen Tagen eine Militärkapelle tätig; sie schmetterte ihre billigen Weisen, deren übertriebene Lustigkeit mir das Herz zusammenkrampfte – und erst als ich einmal darauf kam, daß auch der Einzugsmarsch aus „Tannhäuser" oder gar aus „Rienzi" hie und da, freilich sehr selten, im Programm auftauchte, zog mich diese Veranstaltung an; dann allerdings überfielen mich die nie zuvor gehörten Tonfolgen und Akkorde mit einem magischen, geradezu lähmenden Glücksüberschwang. – Im allgemeinen aber hielt ich daran fest, daß der volkstümliche Teil der Insel – die Brückenbogen mit ihren riesigen Steinpfeilern teilten sie genau in zwei Hälften – nichts für mich war; und an Nachmittagen schwoll eben der Menschenüberschuß der Restaurationshälfte auch auf die andere, stillere Seite über. An Vormittagen war es umgekehrt. Nur wenige Spaziergänger und Gruppen artiger Kinder mit ihren Bonnen sah man unter den Kastanienbäumen, auf den Gartenwegen, und etwas von der gelassenen Vornehmheit dieses Teils der „Vormittagsinsel" strahlte dann unter den Brückenrundungen durch sogar in den Restaurationsbezirk ein, wo die vielen Tische menschenleer und ohne Tischtücher standen, die anmutige dichte Belaubung auch dieses Teils der Insel nunmehr rein hervortrat und nur einzelne, die die Badeanstalt hier aufsuchten, eine gewisse nicht unfreundliche Bewegung in die Ruhe der Natur brachten.

(Max Brod, Jugend im Nebel, S. 5–9)

Den von Max Brod mehr geschätzten Nordteil der Insel erreicht man unter den Brückenbogen durchgehend. Über die Treppe, auf der man die Insel betreten hat, kommt man wieder auf die Brücke und dann, nach rechts weitergehend, zum Ausgangspunkt der Tour in die *Národní třída* zurück.

Zweiter Spaziergang:
Die geheimnisvolle Stadt der Dichter –
Mit Meyrinks „Walpurgisnacht" auf dem Hradschin

Anfahrt: Man steigt vor dem Kaufhaus „Máj" (Ecke *Národní třída/ Spálená*) in die Straßenbahn-Linie Nr. 22 (Richtung *Břevnov*) und fährt vier Haltestellen bis zum *Malostranské náměstí.*

Hinweis: Dieser Spaziergang sollte nicht montags unternommen werden, weil an diesem Tag auf dem Hradschin keine Besichtigungen möglich sind.

Für die um die Jahrhundertwende in Prag ansässigen deutschen Autoren war nicht das verwinkelte und verwahrloste Juden-Ghetto mit seinen vielen Spelunken und Bordellen bevorzugter Aufenthaltsort und Ausgangspunkt literarischer Inspiration, sondern Kleinseite und Hradschin. Die beiden Viertel lockten mit ihren verwunschenen, abweisenden Palästen, in denen die Zeit stehen zu bleiben schien, ihren zahlreichen Kirchen und alten Häusern, die vorzugsweise von Pensionären bewohnt wurden, sowie ihren stillen Plätzen, in denen das Gras zwischen den Pflastersteinen wucherte. Auch war der Zauber der linken Moldauseite bereits von den „Kleinseitner Geschichten" des tschechischen Schriftstellers Jan Neruda eingefangen worden, dem man selbstverständlich auf diesem Spaziergang mit charakteristischen Proben seiner Erzählkunst begegnen wird.

So meint Rilke beispielsweise in seinem „König Bohusch", in den alten Bauten der Kleinseite und der Burgstadt sei „soviel Heimliches", daß hier das Herz der Stadt schlage (S. 17). Und Oskar Wiener schrieb, der still vor sich hindämmernden Kleinseite sei vor 1918 der „Charakter einer sanften Beschaulichkeit" eigen gewesen. (Oskar Wiener, Alt-Prager Guckkasten, S. 91) Diese Einschätzung wird auch von Gustav Meyrink geteilt, der in seinem Roman „Walpurgisnacht" eine Art literarische Topographie des Hradschin und der ihn umgebenden Burgstadt geliefert hat, die gleichsam Skelett und Rahmen dieses Rundgangs bildet. Die Route wird ergänzt durch Texte von Max Brod, Svatopluk Čech, Franz Kafka, Leo Perutz, Rainer Maria Rilke und Johannes Urzidil, die in vergleichbarer Weise geheimnisvolles Flair und gespenstischen Aspekt der jenseits des Flusses gelegenen alten Stadtteile und ihrer Bauten beschwören.

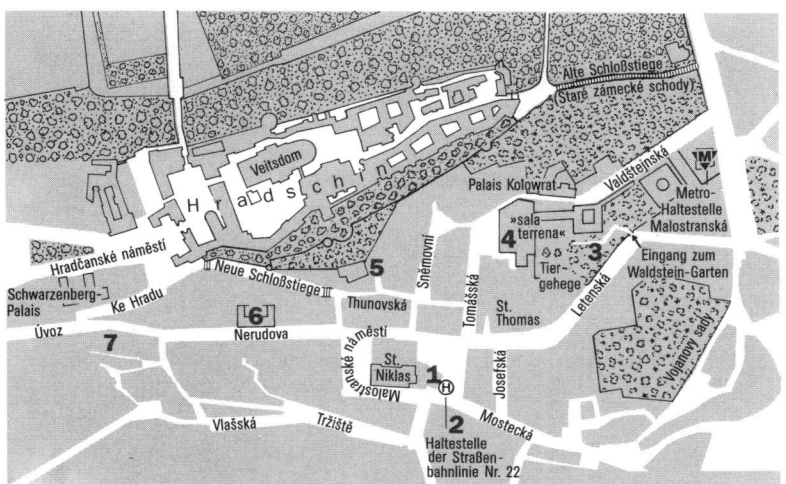

1 Nr. 30/5: Café „Radetzky"
2 Nr. 1/272: Sterbehaus Karl Brands
3 Nr. 10/17: Waldstein-Garten
4 Nr. 4/17: Waldstein-Palais
5 Nr. 14/180: Palais Thun
6 Nr. 20/214: Palais Thun-Hohenstein
7 Nr. 47/233: Haus „Zu den zwei Sonnen"

Malostranské náměstí (Kleinseitner Ringplatz)

Unmittelbar neben der Straßenbahnhaltestelle, an der man ausgestiegen ist, liegt die *„Malostranská kavárna"* (Kleinseitner Kaffeehaus), ein seit dem letzten Jahrhundert bestehendes Lokal, in dem auch Schriftsteller zu Gast waren.

1. Nr. 30/5: Café „Radetzky" („Malostranská kavárna")

In der Zeit der Donaumonarchie nannte es sich Café „Radetzky", nach dem berühmten österreichischen Feldherrn, dessen Standbild bis zum Ende des Ersten Weltkriegs diesen Teil des Platzes beherrschte. Im September 1904, während seines dritten und letzten Prag-Aufenthalts (vgl. S. 233), hat Detlev von Liliencron dort mit Oskar Wiener gesessen. (Oskar Wiener, Alt-Prager Guckkasten, S. 89) Kafka suchte das Kaffeehaus manchmal auf, wenn er seine ausgedehnten Spaziergänge auf die Kleinseite unternahm und Station machen wollte, und der Prager Schriftsteller Johannes Urzidil hat hier

Lesen gelernt: Sein verwitweter Vater, der sich des Nachmittags Zeitschriften anzusehen pflegte, nahm den noch nicht schulpflichtigen
Kleinen regelmäßig mit ins „Radetzky". (Johannes Urzidil, Bekenntnisse eines Pedanten, S. 30−34)

2. Nr. 1/272: Sterbehaus Karl Brands

An der Südostecke des Platzes, von der aus die *Mostecká* direkt
zur Karlsbrücke führt, liegt ein ansehnliches Bürgerhaus mit einem Er-
kerturm. Von den hinter den drei Arkadenbögen liegenden Eingängen
öffnet sich der mittlere über einen kurzen Durchlaß zu einem Innenhof, dessen Pawlatschen (von italienisch parvola loggia) über Außen-
treppen erschlossen werden. In einer der von diesen Balkon-Gängen
abgehenden Wohnungen lebte seit dem Spätjahr 1916 der 1895 geborene Lyriker und Erzähler Karl Brand, der zum Kreis der im Café
„Arco" (vgl. S. 227) verkehrenden Prager Literaten gehörte und durch
seine „Rückverwandlung des Gregor Samsa" auf sich aufmerksam
machte, in der Kafkas „Verwandlung" thematisch aufgenommen und
handlungsmäßig weitergeführt wird. Brand war unheilbar lungenkrank
und starb im März 1917. Johannes Urzidil hat 1921 seine dichterische
Hinterlassenschaft in einer Auswahl herausgegeben, zu der Werfel ein
Vorwort beisteuerte. Urzidil hat in seiner Erzählung „Vermächtnis
eines Jünglings" seine letzte Begegnung mit dem sterbenden Freund
dargestellt, wobei er sich unter anderem Erinnerungen Werfels sowie
Formulierungen aus Werken Brands bediente:

Er lag da, zugedeckt mit einem jener wulstigen böhmischen
Federbetten, die schwer und glutofenartig wirken. Aber man sah, daß
ihn fror. Über dem Bett lagen Manuskripte. Einige waren zu Boden
geglitten.

„Er spricht fortwährend", flüsterte die Mutter, die mich hineinge-
leitet hatte. „Drei Tage und Nächte schon spricht er und schreit
manchmal, daß es durchs ganze Haus gellt." Ihre ineinandergefalteten
Hände bewegten sich krampfhaft auf und zu. Brand hatte mich beim
Eintreten nicht angeblickt. Er sah starr nach dem Wandbehang mit
dem Wald und der Sonne. Doch wußte er, daß ich da war.

„Ich habe geschrieben. Werfel hat mich noch gehört. Gestern,
nein, vorgestern. Die Tage verwirren sich. Es sind ja nicht mehr einzelne Tage, sondern nur noch ein einziges Ablaufen. Er war da mit der
weißhaarigen Freundin. Wie sie doch schön ist! Aber Sie waren ja auch

schon mit ihm dagewesen. Die Augen der Frau sind kühl und klar wie Waldwasser. Sie geht nicht, sie wandelt, schwebt beinahe. Immer schwebte sie schon so an den Fenstern des Arco vorbei." Grauenhafte Kartätschenausbrüche von Gehüstel unterbrachen jeden seiner stoßweisen Sätze. Von Zeit zu Zeit rissen ihn eruptive Hustenexplosionen hoch. Es war, als wäre sein Körper der Kampfplatz wütender Bakterienarmeen, die jetzt ihre Entscheidungsschlacht ausfochten. Seine Stirne glänzte gelblich und gipsern wie auf dem Kasten der Schillerkopf, von dem Werfel sagte, daß er das Antlitz des Ausgezehrten in furchtbarer Weise zu parodieren scheine.

„Auch der liebe Oskar Baum war da. Seine Frau hat ihn hergebracht. ‚Ich freue mich, Sie wiederzusehen‘, sagte er. Wie komisch! Ein Blinder und spricht vom Sehen. Aber doch hat er mich gesehen, besser als ich ihn sah. Und sagte: ‚Ich sehe, daß Sie viel geschrieben haben.‘"

Brand sprach in einem sich überstürzenden Redeschwall, immer wieder von Hustenkatastrophen unterbrochen, über die er im Galopp seines Redens gleichsam apokalyptisch hinwegsetzte.

„Menschen werden nicht in Gelächtern geboren, sondern in Klagen der Mütter. Der Schmerz der Gebärenden gräbt sich in den Leib der Geborenen und bleibt in ihm eingekerkert, bis der Tod ihn zerbricht. Aber Leben ist schön! Hören Sie? Leben ist schön! Was ist Hunger, Durst, Schmerz? Es ist Leben und es ist schön! Es ist der Sang der Flugleichten. Fall im Bogen flugumflogen. Kairo!"

Er schrie das Wort ‚Kairo‘ dreimal hintereinander, als wäre es ein Schlachtruf. Ich hatte seine Hand gefaßt, aus dem Bedürfnis, ihn zu beruhigen, aber ich ließ sie wieder sinken, weil mir schien, daß solche Beruhigung nicht ihm, sondern höchstens mir und der Mutter zugute kam und daß er im Rufen und Schreien nicht behindert werden dürfe.

Grausig war, wie in diesem Augenblick auf dem Gang draußen, zu dem das Fenster führte, einige Nachbarn auftauchten, die mit entsetzten Gesichtern in die Stube hereinblickten. Die Mutter trat zum Fenster, winkte mit einer zaghaften Gebärde die Gesichter hinweg, die wie Gewölk verschwanden. Dann zog sie den Vorhang herab.

„Komm doch! Du bist stark! Du bist gebenedeit unter den Weibern! Du brichst mich übers Knie wie ein Rohr. Sie ist gegangen. Aber er saß da. Werfel! Saß da in grenzenlosem Lieben. O Abschied, Brunnen aller Worte! Leben ist schön! Irgendwo an einem Frontalabschnitt in der östlichen Steppe wird es ihn überfallen und er wird rufen, unaufhörlich: Leben ist schön! Klappert da mein Hirn? Es ist wie ein Schnellzug auf Schienen. Wohin fahre ich denn? Wo ist meine Fahrkarte? Ich weiß die Station nicht mehr. Ich werde darüber hinausfahren."

Er warf sich plötzlich hoch, schrie gellend: „Kairo!" und sank dann endgültig zurück.

(Johannes Urzidil, Prager Triptychon, S. 190–192)

Johannes Urzidil wurde am 3. Februar 1896 in Prag geboren und absolvierte das „Graben-Gymnasium" (vgl. S. 207). Nachdem er 1915 zu der Gruppe der sich im Café „Arco" versammelnden Schriftsteller gestoßen war, debutierte er 1919 mit dem expressionistischen Gedichtband „Sturz der Verdammten". Bis zur Machtergreifung Hitlers war er in der Presseabteilung der Deutschen Botschaft in Prag tätig, danach hielt er sich durch journalistische Arbeiten über Wasser. 1939 floh er vor den Nazis über Italien nach England und dann 1941 weiter nach New York. 1956 erschien seine Erzählsammlung „Die verlorene Geliebte", 1960 die Betrachtungen „Prager Triptychon", in denen er seine Prager Kindheit und Jugend im Geist des Humanismus und der Versöhnung literarische Gestalt werden ließ. Bekannt wurde auch seine Essaysammlung „Da geht Kafka" (1965), in der er die Titelgestalt und deren Prager Umfeld aus der Perspektive persönlicher Bekanntschaft zu erhellen suchte. Urzidil starb am 2. November 1970 in Rom.

Hinweis: Da der Waldstein-Garten vom 1. Oktober bis zum 30. April geschlossen ist, gehen Reisende, die während dieser Zeit Prag besuchen, an der Ostseite des *Malostranské náměstí* entlang und dann in gerader Richtung weiter durch die *Tomášská* (Thomasgasse) bis zum *Valdštejnské náměstí* (Waldsteinplatz). (Fortsetzung dieser verkürzten Route S. 94) Wer sich zwischen Mai und September in der Stadt aufhält, biegt dagegen an der Nordostecke des *Malostranské náměstí* in die dort nach rechts abgehende *Letenská* ein.

Letenská (Belvederegasse)

Die linker Hand liegende St. Thomaskirche und einen Durchlaß passierend, gelangt man nach einiger Zeit an ein einfaches Portal links in der Mauer, das sich (täglich von 10–19 Uhr) in den Waldstein-Garten öffnet. Das von dem 1583 geborenen kaiserlichen Feldherrn Albrecht von Wallenstein 1624–1630 erbaute Palais ist der erste barocke Monumentalbau in Prag. Wallenstein residierte hier, nachdem er 1630 vom Kaiser entlassen worden war, und dann wieder teilweise von Ende 1632 (nach der Schlacht von Lützen) bis zu seiner Ermordung im Februar 1634. Nachdem man die Anlage betreten hat, geht man nach links und zwischen den Bronzeskulpturen hindurch (Kopien der 1648 von den Schweden geraubten Originale, die 1911/12 aufgestellt wurden) zu der „sala terrena", einer sich in drei Rundbögen zum Garten öffnenden Loggia, die ihr Vorbild in der Gartenhalle des 1526–1534 erbauten „Palazzo del Te" in Mantua hat.

3. Nr. 10/17: Waldstein-Garten (Valdštejnsky zahrada)
Literarisch hat dem gewaltigen Bau und seinem Bewohner unter anderem Rilke gehuldigt, der in seinem Gedicht „Beim Friedland" (aus den „Larenopfern" von 1895) diese Schlußphase im Auge hat, vor allem aber Detlev von Liliencron (1844–1909), der am 11. Mai 1898 zum erstenmal in Prag aus seinen Werken vorgelesen hat. Nach der Veranstaltung ließ er sich von Oskar Wiener (1873–1944) die Sehenswürdigkeiten der Stadt zeigen und besichtigte bei dieser Gelegenheit auch das Waldstein-Palais. Den tiefsten Eindruck empfing er von der „sala terrena": Während er sie vom Garten aus betrachtete, erschien vor seinem inneren Auge Wallenstein, der hier mit seinen Offizieren tafelte und dabei einem Trupp Mongolen zuschaute, die in roten, goldbestickten Gewändern auf dem davorliegenden, von einer Brunnenanlage beherrschten Platz tanzten.

Liliencron hat dieses Erlebnis mit dichterischer Freiheit in seinem humoristischen „Poggfred" (1896) verarbeitet, und zwar in der veränderten Version von 1904. (Vgl. Oskar Wiener, Alt-Prager Guckkasten, S. 51–53) Das Richard Dehmel gewidmete und mit Sinnsprüchen dieses Freundes versehene Versepos ist aus disparaten Stoffen, Stilen und Formen zusammengesetzt und vergegenwärtigt auf unterschiedliche Weise den Wunsch des Autors nach einem Ort der Einkehr und unbeschwerter Heiterkeit.

Valdštejnské náměstí (Waldstein-Platz)

Nachdem man den Waldstein-Garten verlassen hat, wendet man sich nach links, verfolgt also die Letenská bis zu der Stelle, an der man nach links abbiegen kann. Den Klárov aufwärtsgehend, passiert man die Metro-Station Malostranská und biegt danach links in die Valdštejnská ein. Während man linker Hand zunächst die Außenmauer des Waldstein-Gartens neben sich hat, erstreckt sich auf der anderen Straßenseite hinter einem schmiedeeisernen Gitterzaun der Fürstenbergsche Garten (Ledeburská zahrada), der im Norden bis zur Prager Burg und zur Alten Schloßstiege reicht, über die man am Ende des Rundgangs zurückkehrt.

4. Nr. 4/17: Waldstein-Palais (palác Valdštejnský)

Nachdem die Valdštejnská einen Knick nach Süden gemacht hat, öffnet sie sich zum Waldstein-Platz, dessen ganze Ostfront von der Hauptfassade des Waldstein-Palais eingenommen wird. Hier spielt eine Szene in Gustav Meyrinks 1917 erschienenem Roman „Walpurgisnacht".

Gustav Meyer (Meyerinck war der Name von Vorfahren seiner Mutter, den er in leicht veränderter Form als Schriftsteller wählte) wurde am 19. Januar 1868 in Wien als uneheliches Kind der Schauspielerin Maria Meyer geboren. Sein Vater war der württembergische Staatsminister Karl Freiherr Varnbühler von und zu Hemmingen. 1883 kam Meyrink nach Prag. Nachdem er im Sommer 1887 an der Deutschen Handelsakademie Abitur gemacht hatte, gründete er 1889 zusammen mit einem Neffen Christian Morgensterns in Prag ein Bankhaus. Anfang 1902 wegen Betrugsverdacht verhaftet und nach zweieinhalb Monaten als unschuldig entlassen (vgl. S. 191), verließ der an einer Rückenmarkserkrankung Leidende die Stadt und übersiedelte im Frühjahr 1904 nach Wien. 1913 gab er eine dreibändige Sammlung seiner Erzählungen unter dem Titel „Des Deutschen Spießers Wunderhorn" heraus. In die Prager Zeit reicht auch eine Neigung zum Okkultismus zurück, die in vielen seiner Werke hervortritt. 1907 übersiedelte er nach München, wo in den folgenden Jahren sein Roman „Der Golem" (1915) entstand, in dem das Prager Ghetto in Grauensvisionen vergegenwärtigt wird (vgl. S. 177). Meyrink, dessen weiteres Schaffen thematisch großenteils ebenfalls Prag verpflichtet ist, starb am 4. Dezember 1932 in Starnberg.

Waldstein-Palais (um 1900)

Die in der „Walpurgisnacht" auftretenden Figuren sind auf der einen Seite versteinerte, am linken Moldauufer lebende Adlige, die sich von der verachteten modernen Stadt jenseits des Flusses abkapseln. Ihnen sind als Gegenfiguren Vertreter der tschechischen Unterschicht zugeordnet, die sich zu heimlichen Sitzungen im Hungerturm auf dem Hradschin zusammenfinden, um die verhaßte Herrschaft der Österreicher zu stürzen. (Der Roman spielt im Jahr 1917.) Meyrink verbindet dieses zeitgenössische Kolorit mit Legenden und Überlieferungen, die an den Monumenten der Kleinseite und des Hradschin haften. Vor dieser Kulisse vollzieht sich das Schicksal des Thaddäus Flugbeil, eines eigenbrötlerischen Sonderlings, der die Fronten zwischen den beiden Gruppierungen durchbricht, aber keine Möglichkeit sieht, sich im gehässigen Streit der Parteien seine Individualität zu bewahren, und deswegen freiwillig aus dem Leben scheidet.

Im dritten Kapitel ist der Musikstudent Ottokar, der als Adoptivsohn des Veteranen Vondrejc im Wärterhäuschen des Hungerturms lebt, auf dem Weg zu seiner Patin, der Gräfin Zahradka, um ihr auf der Geige vorzuspielen. Ottokar nimmt aber nicht den direkten Weg, sondern geht über die Nový svět (vgl. S. 111), wo er eine alte Wahrsagerin besucht, und Maria-Loretto (vgl. S. 109) zum Hradčanské náměstí, um von dort aus in die Thungasse hinunterzusteigen. Er muß aber einer durch die Neue Schloßstiege *(Zámecké schody)* heraufkommenden Prozession ausweichen und beschließt deswegen, den Umweg über die Höfe des *Hradschin* und die Alte Schloßstiege zu nehmen. Auf diese Weise kommt er am Waldstein-Palais vorbei, dessen Tore weit offenstehen:

Er eilte darauf zu, um einen Blick in den düstern Garten mit seinen armdicken Efeuranken an den Mauern und die wundervolle Renaissancehalle und die historische Badegrotte dahinter zu erhaschen, die aus seinen Kinderjahren her, als er einmal all diese Pracht einer längst versunkenen Zeit hatte in nächster Nähe besichtigen dürfen, tief wie ein erschütterndes Erlebnis aus Märchenlanden als unauslöschliche Erinnerung in seine Seele eingegraben standen. Lakaien in silberbordürten Livreen und kurzgeschnittenen Wangenbärten, die Oberlippe glattrasiert, zogen schweigend das ausgestopfte Pferd, das einst Wallenstein geritten, heraus auf die Straße.

Er erkannte es an der scharlachfarbenen Decke und den stieren gelben Glasaugen, die ihn, wie er sich plötzlich entsann, schon als Knaben lange bis in den Schlaf so mancher Nacht hinein als ein rätselvolles Vorzeichen, das er sich niemals deuten konnte, verfolgt hatten.

Jetzt stand das Roß vor ihm in den rotgoldenen Strahlen der scheidenden Sonne, die Füße auf ein dunkelgrünes Brett geschraubt, wie ein riesenhaftes Spielzeug aus einer Traumwelt herübergeholt und mitten hineingestellt in eine phantasiearme Zeit, die den furchtbarsten aller Kriege – den Krieg der Maschinendämonen gegen die Menschen, an dem gemessen die Schlachten Wallensteins anmuteten wie alberne Wirtshausraufereien – mit stumpf gewordenen Sinnen hinnahm.

Wieder – wie vorhin beim Anblick der Prozession – lief es ihm kalt über den Rücken, als er das Pferd ohne Reiter, das nur darauf zu warten schien, daß sich ein Entschlossener, ein neuer Gebieter, in seinen Sattel schwinge, vor sich sah.

Er hörte nicht, daß jemand geringschätzig hinwarf, das Fell sei von Motten zerfressen; – die Frage eines grinsenden Lakaien, der ihn spöttisch aufforderte: „Wollen der Herr Marschall vielleicht geruhen, aufzusteigen?", wühlte sein Innerstes auf und sträubte ihm das Haar, als habe er die Stimme des Herrn des Schicksals aus der Tiefe des Urgrundes vernommen. Der Hohn, der in den Worten des Bedienten lag, glitt an ihm ab. – „Du bist jetzt schon verrückt, Buberl, nur weißt du es nicht", hatte vor einer Stunde die Alte gesagt – aber hatte sie nicht noch im selben Atem hinzugefügt: „Am Ende gehört dem Verrückten doch die Welt!?"

Er fühlte vor wilder Erregung das Herz bis hinauf zum Halse klopfen, riß sich los von seinen Hirngespinsten und floh hinüber zur Thunschen Gasse.

(Gustav Meyrink, Walpurgisnacht, S. 57 f.)

Thunovská (Thungasse)

Wir folgen dem Studenten, der, erregt von dem Gesehenen, zur *Thunovská* hinüber flieht, biegen also in die auf der gegenüberliegenden Seite des *Valdštejnské náměstí* einmündende *Sněmovní* (Fünfkirchengasse) ein, der wir folgen, bis die *Thunovská* kreuzt. Wir gehen sie nach rechts aufwärts, bis die Häuserfront rechter Hand den Blick auf die weit zurückgesetzte, italienische Prunkbauten imitierende Fassade des Thunschen Palais freigibt.

5. Nr. 14/180: Palais Thun (palác Thunovský)

Das Aussehen des aus dem 17. Jahrhundert stammenden Gebäudes, das heute die Britische Botschaft beherbergt, geht auf das 18. Jahrhundert zurück. Vom Innenhof aus öffnet sich linker Hand ein Portal, von dem eine alte Steintreppe nach oben führt. Hier hat Meyrink das Sommer-Domizil der Gräfin Zahradka lokalisiert. Die Gräfin hat eine schöne Nichte:

Mit einemmal fuhr Ottokar zusammen, und seine Finger blieben auf dem Griffbrett stehen; er war zu sich gekommen und hatte mit den Augen des Wachseins plötzlich das junge Mädchen erblickt, das hinter den Sessel der alten Gräfin getreten war und ihn lächelnd ansah.

Wie erstarrt, unfähig, sich zu bewegen, hielt er den Bogen auf die Saiten gelegt. – – – –

Die Gräfin Zahradka nahm ihre Lorgnette und drehte langsam den Kopf:

„Spiel' Er weiter, Ottokar; es ist nur meine Nichte. – – Stör Sie ihn nicht, Polyxena."

Der Student rührte sich nicht, nur der Arm sank ihm schlaff herab wie unter einem Herzkrampf.

Wohl eine Minute herrschte lautlose Stille im Zimmer. – – –

„Warum spielt Er nicht mehr?" fuhr die Gräfin zornig auf.

Ottokar riß sich auf, wußte kaum, wie er das Zittern seiner Hände vor ihr verbergen solle – dann winselte die Geige leise und schüchtern:

„Andulko, mé ditě,
já vás mám rád."

Ein girrendes Lachen der jungen Dame ließ die Melodie rasch verstummen. „Sagen Sie uns lieber, Herr Ottokar, was war das für ein herrliches Lied, das Sie vorhin gespielt haben? War das Phantasie? – Ich – habe – dabei", Polyxena machte nach jedem Wort eine bedeutsame Pause und zupfte dabei mit gesenkten Augen scheinbar nachdenklich an den Fransen des Lehnstuhles, „lebhaft – an die – Krypte – in – der Georgskirche – denken müssen, – Herr – Herr – Ottokar."

Die alte Gräfin zuckte kaum merklich zusammen; es lag etwas in dem Ton, mit dem ihre Nichte den Namen Ottokar ausgesprochen hatte, was sie stutzig machte.

Der Student stotterte verwirrt einige konfuse Worte; er sah zwei Augenpaare unverwandt auf sich gerichtet, das eine so voll verzehrender Leidenschaft, daß es ihm fast das Hirn versengte – das andere durchbohrend, messerscharf, Mißtrauen ausstrahlend und tödlichen Haß zugleich; er wußte nicht, in welches der beiden er blicken solle, ohne nicht das eine aufs tiefste zu verletzen oder vor dem anderen alles, was er fühlte, zu verraten.

„Spielen! Nur spielen! Rasch, rasch!" schrie es in ihm. Er setzte hastig den Bogen an – – –

Der Angstschweiß trat ihm auf die Stirn. „Um Gottes willen, nur jetzt nicht abermals das verfluchte ‚Andulko, mé ditě'!" Er fühlte zu seinem Entsetzen beim ersten Strich, daß es unabwendbar wieder dazu führen mußte – es wurde ihm schwarz vor den Augen –, da kamen ihm die Töne eines Leierkastens draußen auf der Gasse zu Hilfe, und mit wahnwitziger, besinnungsloser Hast fetzte er den abgehackten Gassenhauer mit:

„Mäd–chen mit bla–ssem Gesicht,
die sollen heiraten nicht;
nur die rott – wie die Rosen,
sollen mitt – Männern kosen.
de–nen – schadett – es nicht;"

er kam nicht weiter: der Haß, der von der Gräfin Zahradka ausging, schlug ihm fast die Geige aus der Hand. –

Er sah wie durch einen Nebelschleier hindurch, daß Polyxena zu der Standuhr neben der Tür huschte, die Leinwandhülle beiseite zog und die stillstehenden Zeiger auf die Ziffer VIII schob. Er verstand, daß dies die Stunde eines Stelldicheins sein sollte, aber der Jubel erfror unter der Qual einer würgenden Angst, die Gräfin habe alles durchschaut.

Er sah ihre dürren langen Greisenfinger nervös in dem Strickbeutel an der Stuhllehne wühlen – ahnte: jetzt, jetzt wird sie etwas tun, – etwas unsagbar Demütigendes für ihn – etwas so Schreckliches, das er sich nicht auszudenken getraute. –

„Sie – haben – heute – famos – gespielt, Vondrejc", sagte die Gräfin, Wort für Wort hervorstoßend, zog aus der Tasche zwei zerknüllte Scheine und reichte sie ihm. „Da haben Sie – ein Trinkgeld. Und kaufen Sie sich auf meine Rechnung – ein – Paar – bessere – Hosen fürs nächstemal; die Ihrigen sind schon ganz speckig."

(Gustav Meyrink, Walpurgisnacht, S. 59–64)

Nerudova (Nerudagasse)

Man geht über die sich jetzt stark verengende, von zwei Bögen überspannte *Thunovská* weiter aufwärts, um dann links in die abwärtsführende *Zámecká* (Schloßgäßchen) einzubiegen. Diese führt in den oberen Teil des *Malostranské náměstí* zurück, dessen Westseite von der hellen Fassade des ehemaligen K. und k. Korpskommandos beherrscht wird. Ohne den Platz betreten zu müssen, biegt man nach rechts in die nach oben führende *Nerudova* ein. Diese war in der Vergangenheit die Hauptzufahrtsstraße zur Prager Burg und ist für ihre alten Häuser berühmt, die vielfach mit sogenannten Hauszeichen versehen sind. Bis zur Durchnumerierung der Gebäude im Jahr 1770 dienten sie als Orientierungshilfe für Ortsunkundige. Ihre Gestalt ergab sich oft aus der sozialen Stellung oder der Tätigkeit des jeweiligen Besitzers, wurden aber als Zierat bei später errichteten Bauten weiterhin verwendet. Die aus Stein, Stuck, Metall oder Holz ausgeführten, gelegentlich auf Putz oder Blech gemalten sowie durch Inschriften ergänzten Hauszeichen kennen einen großen Reichtum an Motiven und spiegeln auf ihre Weise die sich in der Stadt vollziehende Entwicklung der Bildenden Künste.

6. Nr. 20/214: Palais Thun-Hohenstein (palác Thun-Hohenštejnský)

Das sich auf der rechten Seite erhebende, in den Jahren 1710–1720 erbaute Palais, in dem heute die Italienische Botschaft untergebracht ist, erhält seinen besonderen künstlerischen Akzent durch das von Matthias Braun (1684–1738) gestaltete Portal mit den flankierenden, als Wappentiere verwendeten Adlern sowie durch Skulpturen Jupiters und Junos, die auf den volutenförmigen Giebelstücken des fast sechs Meter hohen Durchlasses sitzen. Max Brod hat in seinem „Prager Tagblatt" bei der Beschreibung Kleinseitner Adelssitze der Fassade des Palais Thun-Hohenstein besondere Beachtung geschenkt:

Es hatte zu den romantischen Gepflogenheiten unserer Studenten- und Malakademie-Jahre gehört, hitzigen Diskussionen über Kunst und Leben einen Nachtspaziergang in den stillen Gassen der Kleinseite folgen zu lassen. Zur Abkühlung. Hier stockten die Jahrhunderte. Zwischen schlafenden Palastportalen, auf den breiten vielstufigen Treppen, in die zuletzt die Sträßchen mündeten, ehe man den Gipfel des Hradschins, der Königsburg, erreichte – so stieg man an, ließ Prag unter sich. Wir kannten jedes der Palais, seine Baugeschichte wie die Chronik der Adelsgeschlechter Slavata, Waldstein, Morzin, Lobkowitz, Ledebur, Thun und der andern, in deren Dienst phantastische zweimannshohe Adler ihre Riesenflügel und struppigen Hälse unter Portalbekrönungen verrenkten oder elegante Rokokodamen aus Stein hoch oben auf glatten Säulenvoluten in einer mühelosen Art herunterturnten, die man auch als ein Sich-Lagern, ein Ruhen und Sich-Räkeln beschreiben konnte. Mit der symbolischen Darstellung der Nacht und des Tags beschäftigt, die schmale Mondsichel oder die Sonne in der schöngewellten steinernen Frisur, verschwendeten diese Prinzessinnen nicht den geringsten Gedanken daran, den gewagten Sitz, den die Zeitmode ihnen angewiesen hatte, als unbequem zu empfinden. Sie fühlten sich graziös wohl, völlig sicher auf ihren schrägen Giebelflächen, rutschten nicht ab, sie machten ihre Sache gern und gut. [. . .]
(Max Brod, Prager Tagblatt, 149f.)

Max Brod wurde am 27. Mai 1884 in Prag als Sohn eines Bankdirektors geboren. Nachdem er das Abitur am Prager Stephans-Gymnasium (vgl. S. 259) abgelegt und 1907 sein Jurastudium an der Prager deutschen Universität beendet hatte, wurde er Beamter bei der Prager Postdirektion. 1908 vertiefte sich seine seit 1902 bestehende Freundschaft zu Franz Kafka, die in mehreren, gemeinsam unternommenen Urlaubsreisen einen äußeren Höhepunkt fand (vgl. S. 17). Brod ist als Autor sehr schnell bekannt und von der literarischen Avantgarde anerkannt worden: Der freche, frivole, bewußt unsentimental gehaltene Ton seiner frühen Lyrik, die sich bewußt von der damals in der Stadt herrschenden Neuromantik absetzte, bildete das Vorspiel zu Werfels „Weltfreund" (1911), und der Roman „Schloß Nornepygge" (1908) galt den Berliner Frühexpressionisten als Schlüsselwerk, in dem sie sich selbst wiederfanden. Seit 1910 vollzog Brod eine Wende zum Zionismus. Sofern sein städtisches Ambiente die Kulisse bildet, fallen realistische und detailreiche Schilderungen Prager Eigenarten auf, in denen er seinem großen Vorbild Flaubert verpflichtet ist. Anfangs der Zwanziger Jahre wechselte er als Theaterreferent zum „Prager Tagblatt", dem er bis zu seiner Emigration treu geblieben ist. In seinem Roman „Stefan Rott oder Das Jahr der Entscheidung" (1928) hat er erstmals Aspekte seiner Freundschaft mit Kafka dargestellt, über den er 1937 eine Biographie schrieb. Gleich nach Kafkas Tod hatte er damit begonnen, dessen Nachlaß zu edieren, den er nach dem Willen des Verstorbenen hätte vernichten sollen. Aus dieser Arbeit erwuchs nach dem Zweiten Weltkrieg die Edition der „Gesammelten Werke" Kafkas, die dessen Bild bis heute in der breiten Öffentlichkeit bestimmen. 1939 gelang Brod in letzter Minute die Flucht nach Palästina, auf der er im Handgepäck Kafkas literarische Hinterlassenschaft mit sich führte. Brod starb am 20. Dezember 1968 in Tel-Aviv.

Auch Rilke hat dem Palais Thun-Hohenstein literarisch gehuldigt. Denn offensichtlich ist dieses Bauwerk gemeint, wenn er in seiner Erzählung „König Bohusch" von dem „hohen finstern Fürstenhaus in der Spornergasse" spricht (S. 41), in dem die Titelgestalt, Sohn eines Türstehers, ihre Jugend verlebt hat. Denn der andere Adelssitz in der Straße, die früher Spornergasse hieß, das etwas unterhalb auf der anderen Straßenseite gelegene Morzin-Palais *Nr. 5/256* (heute Rumänische Botschaft), kann wegen seines niedrigen Portals und seines gedrungenen Baus, der sich fast nahtlos in die umgebende Häuserfront einfügt, nicht gemeint sein. Für das Palais Thun-Hohenstein, dessen Fassade das abwärts liegende Nebenhaus beträchtlich überragt,

Portal des Palais
Thun-Hohenstein
(um 1910)

spricht außerdem sein dreischiffiges Vestibül, das in dem „lichtgetünchten hohen Flur" gespiegelt scheint, den Rilke in seiner Erzählung
erwähnt. Schließlich ist in diesem Zusammenhang nicht ohne Bedeutung, in welcher Weise Bohusch seines Vaters gedenkt:

Es bedurfte eines Augenblicks, ehe der Bucklige sich klarmachte,
warum er gerade an ihn dachte. Er sah ihn: in seinem riesigen dunkel-
blauen Tressenpelz, dessen Kragen mit dem mächtigen Vollbart zu verschmelzen schien, ging er mit breiten, selbstgewußten Schritten in
dem lichtgetünchten hohen Flur des alten Fürstenpalastes in der Spornergasse her und hin. Der goldene Knopf seines Stabes rührte fast an
die goldenen Fransen, die von der Krempe des dreispitzigen Hutes
hingen, unter welchem seine Augen ernst und wachsam waren. Dann
stand der kleine kränkliche Bohusch oft hinter der Türe der Portiers-
wohnung und schaute scheu durch eine Spalte dem gewaltigen Schrei-
ten des Vaters nach, dessen Gestalt höher war als die aller anderen

Männer, um so vieles ragender auch als die des alten Fürsten, vor dem der Vater den Tressenhut ganz tief abnahm, ohne sich indessen sonderlich zu verneigen.

(Rainer Maria Rilke, Zwei Prager Geschichten, S. 14 f.)

Es scheint wahrscheinlich, daß Rilke sich von der Gestalt des Portiers hat leiten lassen, der das Palais Thun-Hohenstein während seiner Prager Jugendjahre bewachte. Dieser Türhüter trug nicht nur einen riesigen weißen Vollbart, sondern er gehörte offensichtlich zu den markantesten Vertretern seines Faches, der schon um die Jahrhundertwende als pittoreskes Photo-Motiv zu belegen ist. Die Vermutung hat viel für sich, daß Kafka bei der Niederschrift seines berühmten Prosastücks „Vor dem Gesetz" von dieser Prager Einrichtung angeregt wurde. Beweisbar ist, daß sich ein Gedicht Werfels, das sich einen Türhüter zum Vorwurf genommen hat, entsprechenden Kindheitseindrücken des Autors verdankt. (Näheres S. 214)

7. Nr. 47/233: Haus „Zu den zwei Sonnen"
(dům „U dvou slunců")
Das sich am Ende der *Nerudova* linker Hand erhebende Gebäude ist das Geburtshaus Jan Nerudas (große Gedenktafel mit Bronzerelief an der Fassade), dem die Straße ihren heutigen Namen verdankt.

Jan Neruda, der große tschechische Schriftsteller, wurde am 9. Juni 1834 in Prag als Sohn eines ausgedienten Soldaten, der einen Trödlerladen auf der Kleinseite betrieb, und einer Aufwartefrau geboren. Nachdem er eine deutsche Gymnasialbildung durchlaufen hatte, mußte er ein 1853 begonnenes Jura- und Philosophiestudium aus finanziellen Gründen abbrechen. Während seiner 1856 begonnenen journalistischen Tätigkeit begründete er das tschechische literarische Feuilleton, dessen zu Witz und Ironie neigender, den Leser einbeziehender Stil über Egon Erwin Kisch (vgl. S. 149), Karel Čapek (vgl. S. 274) und Milena Jesenská (vgl. S. 145) in die Gegenwart fortwirkt. Mit seinen Sammlungen „Bilder aus dem alten Prag" (1864/1880) und seinen „Kleinseitner Geschichten" (1878), die in freier Folge Beschreibung, Reflexion, Dialog und sparsam verwendeter Alltagshandlung das Wort geben und sich dem Leben der einfachen Leute verpflichtet wissen, steht er am Anfang einer Erzähltradition, die über Jaroslav Hašek bis zu Bohumil Hrabal (vgl. S. 215) und Milan Kundera fortwirkt. Neruda starb am 22. August 1891 in Prag.

Haus zu den zwei Sonnen (Hauszeichen)

Die „Kleinseitner Geschichten" werden durch die Erzählung „Eine Woche in einem stillen Haus" eröffnet, deren zweites Kapitel mit den Worten überschrieben ist: „Das Haus ist zum größten Teil erwacht":

Die Junisonne hatte schon hübsch lange in den Hof des Hauses geschienen, bevor die Leute erwachten. Trotz dem Rasseln der schweren Wagen, das aus der Durchfahrt und über das Dach herüberklang, hallten die ersten Schritte wie in einem Gewölbe. Einzeln, als ob die eine warte, bis die andere vorüber sei, trat das Weibsvolk aus den verschiedenen Wohnungen, entweder bloßköpfig und noch ungekämmt oder mit tief in die Stirn gezogenen Kopftüchern, um die verschlafenen Augen gegen die Sonne zu schützen. Es waren nicht viele, aber alle sahen wie schlampige Dienstmädchen aus; ihre Röcke waren nachlässig festgebunden, sie schlurften in abgetretenen Schuhen, in den Händen trugen sie leere oder schon mit Milch gefüllte Krüge.

Allmählich belebte es sich. Die weißen Vorhänge verschwanden von den Fenstern; wenn sich eins öffnete, erschien darin eine Gestalt;

sie blickte zum Himmel und zum Laurenziberg hinüber und sagte ins Innere zu einem anderen, auch schon Erwachten etwas von einem schönen Morgen. Auf den Treppen und auf den um den Hof laufenden hölzernen Galerien des ersten Stockwerks, den Pawlatschen, trafen sie sich und wünschten einander einen guten Morgen.

Im ersten Stock des in die Gasse hereinstehenden Vorderhauses erschien im Eckfenster ein großer Mann mit rotem, pockennarbigem Gesicht und wirrem, grauem Haar. Er stützte sich schwer auf das Fensterbrett und neigte sich heraus, so weit, daß unterm offenen Hemd seine mächtige, trotz des Juni in Flanell gehüllte Brust zu sehen war. Er schaute auf das noch verhängte Nebenfenster, dann beugte er sich wieder zurück und sagte in das Zimmer hinein: „Es ist noch nicht sieben."

Im selben Augenblick knarrte ein Fenster und öffnete sich sperrangelweit. In ihm erschien ebenfalls ein großer, aber jüngerer Mann. Seine schwarzen Haare waren sorgfältig gekämmt, eine ordentliche, feste Frisur, die erkennen ließ, daß die Haare an jedem Morgen gewissenhaft und immer in genau derselben Weise gekämmt wurden. Sein Gesicht war rundlich, glatt rasiert, aber scheinbar ohne jeden besonderen Ausdruck. Er trug einen eleganten grauen Morgenrock, in der Hand hielt er ein gelbes Seidentüchlein und putzte damit die Gläser seiner goldgefaßten Brille. Er hauchte noch einmal darauf, noch einmal rieb er die beschlagenen Gläser, setzte die Brille auf und drehte sich uns zu. Sein vorher unbestimmtes Gesicht bekam, wie das bei Kurzsichtigen der Fall ist, unter den Gläsern festere Züge. Es war ein gutmütiges Gesicht, seine Augen blickten leutselig, ja fröhlich, wenngleich aus jedem Gesichtszug zu erkennen war, daß diese Augen schon hübsch lange über vierzig Jahre in die Welt schauen. Wenn wir es mit nur ein wenig Kennerblick betrachten, sind wir so gut wie sicher, daß es das Gesicht eines Junggesellen ist. Das Gesicht eines Priesters und das eines Junggesellen sind unverkennbar.

Der Junggeselle stützte sich auf das schneeweiße, hübsch bestickte Kissen im Fenster, blickte gegen den blauen Himmel, schaute auf den strahlend grünen Laurenziberg, und der Morgen spiegelte sich in seinem Lächeln. „Wie schön – ich muß zeitiger aufstehen", murmelte er. Gleich darauf glitt sein Blick in den zweiten Stock des Hinterhauses; dort bewegte sich hinter dem geschlossenen, blanken Fenster ein Frauenkleid. Das Lächeln des Junggesellen wurde noch fröhlicher. „Natürlich – Josefinchen ist schon in der Küche", sagte er wieder

vor sich hin. Dazu bewegte er leicht die Hand, und aus einem großen, den Ring an seiner rechten Hand schmückenden Brillanten sprühte ein Feuer, das den Blick des Junggesellen wieder auf sich selbst lenkte. Er drehte den Ring ein wenig, so daß der Brillant am mittleren Glied des Fingers prangte, zupfte die schönen Manschetten vor und schaute mit sichtbarem Wohlgefallen auf seine dicklichen, weißschimmernden Hände. „Es schadet nicht, wenn sie ein wenig braun werden, das ist gesund." Während er das vor sich hin sagte, hob er die rechte Hand an die Nase, als könne er seine zunehmende Gesundheit riechen.
(Jan Neruda, Kleinseitner Geschichten, S. 11–14)

Loretánská (Lorettogasse)

Man geht geradeaus weiter in den *Úvoz* (Hohler Weg), der ebenfalls durch auffällige und aufwendig gestaltete Hauszeichen die Aufmerksamkeit auf sich zieht. Als die französischen Schriftsteller André Breton und Paul Eluard während ihres Prag-Aufenthalts im März und April 1935 von ihren tschechischen Freunden durch diese Straße geführt wurden, sahen sie in diesen Hauszeichen surrealistische Objekte von poetischem Rang. (Vítězslav Nezval, Aus meinem Leben, S. 258)

Bei dem vereinzelt linker Hand stehenden Haus *Nr. 11/157* geht rechts eine schmale, steil nach oben führende Treppe ab, die in der *Loretánská* endet.

8. St. Barbara-Kapelle (kaple svaté Barbory)

Nachdem man hinaufgestiegen ist, überquert man schräg nach links die Straße und steht vor einer kleinen Straßenkapelle aus dem Jahr 1726, der Rilke das Gedicht „Im Straßenkapellchen" (aus den 1895 gedruckten „Larenopfern") gewidmet hat. Ohne mit ihrem wirklichen Namen genannt zu werden, erscheint sie auch an wichtiger Stelle in Meyrinks „Walpurgisnacht". Nachdem der Student Ottokar sein Geigenspiel im Palais Thun beendet und sich währenddessen heimlich mit der Nichte der Gräfin Zahradka verabredet hat, kehrt er in den Hungerturm zurück, um das Mädchen auf dem davor befindlichen kleinen Hof zu erwarten. Als sie erscheint und die beiden Liebenden sich in den Armen liegen, sieht er in Bildern vor seinem inneren Auge vorbeiziehen, was sich Polyxena ausmalt, „um die Raserei ihrer Brunst noch zu steigern". Auf diese Weise werden ihm Gescheh-

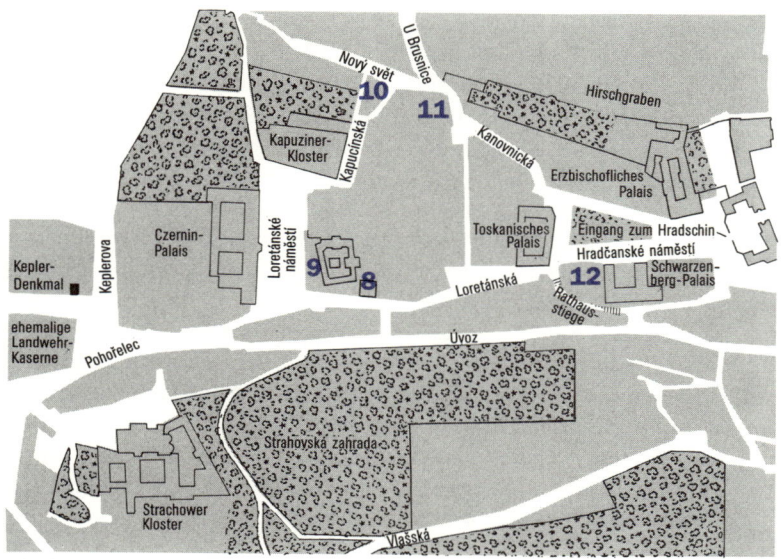

8 St. Barbara-Kapelle
9 Maria-Loretto
10 Nr. 7/79: Haus der „böhmischen Liesel"

11 Nr. 1/76: Haus „Zum goldenen Greif"
12 Nr. 4/183: St. Benedikt-Kirche

nisse lebendig, die, wie es im Text weiter heißt, in einer „kleinen Kapelle" auf dem Hradschin dargestellt seien, und zwar auf einem Gemälde und einer Steintafel, deren Text aus einer alten Chronik stamme. Meyrink führt ihn wörtlich an:

„Nun war dem einen Ritter von denen, die man auf Pfähle gesteckt, namens Borivoj Chlavec, der Pfahl neben der Achsel hinausgegangen und der Kopf unverletzt blieben; dieser betete mit großer Andacht bis an den Abend, und des Nachts brach ihm der Pfahl entzwei, zunächst am Hintern, so ging er mit dem anderen Teil, so in ihm steckte, bis auf den Hradschin und legte sich auf einen Misthaufen. Des Morgens stand er auf und ging in das Haus neben der Kirchen St. Benedicti, ließ ihm einen Priester aus der Priesterschaft der Prager Schloßkirchen holen und beichtete unserem Herrn Gott in seiner Gegenwart seine Sünde mit großer Andacht, und meldete darneben, daß er ohne Beicht und Empfangnuß des hochwürdigen Sakraments, wie es von der christlichen Kirchen unter einerlei Gestalt geordnet, keineswegs sterben könnte, darum er aus dem Glauben diesen Gebrauch gehalten, daß er alle Tage Gott dem Allmächtigen zu Ehren ein Ave Maria, und der heiligen Jungfrau zu Ehren hätt ein kurzes Gebetlein täglich versprochen und sey also bis auf die Zeit des Vertrauens gewesen, daß er durch dieses Gebetlein und der heiligen Jungfrau Vorbitt, ohne Empfahung des hochwürdigen Abendmahles nicht sterben werde.

Der Priester sprach: Lieber Sohn, sage mir dasselbe Gebet, er fing an und sprach: Allmächtiger Herr Gott, ich bitte, du wollest mich der St. Barbara, deiner Märtyrin, Vorbitt genießen lassen, auf daß ich dem schnellen Tode entgehe, und vor meinem Ende mit dem hochwürdigen Sakrament versehen, auch vor allen meinen Feinden, sichtbaren und auch unsichtbaren, beschützt, vor den bösen Geistern bewahret, und endlich zu dem ewigen Leben gebracht werden möchte, durch Christus unseren Heiland und Seligmacher, Amen.

Nach diesem ward ihme vom Priester das hochwürdige Sakrament gereicht, und ist desselben Tages gestorben und bei der Kirchen St. Benedicti mit viel Volks Beweinen begraben worden. "

(Gustav Meyrink, Walpurgisnacht, S. 78–80)

Es ist sein eigenes Schicksal, das Ottokar hier in prophetischer Vorwegnahme erlebt. Nach dem von Meyrink in seinem Roman propagierten Gesetz der Magie verschmelzen gleiche Größen miteinander, auch wenn sie durch Raum und Zeit voneinander getrennt sind. Die Wahrsagerin, die Ottokar in der *Nový svět* besucht, erklärt Polyxena zur Blutsaugerin und ihn selbst zum unehelichen Sohn der Gräfin Zahradka, beide aber zu Abkömmlingen Bořiwojs (S. 51–55), also späte Verkörperungen des mittelalterlichen Přemysliden-Geschlechts, dessen geschichtliche Spur vom Blut des Verwandtenmordes beschmutzt war. So erfaßt Polyxena und Ottokar eine wilde, unnatürliche Liebe „wie ein teuflischer Wirbelwind", „erschaffen aus den plötzlich erwachten gespenstischen Schwaden der jahrhundertelang zu Bildern erstarrten Vorfahren einer leidenschaftverzehrten Ahnenreihe" (S. 76).

Tatsächlich ist die von Meyrink angeführte mittelalterliche Legende auf einem allerdings schwer beschädigten Gemälde dargestellt, das sich in der St. Barbara-Kapelle befindet. Die Steintafel existiert freilich nicht, vielmehr hat Meyrink das Zitat der 1541 erschienenen „Böhmischen Chronik" entnommen.

Loretánské náměstí (Loretto-Platz)

Nach links weitergehend, gelangt man auf das sich rechter Hand öffnende *Loretánské náměstí,* das vom Czernin-Palais und der Wallfahrtsstätte Maria-Loretto beherrscht wird.

9. Maria-Loretto (Loreta)

Der Ausgang der Schlacht am Weißen Berge führte in Böhmen zu einer Intensivierung des Marienkults, weil man der Gottesmutter den Sieg über die Protestanten zuschrieb. Im Gefolge der Gegenreformation wurde in den Jahren 1626–1631 nach dem Vorbild des von Bramante geschaffenen Baus in Loreta (Provinz Ancona) die „Casa Santa" errichtet, deren Inneres eine Nachbildung des Hauses darstellt, in dem die heilige Familie in Nazareth gewohnt hatte. Die beiden jeweils in der Mitte des für Prozessionen bestimmten Um-

Maria-Loretto (um 1900)

gangs liegenden Kapellen erhielten im ersten Drittel des 18. Jahrhundert ihre heutige Gestalt, in dem auch die Christi-Geburts-Kirche erbaut wurde.

Die kunstgeschichtlich bedeutsame Fassade des Heiligtums (1721–1725) wurde von Christoph Dientzenhofer und seinem Sohn Kilian Ignaz Dientzenhofer (1689–1751) geschaffen. Von besonderer Anziehungskraft ist seit jeher das 1694 eingebaute Glockenspiel im Turm des Heiligtums, das zu jeder vollen Stunde Marienlieder erklingen läßt und mehrfach Gegenstand literarischer Darstellung geworden ist. Angeführt sei die entsprechende Passage aus der „Walpurgisnacht". Der Student Ottokar Vondrejc kommt auf seinem Weg von der *Nový svět* zur *Thunovská*, auf dem wir ihm schon begegnet sind, am Loretto-Heiligtum vorbei:

Er war kaum des alten im Abendrot träumenden Kapuzinerklosters, an dem er auf seinem Wege zum Palais der Gräfin Zahradka vorbei mußte, ansichtig geworden, da erklang dicht nebenan, als wolle es ihn begrüßen, gleich einem zauberhaften Orchester von Äolsharfen, das ehrwürdige Glockenspiel der St.-Loretto-Kapelle und zog ihn in seinen magischen Bann.

Eingehüllt von melodisch schwingenden Luftwellen, die ihn umfingen – getränkt von Blütenhauch aus den verborgenen nahen Gärten – wie der unendlich weiche liebkosende Schleier einer unsichtbaren Himmelswelt, blieb er ergriffen stehen und lauschte, bis es ihm schien, als mischten sich die Töne eines alten Kirchenliedes darein, gesungen von tausend fernen Stimmen. Und wie er horchte, da war es, als käme es aus seinem Innern – dann wieder, als schwebten die Klänge ihm zu Häupten, um echogleich in den Wolken zu ersterben – bald so nahe, daß er glaubte, die lateinischen Worte der Psalmodie zu verstehen, bald – verschlungen vom hallenden Dröhnen aus dem erzenen Munde der Glocken – nur noch in leisen Akkorden, wie aus unterirdischen Kreuzgängen herauf.

(Gustav Meyrink, Walpurgisnacht, S. 55 f.)

Nový svět (Neue Welt)

Zwischen Loretto-Heiligtum und dem die Nordseite des Platzes einnehmenden Kapuzinerkloster *(Nr. 6/93)* einen der drei Torbogen durchschreitend, gelangt man über die scharf nach links abbiegende *Kapucínská* in die *Nový svět*, die im letzten Jahrhundert ausschließlich von armen Leuten bewohnt war, heute aber ein beliebtes Domizil tschechischer Künstler geworden ist. Jan Neruda hat in seiner Erzählung „Eine Prager Idylle", die als Teil seiner „Bilder aus dem alten Prag" erschien, das Leben eines in der *Nový svět* lebenden Arbeiters beschrieben:

Er wohnt in der „Neuen Welt". Seine Wohnung liegt zwar nur im Erdgeschoß und besteht bloß aus einem Vorzimmer und einem kleinen Stübchen, ihn zu besuchen tut aber geradezu wohl. Wenn man die Tür zum Vorraum öffnet, hat man wirklich Angst weiterzutreten . . .,

Blick in
die Neue
Welt (1914)

denn der Fußboden ist spiegelblank, und man fürchtet sich, ihn schmutzig zu machen. Will man aber ins Stübchen treten, so rate ich jedem, die Schuhe gut abzustreifen, sonst läuft einem Herr Stránský mit dem Scheuerlappen nach, wie einem Kind mit der Windel. Ich war zweimal bei ihm. Einmal, um mir die alte Hájek-Chronik anzusehen, die er, obwohl sie nichts wert sei, nicht mal für dreißig Gulden in Silber hergeben würde, das andere Mal besuchte ich ihn, als man mir gesagt hatte, ihm wäre nicht wohl. In dem kleinen Zimmer sieht es aus wie in einem Schrank. Rechts neben der Tür hängt eine alte Wanduhr mit neuem Zifferblatt und daneben, etwas niedriger, ein zinnerner Weihwasserkessel. Beim einzigen Fenster steht ein Tisch mit grünem Wachstuch bezogen und darüber im Fenster zwei Käfige mit Stieglitzen; Herr Stránský hat Stieglitze lieber als Kanarienvögel, weil sie nicht so laut zwitschern. Um den Tisch stehen wohl vier Stühle. Weiter gibt es einen Wäschespind, mit einem doppelt gefalteten Tischtuch bedeckt, darauf stehen einige weiße und farbige, mit Goldstreifen verzierte Gläser, eine wertvolle Flasche, in der die ganze, aus Holz geschnitzte Kreuzigung des Heilands Platz gefunden hat und die so geschickt verkorkt ist, daß einem der Verstand stillsteht, wenn man daran denkt, wie jemand das alles in die Flasche hineinbekommen konnte; weiter ein mit Stroh verziertes Kruzifix aus Holz. Er berichtet, daß neben dem Kreuz früher auch noch kleine, schwarzbemalte Figürchen aus Brotteig gestanden hätten, aber die Küchenschaben haben sie aufgefressen. In der Nähe von Herrn Stránskýs Wohnung befindet sich nämlich ein Bäckerladen, und so hat Herr Stránský sein Kreuz mit den Kakerlaken. In der Mitte der Stube, über dem Wäschespind, hängt ein kleiner Spiegel in schwarzem Rahmen, den einige Heiligenbilder umgeben. Zwei gelbe Betten, hoch aufgebettet und mit einem bunten Überwurf bedeckt, und ein kleiner schwarzer Ofen vervollständigen die Einrichtung. All das hält Herr Stránský selbst in Ordnung, nur den Fußboden besorgt seine Frau, die zu ihm paßt wie ein Ei zum andern. Sie ist das echte Spiegelbild seiner Gewohnheiten und Ansichten, sie ist zwar nur seine Schülerin, aber eine gute. Herrn Stránskýs Frau ist von zarter Figur und kleiner Statur, dabei brünett wie ihr Herr Gemahl. Nein, sie ist nicht so schön wie Herr Stránský, aber dafür recht angenehm. Sie ist ein reinliches, geschmackvolles Frauchen wie aus Gips gegossen. Für einen Gulden im Monat und etwas Essen räumt sie bei einigen kleinen Beamten, die sich kein eigenes Dienstmädchen leisten können, auf. Für sie und ihren Mann genügt

das Essen, das sie bekommt, die Gulden bleiben für die Miete. Mit ihrem Gatten kommt sie gut aus und liebt ihn sehr. Nur eine Schwäche macht sie ihm zum Vorwurf, nämlich, daß er viel raucht und stark schnupft. Oft bittet sie ihn, wenigstens eins von beiden zu lassen. Doch wenn er nicht bei der Arbeit ist, muß er rauchen, damit er wenigstens eine Freude hat, und am meisten schnupft er bei der Arbeit, um so mehr, da man beim Schnupfen, wie er sich auszudrücken pflegt, über mancherlei spekulieren kann. Herr Stránský ist mit seiner Frau auch sehr zufrieden und liebt sie – nur einmal – nein, daran erinnert ihn keiner, der ihn nicht betrüben will, und er selbst erzählt auch nie etwas darüber. Kinder haben sie keine, sie hatten nur eins – doch ich sehe, daß ich immer an Dinge rühre, die Herr Stránský ungern hört, vielleicht werde ich gelegentlich etwas davon erzählen.
(Jan Neruda, Bilder aus dem alten Prag, S. 165–167)

10. Nr. 7/79: Haus der „böhmischen Liesel"

Reizvoll ist der Vergleich dieser Passage mit einer entsprechenden Beschreibung in Meyrinks „Walpurgisnacht", die teilweise ebenfalls in der *Nový svět* spielt. In dieser Gasse, im Haus Nr. 7, lebt nämlich die böhmische Liesel, die der Student Ottokar aufgesucht hatte, um von ihr seine Zukunft weissagen zu lassen.

Der kaiserliche Leibarzt Thaddäus Flugbeil, in der Meinung, die Wahrsagerin sei nicht zuhause, begibt sich zu ihrer Wohnung, um einen Schauspieler unter vier Augen zu sprechen, der dort als Untermieter Logis genommen hat. Ganz unerwartet trifft er dann dort auf die böhmische Liesel, mit der ihn vor Jahrzehnten ein inniges Liebesverhältnis verbunden hatte:

Die Gasse, genannt die „Neue Welt", bestand, wie der Herr kaiserliche Leibarzt eine Weile später – die Droschke mußte zurückbleiben, um peinliches Aufsehen zu vermeiden – Gelegenheit fand, sich zu überzeugen, aus etwa sieben getrennt voneinander stehenden Häuschen und dicht gegenüber einer halbkreisförmigen Mauer, deren oberer Rand mit einem fortlaufenden Fries aus mit Kreide zwar primitiv von Knabenhand gezeichneten, nichtsdestoweniger aber äußerst drastischen Anspielungen auf das Geschlechtsleben verziert war. Von ein paar Kindern abgesehen, die fröhlich kreischend in der knöcheltief mit weißem Kalkstaub bedeckten Gasse Kreisel drehten, war weit und breit kein menschliches Gesicht zu erblicken.

Von dem Hirschgraben[1], dessen Hänge mit blühenden Bäumen und Sträuchern übersät waren, wehte ein duftgetränkter Hauch von Jasmin und Flieder herauf, und in der Ferne träumte das Lustschloß[2] der Kaiserin Anna, von dem silberweißen Gischt der sprühenden Fontänen umgeben, mit seinem gebauchten, grünkupfernen Patinadach im Mittagslicht wie ein riesiger, glänzender Käfer.

Dem kaiserlichen Leibarzt schlug mit einemmal das Herz seltsam laut in der Brust. Die weiche erschlaffende Frühlingsluft, der betäubende Geruch der Blumen, die spielenden Kinder, das dunstig hellleuchtende Bild der Stadt zu seinen Füßen und der ragende Dom mit den in Scharen über ihren Nestern kreischenden Dohlen, alles erweckte in ihm wieder das dumpfe vorwurfsvolle Gefühl von heute morgen, er habe seine Seele um ein ganzes langes Leben betrogen.

Er sah eine Weile zu, wie sie die kleinen, grau-roten, kegelförmigen Kreisel unter den Schlägen der Peitschen drehten und Staubwölkchen emporwirbelten; er konnte sich nicht entsinnen, jemals als Kind dieses lustige Spiel getrieben zu haben – jetzt kam es ihm vor, als hätte er ein langes Dasein voll Glück dadurch versäumt.

Die offenen Flure der kleinen Häuser, in die er spähte, um die Wohnung des Schauspielers Zrcadlo zu erkunden, waren wie ausgestorben.

In dem einen stand ein leerer Bretterverschlag mit Glasfenstern, hinter denen wahrscheinlich in Friedenszeiten mit blauen Mohnkörnern bestreute Semmeln verkauft worden waren oder – wie ein ausgetrocknetes hölzernes Fäßchen verriet – saurer Gurkensaft gemäß der Landessitte: einen in dieser Flüssigkeit hängenden Lederriemen gegen Entgelt von einem Heller zweimal durch den Mund ziehen zu dürfen.

Vor einem andern Eingang hing ein schwarz-gelbes Blechschild mit einem zerkratzten Doppeladler darauf und den Fragmenten einer Inschrift, die besagte, es dürfe hier straflos Salz an Reflektanten abgegeben werden.

---

1 tschechisch *Jelení příkop*; die zwischen *Královská zahrada* (Kaisergarten) und Hradschin gelegene, bis zur Neuen Welt reichende Schlucht, die von Rudolf II. auch als Tiergehege benutzt wurde. (Vgl. S. 135)
2 das 1538–1558 auf Ferdinands I. Geheiß errichtete und für seine Gemahlin Anna erbaute Belvedere *(Belvedér)*, das Tycho de Brahe als Sternwarte diente und den zu Meyrinks Zeit durch achtzehn Fontänen belebten Kaisergarten im Osten begrenzt.

Aber alles das machte den betrüblichen Eindruck, als sei es längst nicht mehr wahr.

Auch ein Zettel mit großen, einst schwarzen Buchstaben: „Zde se mandluje", was soviel heißen sollte wie: „Hier dürfen Dienstmädchen gegen Vorausbezahlung von zwölf Kreuzern eine Stunde lang Wäsche mangen", war halb zerrissen und ließ deutlich ahnen, daß der Gründer dieses Unternehmens jegliches Vertrauen auf seine Erwerbsquelle eingebüßt haben mußte.

Allüberall hatte die erbarmungslose Faust der Kriegsfurie die Spuren ihrer zerstörenden Tätigkeit hinterlassen.

Aufs Geratewohl betrat der kaiserliche Leibarzt die letzte der Hütten, aus deren Schornstein ein dünner, langer Wurm graublauen Rauchs sich zum wolkenlosen Maienhimmel emporschlängelte, öffnete nach längerem, unbeantwortetem Klopfen eine Türe und sah sich – unliebsam überrascht – der „böhmischen Liesel" gegenüber, die, eine Holzschüssel mit Brotsuppe auf den Knien, ihn schon auf der Schwelle erkannte und mit dem herzlichen Ausruf: „Servus! Pinguin! Ja, du bist's?!" willkommen hieß.

Die Stube, gleichzeitig Küche, Wohnzimmer und auch Schlafraum – nach einer Lagerstätte aus alten Lumpen, Strohknödeln und zerknülltem Zeitungspapier in der Ecke zu schließen –, war unendlich schmutzig und vernachlässigt. Alles – Tisch, Stühle, Kommode, Geschirr – stand wild durcheinander; aufgeräumt sah eigentlich nur die „böhmische Liesel" selbst aus, da ihr der unvermutete Besuch offenbar große Freude bereitete.

An den zerfetzten pompejanischroten Tapeten hing eine Tapete morscher Lorbeerkränze mit blaßblauen, verwaschenen Seidenschärpen, darauf allerhand Huldigungen, wie „Der großen Künstlerin" usw., zu lesen waren, und daneben eine bändergeschmückte Mandoline.

Mit der selbstverständlichen Gelassenheit einer Dame von Welt blieb die „böhmische Liesel" ruhig sitzen und streckte nur, geziert lächelnd, die Hand aus, die der Herr kaiserliche Leibarzt, blutrot vor Verlegenheit, zwar ergriff und drückte, aber zu küssen vermied.

(Gustav Meyrink, Walpurgisnacht, S. 35–38)

11. Nr. 1/76: Haus „Zum goldenen Greif"
(dům „U zlatého noha")

Am östlichen Ende der *Nový svět* liegt das Haus „Zum goldenen Greif", in dem der dänische Astronom Tycho de Brahe gewohnt haben soll, als er, einem Ruf Rudolfs II. folgend, nach Prag kam. An seiner Fassade findet sich eine Gedenktafel in tschechischer Sprache, die folgenden Wortlaut hat: „1901 wurde an diesem Haus, seit jeher ‚Zum goldenen Greif' genannt, auf Kosten der Prager Gemeinde eine Gedenktafel zu Ehren des berühmten Dänen Tycho de Brahe, kaiserlichen Mathematikus und Astronomen, angebracht, der im Jahr 1600 in diesem Haus weilte und am 27. Oktober 1601 in einem nicht weit von hier gelegenen Hause, das einst auf der Stelle des jetzigen Czernin-Palais stand, gestorben und im Dom der Mutter Gottes vor dem Tein begraben wurde." (Vgl. auch S. 107 und 169)

Vermutlich hat sich Max Brod von dieser Tafel oder der ihr zugrunde liegenden Überlieferung inspirieren und die Titelgestalt seines Romans „Tycho Brahes Weg zu Gott", der wir bald bei einer kaiserlichen Audienz auf dem Hradschin begegnen werden, in diesem Gebäude absteigen lassen. Tatsächlich aber hat der dänische Astronom weder hier gewohnt, noch ist er in dem von der Tafel erwähnten Gebäude gestorben. Vielmehr hat er sich in einem heute nicht mehr erhaltenen Haus neben der ehemaligen „Landwehrkaserne" auf dem *Pohořelec* aufgehalten, in dem auch Johannes Kepler eine Zeitlang lebte.

Hradčanské náměstí (Hradschiner Platz)

Über die *Kanovnická* (Domherrengasse) gelangt man auf das *Hradčanské náměstí*. Rechter Hand und fast dessen ganze Westseite einnehmend, erhebt sich das Toskanische Palais *(palác Toskánský) (Nr. 5/182)*. Links, am Ende der alten Häuserzeile an der Nordseite, das Erzbischöfliche Palais *(palác Arcibiskupský) (Nr. 16/56)*, an der sich anschließenden Ostseite der Hradschin mit dem ihm vorgelagerten Ersten Burghof. Die Südseite des Platzes wird beherrscht vom Schwarzenberg-Palais *(palác Schwarzenberský) (Nr. 2/185)*. Rechts davon das langgestreckte, zweistöckige, weiße Gebäude des Karmeliterinnen-Klosters *(klášter karmelitek) (Nr. 3/184)* mit seiner an der Ecke zum *Radnické schody* (Rathausstiege) liegenden Kirche.

12. Nr. 4/183: St. Benedikt-Kirche
(kostel svatého Benedikta)

Der Gebäudekomplex kam Ende des 18. Jahrhunderts an die Karmeliterinnen, gehörte aber zuvor dem Orden der Barnabiterinnen, dessen Schicksal Rilke in seine Erzählung „König Bohusch" verwoben hat: Die Prinzessin Aglaja aus dem Palais Thun-Hohenstein, Gespielin des Portierssohns während der Kindheit, entsagt der Welt und wird als jugendliche Schönheit dem schrecklichsten aller Klöster zugeführt:

Der Platz vor der königlichen Burg in Prag sieht trotz der ärmlichen Allee, welche ihn überquert, sehr vornehm aus. Das macht: er ist ganz von Palästen umrahmt. Am mächtigsten wirkt die breite Stirne der alten Königsburg mit dem großen weißen Vorplatz, hinter dessen barocken Gittern der unermüdliche Wachposten auf und ab pendelt. Das Stammhaus des Fürsten von Schwarzenberg und ein anderes, etwas langweiliges Gebäude schauen wie in steter Verbeugung begriffen herüber, und zur Rechten des Schlosses wacht in etwas protziger Pose der neugestrichene Palast des Erzbischofs über die kleinen Wohnhäu-

Karmeliterinnen-Kloster mit Kirche St. Benedikt (um 1900)

ser der Prälaten und Domherrn, die sich nahe an ihren mächtigen Patron heranschmeicheln. An einer Ecke nur, zu seiten der Burg, wo die Schloßstiege und die steile Spornergasse münden, ist eine Lücke geblieben, und tief drinnen liegt in herrlichen Panoramen, zwischen den Laurenziberg und das Belvedere gedrängt – Prag – dieses reiche, riesige Epos der Baukunst. Voll Licht und Leben spannt es sich aus vor den Augen des Hradschin, und zu seinen alten fügen sich immer würdig neue, glänzende Strophen. Am anderen Ende der Häuserreihe, die einerseits durch diesen lichten Lugaus begrenzt erscheint, liegt ein armes, einstöckiges altes Gebäude, das tagaus tagein dasteht mit den Händen vor den Augen und nichts schauen will von der nahen Pracht. Die Kinder der ganzen Umgebung gehen mit scheuem Schauern an seinem ernsten Schweigen vorbei, und lassen sie sich mal von diesem Hause erzählen, so schlafen sie wohl die ganze Nacht nicht, oder sie haben heiße Träume, in denen blasse Nonnen seltsame Dinge tun. Freilich, das mußte der jungen Phantasie aber auch Flügel geben, zu hören, daß die Barnabiterinnen, welche für immer in diesen grausamen Mauern ihr stummes Sterben leben, auch untereinander nie ein Wort tauschen, und sich nicht einmal so viel Sonne schenken dürfen, als Eine in dem Auge der Anderen finden kann; daß sie ihre, von bangen Gebeten zerrissene Nacht in den Brettersärgen überstehen mußten, in denen man sie endlich – wohl nicht in zu langer Zeit – in das Stück Erde legte, das im Innersten der dunklen Wände sein sollte und zu dem gewiß niemals der Frühling fand. Der Bruderorden dieser Barnabas-Büßer ist längst ausgestorben. Die halbzerfallenen Schädel der beiden letzten Genossen liegen auf einem Steinaltar in den vergessenen Gruftkatakomben von Santa Maria della Victoria und genießen die gebetlose Ruhe des Vermoderns. Aber die Schwestern sind viel zäher im Leiden. Als vor etwa fünfzehn Jahren zum letztenmal die rostige Rast der Türangeln gestört wurde, da wollten weißhaarige Leute aus der Nähe, Betschwestern mit nicht ganz zuverlässigem Gedächtnis – wollten wissen, daß zu den sieben noch lebenden Schwestern eine achte hinzugekommen sei – aber das waren doch nur ziemlich haltlose Vermutungen. Wohl aber hatten auch jüngere und scharfsichtigere Menschen in den Wagen geschaut, welcher das neue Opfer brachte, und diese beschworen, daß dies ein ganz junges Mädchen von unbeschreiblicher Schönheit und Vornehmheit gewesen sei, und sagten, es sei sündhaft, diese Fülle seltener Anmut in dem schrecklichsten aller Klöster verwelken zu lassen. Und sie sagten noch manches; das Manche aber war Geschwätz, das sich auf die Gründe bezog, welche diesen frühen Lebensabschied hervorgerufen haben mochten; da baute man große romantische Geschichten auf, die verschiedensten Dolche blitzten in den unterschiedlichsten bengalischen Feuern, und die dämonischsten Prinzen aller Ammenmärchen sogen Lebensmöglichkeit aus diesen Vermutungen. Man wußte natürlich gewiß, daß irgend ein lautes und fürchterliches Ereignis hinter diesem Entsagen stünde, und vergaß wie immer, daß es vielleicht ein ganz leises Erleiden, eine jener tiefen, lautlosen Enttäuschungen gewesen sein konnte, welche den zartesten Seelen die dunkelgewußte Gewißheit geben, daß Gipfel und Abgründe des Erlebens vorüber sind, und daß nun die weite, weite Ebene mit den kleinen Gräben und lächerlichen Hügeln beginnen würde, durch die zu wandern so müde macht. Das schöne müde Kind kam aus dem hohen finstern Fürstenhaus in der Spornergasse, in dem auch Bohusch seine scheuen Knabenspiele spielte, und der Tag, an welchem der geschlossene Wagen die Prinzessin Aglaja ihrer neuen einsamen Heimat zuführte, war auch für ihn, den damals Halbreifen, ein Abschnitt. Eigentlich konnte er sich gar nicht vorstellen, wie die Prinzessin zu jener Zeit aussah; er trug in seinem Innern ihr Bild aus den Tagen, da ihr goldenes Lachen wie eine verirrte Schwalbe durch die ernsten Hallen flatterte und sich endlich, der steifen und entsetzten Engländerin zum Trotz, in den freien Weiten des rauschenden Parkes verlor. Dort begegneten die beiden Kinder einander ziemlich oft und schwatzten und scherzten und haschten einander, wie es eben Kinder tun, die einen Zwang losgeworden sind: Aglaja ihre Gouvernante und Bohusch seine stille, treue Traurigkeit. Es folgten dann Jahre, in welchen der Portierssohn die inzwischen Dame gewordene Gespielin nicht sah, und so kam es, daß er in seinem Erinnern den Tag ihres Entsagens hart an jene Stunden jubelnden Kindseins schob und den Effekt empfand, als würde einmal der glänzendste Tag in die allertiefste Nacht, der reichste Sommer in den trostlosesten Wintertag verändert – ohne Übergang. Er stand vor einem Geschehen, dessen Rücksichtslosigkeit ihn schreckte und dessen Bedeutung geeignet war, ihm für immer die Meinung zu nehmen, daß Reiche und Bevorzugte gleichsam die Verbündeten des Schicksals sind, das nur dem armen Teufel feindlich und gehässig begegnet. Ein ganzes Bündel Vorurteile fiel ihm damals mit einem Male aus den Händen, etwas von einer Weltanschauung, von einer Religion wurde ihm geschenkt, Keime, welche in ihm hätten reifen können und vielleicht auch aus ihm heraus, wenn

er mutiger gewesen wäre. Aber was Taten hätten werden können, die aus einem starken Körper frei und festlich herauswachsen, wurden bunte, seltsame Träume in dem armen Buckligen, scheue Schwärmereien, welche eine immer kleinere Welt betrafen und endlich nur eine schmale Gloriole waren um das Bild der Prinzessin. Seine hilflose Dankbarkeit schmückte dieses Bild so lange, bis aus dem lachenden, lieben Kinde eine bleiche, heimliche Geliebte und aus der Geliebten eine verehrte Heilige wurde, welche der Jungfrau Maria sehr ähnlich sah und ganz darin aufging, die seltenen Wünsche des Bohusch anzuhören und alle mächtigen Eigenschaften, welche seine unermüdliche Phantasie ihr zuschrieb, geduldig anzunehmen. Und wie viel hatte der Bohusch dadurch vor allen übrigen Gläubigen voraus, daß seine Heilige, wenngleich aller Welt unerreichbar, dennoch lebte und von ihm wußte als von einem Mitwisser ihrer Kindheit, welche sie als einziges Juwel in die ewigen Mauern doch mitgenommen haben mußte.
(Rainer Maria Rilke, Zwei Prager Geschichten, S. 38–43)

Hradčany (Hradschin)

Die Prager Burg hat ihren mittelalterlichen Charakter durch Umbaumaßnahmen in der zweiten Hälfte des 18. Jahrhundert weitgehend eingebüßt. Damals entstand der sogenannte Ehrenhof (Erster Hof) mit den ihn umschließenden Bauten, die sich an der Südfront bis zu der Stelle fortsetzen, an welcher der ehemalige Königspalast mit dem sogenannten Ludwigstrakt gegen den Abhang vorspringt. Über das ehemals zur Befestigungsanlage gehörige Matthias-Tor von 1614, das sich in diesem Teil der Burg als einziges Überbleibsel der älteren Anlage erhalten hat, gelangt man in den Zweiten Burghof, in dessen Mitte sich ein Brunnen von 1686 erhebt.

13. Kunstkammer Rudolfs II.

In dem Gebäudekomplex, der die Nordwestecke des Platzes begrenzt (heute Gemäldegalerie der Prager Burg), befinden sich der 1865–1868 im Neubarock umgestaltete Spanische Saal und der „Neue Saal" (früher „Deutscher Saal" oder „Rudolfsgalerie" genannt). Beide Räume wurden von Kaiser Rudolf II. errichtet und nahmen seine berühmte Kunstsammlung auf, von der sich nur wenige Stücke erhalten haben.

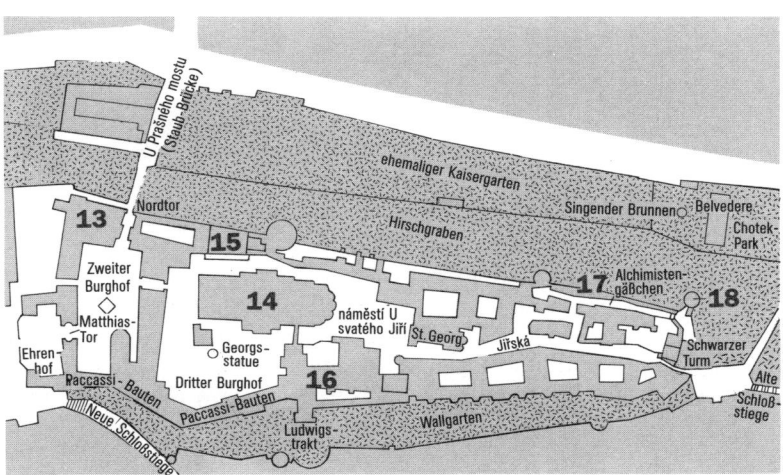

13 Kunstkammer Rudolfs II. 16 Königspalast
14 Veitsdom 17 Nr. 20/22: Kafkas Häuschen
15 Nr. 6/39: Restaurant „Vikárka" 18 Hungerturm

Rudolf II., 1575 König von Böhmen, ein Jahr später Kaiser des Heiligen Römischen Reiches Deutscher Nation geworden, ließ seit 1582 den Hradschin als Residenz ausbauen. Unter seiner Regierungszeit wurde Prag zu einem blühenden Zentrum von Kunst und Wissenschaft. 1599 kam Tycho de Brahe als Hofastronom, ein Jahr später folgte ihm Kepler als Assistent. Der vom Hof ausgehende Glanz, Rudolfs Sammlerstolz, sein melancholisches Wesen und sein Hang zu Alchimie und Astrologie machten das von ihm geprägte Zeitalter bald zu einem verlockenden Sujet literarischer Darstellung.

In seinem Roman „Tycho Brahes Weg zu Gott" (1915), dessen beide letzten Kapitel auf dem Hradschin spielen, läßt Max Brod Rudolf II. gegen die historische Wahrheit in dem eben erwähnten, durch das Nordtor getrennten Gebäudekomplex an der Nordostseite des Platzes wohnen, „da er in seiner Menschenscheu selbst den Anblick der Stadt und das aus dem weiten Talkessel emporsteigende Gesumme verabscheute". (S. 375)

Tycho kommt von seiner Wohnung in der *Nový svět* zur Audienz. Er wird von Rudolf II. in ein Gespräch verwickelt, in dessen Verlauf die beiden den Neuen Saal mit seinen Sammlungen von Kunstwerken und Kuriosa betreten:

Sie befanden sich in der berühmten kaiserlichen „Kunstkammer",
die ein Fremder nie zu sehen bekam. Hier erst wich der starre Ausdruck aus dem Antlitz des Herrschers, er hatte nun die zufriedene
Haltung des Sammlers, der seine Schätze zeigt. Mit Muße erklärte er,
als warteten nicht Minister und Gesuchsteller draußen, die deutschen,
niederländischen und welschen Gemälde, die bis an die Decke hinauf,
selbst längs der Pfeiler und Säulen, zum Teil auch über die Fenster hinweg aufgehängt waren. Und in zahllosen Vitrinen unten drängten sich
wie Schaum kostbare Kristallbecher, Perlen, Silberschalen. Der sogenannte deutsche Saal, ursprünglich zu Ballfesten bestimmt, war ebenfalls ganz mit Kunstgegenständen und Kuriositäten angefüllt; selbst in
den Korridoren und Stiegengängen strahlte Poliertes, Gedrechseltes,
Getriebenes, Mosaik und Elfenbein, ausgestopfte Kolibripracht und
Pelzwerk durcheinander, so daß einem das stumme Gleißen zum
Schluß wie lautes Stimmengewirr um die Ohren sauste. – „Nein, Gott
ist wirklich nicht allmächtig", ging es dabei durch Tychos Kopf, den
diese unbeherrschbaren Zusammenhäufungen an das Chaos der Welt
gemahnte. Auch dem Kaiser schien es inmitten seiner Kostbarkeiten,
die er vielleicht schon lange nicht in ihrer Masse überblickt hatte,
bange zu werden. Er schüttelte den Kopf, wie ermattet, und ging bald
still längs der Schaustücke weiter, ohne Kraft, bei einem einzelnen zu
verweilen. All dies war danach angetan, in Tychos taumelhaft empörten Sinnen das Ineinanderspielen von kaiserlicher und oberster Welt-
herrschaft zu fördern, so daß er endlich, einen Zweifel aussprechend,
der sein ganzes Forscherleben bezeichnete, demütig, doch ganz un-
zeremoniell fragte: „Majestät, ist ein Gesetz in all dem oder keines?"

Der Kaiser blieb stehen: „Ihr fragt nach dem Gesetz, das ich beim
Sammeln einhalte? Das haben schon manche gefragt und nicht jedem
konnte ich antworten. Ich weiß auch, daß es manchem da draußen
nicht billig scheint, wie ich nur für diese Dinge hier lebe und ihre Zän-
kereien verabscheue . . ."

„O man vergleicht Euch den Fürsten Medici in Florenz, den Gön-
nern der Künste", warf Tycho in ehrlicher Bewunderung ein. Er verstand den Mann, durch dessen hoheitsvolle, beherrschte Stimme ein
unfaßbares Gefühl von Schwäche zitterte.

Rudolf aber wehrte heftig ab: „Nein, Medici nicht! Die waren
weltlich und fanden schon im Leben einen Sinn, den ihre Kunst nur
schmücken sollte. Ich aber versperre meine Kunst, ich halte sie rein,
denn ich habe im Leben keinen Sinn gefunden, nichts, was man

schmücken und ehren sollte. Muß ich Euch an Euer Wappen erinnern, Meister Brahe: Nicht Macht, noch Reichtum, nur der Künste Zepter! – Etliche kommen zwar mit ihren religiösen Anliegen und stellen die über alles. Lug und Trug! Ich kenne meine Stände. Ihnen ist die Gewissensfreiheit ein Vorwand, um viel gröbere Freiheiten zu erzwingen, die Geldeswert haben, sie vermischen den heiligen Geist und ihren Kehricht. Ich aber", und nun erhob der Kaiser das Haupt, „ich suche die Vollkommenheit in diesen Steinen und Metallen und auf bemaltem Linnen, wie Ihr sie in den Sternen sucht. Es gibt nur eines, um dessentwillen es sich lohnt zu leben: das Vollkommene . . . Da habt Ihr das Gesetz, nach dem ich sammle."
(Max Brod, Tycho Brahes Weg zu Gott, S. 394–397)

Hinweis: Der harte Kern der Kafka-Verehrer wird nicht versäumen, einen Abstecher zum nahegelegenen Belvedere und dem davor gelegenen Singenden Brunnen zu machen. Denn der sich östlich des Lustschlosses erstreckende Chotek-Park *(Chotkovy sady)* war für Kafka der schönste Ort in Prag, in dem er sich besonders während des Ersten Weltkriegs oft aufgehalten hat.

Nachdem man die Passage zum Dritten Burghof durchschritten hat, steht man vor der Westfassade des Veitsdoms *(chrám svatého Víta)*. Rechter Hand, verdeckt durch die sich an seiner Südflanke erhebende Alte Probstei, das gotische Reiterstandbild des hl. Georg aus dem Jahr 1373.

14. Veitsdom (chrám svatého Víta)
Der 1344 begonnene, von Karl IV. (1346–1378) und seinen Nachfolgern fortgeführte spätgotische Dom ist vor allem ein Werk von Peter Parler (1352–1399) und seinen Söhnen, das freilich erst 1929 vollendet wurde.

Wenzelskapelle: Nachdem man den Dom betreten hat, geht man im rechten Seitenschiff am Südturm vorbei bis zum Südportal, an das sich chorwärts die von Peter Parler geschaffene Wenzelskapelle *(kaple Svatováclavská)* anschließt, die von Karl IV. in Auftrag gegeben wurde, um das Grab des hl. Wenzel aufzunehmen. Ihre Wände sind mit über tausend ungewöhnlich großen Halbedelsteinen (Japis, Amethyst, Karneol, Achat und Smaragd), Goldplättchen und einem aus dem Anfang des 16. Jahrhunderts stammenden Freskenzyklus geschmückt, der in zwei übereinander stehenden Bildreihen dem Namensgeber der Kapelle huldigt. Der hl. Wenzel wurde 929 in Altbunzlau (Stará Boleslav) von seinem Bruder Boleslaw ermordet, nach der Volksüberlieferung in dem Augenblick, in dem er schutzsuchend den Türklopfer der dortigen Cosmas-und-Damian-Kirche ergriffen hatte. Der vom Maul eines Löwen gehaltene Ring wurde am Anfang des 14. Jahrhunderts am Nordportal der Wenzelskapelle angebracht. (Adolf Wenig/Josef Sudek, Náš Hrad, S. 77)

In Meyrinks „Walpurgisnacht" wird dieser Sachverhalt erwähnt. Die Komtessa Polyxena, der wir gleich beim Hungerturm noch einmal begegnen werden, hat in einer Ahnengalerie das Porträt ihrer Ururgroßmutter Polyxena Lambua entdeckt und als „die vorbestimmte Matrize" erkannt, „in die ihre Seele hineinwachsen mußte mit jeder Faser und Zelle, bis auch die kleinste Vertiefung der Form von ihr ausgefüllt sein würde" (S. 113). Sie erscheint also als Wiederverkörperung der Gräfin, einer Gattenmörderin, die sie an die Schauplätze jahrhundertealter Verbrechen treibt:

Was der Weise mit dem Tier gemeinsam hat: niemals Reue zu empfinden über irgendwelche vollbrachte Tat – das kam auch über sie, als das Blut in ihr den Sieg davongetragen hatte:

Die Unschuld des Weisen und die Unschuld des Tieres machten das Gewissen verstummen.

Tags darauf schon war sie zur Beichte gegangen mit klarer Erinnerung an das, was man sie im Kloster gelehrt hatte: Daß sie tot umfallen werde, wenn sie eine Sünde verschweige.

Und sie hatte tief im Innersten gewußt: Sie werde verschweigen und trotzdem lebend stehenbleiben. Und sie hatte recht behalten und dennoch – geirrt: Das, was bis dahin als ihr „Selbst" geschienen, war tot umgefallen; aber ein anderes „Selbst" – das, das dem Bilde ihrer Urahne entsprach – nahm im selben Augenblick die Stelle des ersten ein.

Es ist nicht Zufall oder blinde Willkür, daß der Mensch die Aufeinanderfolge seiner Geschlechter mit dem Namen „Stammbaum" bezeichnet, es ist in Wahrheit der „Stamm" eines „Baumes", der nach langem Winterschlaf und nach soundso oft wechselnder Färbung seiner Blätter immer und immer wieder ein und dieselben Zweige treibt:

Die tote Polyxena im Bilderzimmer war lebendig geworden und die lebendige tot umgefallen – sie lösten einander ab, und jede blieb schuldlos; die eine verschwieg in der Beichte, was die andere hatte begehen müssen. Und jeder neue Tag lockte neue Knospen aus dem jungen Zweig des alten Baumes – neue und doch uralte, wie sie der „Stammbaum" von je hervorzubringen gewohnt war: In Polyxena verschmolz Liebe und Blut zu einem einzigen unzertrennbaren Begriff.

Von einer süßen, wollüstigen Begierde gepeitscht, die die Greise und Greisinnen ihrer Umgebung für überspannten Wissenstrieb hielten, wandelte sie von da an auf dem Hradschin umher, von einer historischen Stätte, auf der Blut vergossen worden war, zur andern, von einem Märtyrerbild zum andern; – jeder graue, verwitterte Stein, an dem sie früher achtlos vorübergegangen war, erzählte ihr von Blutvergießen und Folterqual, aus jedem Fußbreit Erde hauchte der rötliche Dampf; wenn sie den erzenen Ring an der Kapellentür anfaßte, an den sich König Wenzel angeklammert gehalten, bevor ihn sein Bruder erschlug, durchrieselte sie die Todesangst, die an dem Metall klebte, aber: verwandelt in glühheiße, rasende Brunst.

Der ganze Hradschin mit seinen schweigsamen, erstarrten Bauten war für sie ein redender Mund geworden, der ihr mit hundert lebendigen Zungen immer neue Begebnisse des Schreckens und Entsetzens aus seiner Vergangenheit zuzuflüstern wußte.

(Gustav Meyrink, Walpurgisnacht, S. 114 f.)

Chor: Man geht an der Wenzelskapelle und der östlich davon liegenden Andreas- oder Martinitz-Kapelle *(kaple svatého Ondřeje či Martinická)* vorbei und biegt dann an der Seilabsperrung, die jetzt dem Touristen den Zugang zum Chorumgang zu verwehren pflegt, nach links ein, wo man auf der Bank vor der Königsgruft Platz nimmt. Das von einem schmiedeeisernen Gitter (Prager Arbeit von 1589) umgebene Mausoleum zeigt Reliefs mit den Brustbildern jener Verstorbenen, die in der darunter liegenden Krypta bestattet sind: Es sind unter anderem Karl IV. mit seinen vier Frauen, sein Sohn Wenzel IV. (1378–1419) und der Auftraggeber Rudolf II. (1576–1611).

Vor den Augen des Beschauers liegt der Hochchor mit den ihn umschließenden Kapellen, deren drei östliche von Karl IV. in Auftrag gegebene Grabmäler von sechs dem 11. bis 13. Jahrhundert zugehörigen Herrschern des Přemyslidengeschlechtes enthalten, die aus dem Vorgängerbau hierher umgebettet wurden. In der *Ernestus-Kapelle*

Veitsdom,
Blick auf den
Hochaltar
(um 1910)

(kaple svatého Jana Křtitele), die sich unmittelbar links von der auf der Hauptachse liegenden Marienkapelle befindet, steht der sogenannte Jerusalemer Leuchter *(jeruzalémský svícen),* der im Jahr 1162 von König Wladislaw I. von Mailand nach Prag gebracht und von Stifter im Schlußkapitel des „Witiko" erwähnt wird (vgl. S. 277).

Richtet man den Blick nach rechts, so beeindruckt zunächst das Wladislawsche Oratorium (1490–1493), eine in die vorletzte Kapelle des südlichen Chorumgangs eingebaute Königsempore, die durch einen Arkadengang mit dem ehemaligen Königspalast verbunden ist und dem Gebet des Herrschers vorbehalten war. Links daneben der silberne Reliquienaltar des hl. Johannes von Nepomuk *(náhrobek svatého Jana Nepomuckého).* Als Johannes von Nepomuk 1729 heilig gesprochen wurde, gab Karl VI. (1711–1740) den Auftrag zur Errichtung eines monumentalen Schreins, der 1736 vollendet wurde. 1771 wurde der große Baldachin mit den vier schwebenden Silberengeln hinzugefügt. Kafka erwähnt dieses Monument im „Dom"-Kapitel seines „Prozeß"-Romans, allerdings ohne es direkt beim Namen zu nennen. Der von einem ungreifbaren Gericht angeklagte Prokurist Josef K. hat sich im Dom mit einem italienischen Geschäftsfreund verabredet, dem er die Sehenswürdigkeiten des Doms zeigen soll. Als dieser nicht erscheint, trifft er bei einem Erkundungsgang durch den Dom einen Geistlichen, der ihn über den Stand des Verfahrens informiert und in diesem Zusammenhang das berühmte Prosastück „Vor dem Gesetz" erzählt. Während die beiden im dunklen Seitenschiff auf und ab gehen und die Geschichte zu deuten versuchen, verliert K. wegen der im Kirchenraum herrschenden Dunkelheit die Orientierung. Als er vor sich das silberne Standbild eines Heiligen bemerkt, das „nur mit dem Schein des Silbers" blinkt und „gleich wieder ins Dunkel" versinkt (S. 303), fragt er seinen Begleiter, ob man in der Nähe des Haupteingangs sei, und erhält zur Antwort, daß man sich im Gegenteil weit davon entfernt befinde.

Das für die Herstellung von Heiligenstatuen selten verwendete Material, der ungewöhnliche Standort mitten im Seitenschiff und fern des Hauptportals sowie schließlich das reflektierende Licht aus den hochgelegenen Fenstern, das eine beträchtliche Höhe des Monuments voraussetzt, lassen vermuten, daß Kafka bei der Niederschrift der Stelle den Nepomuk-Schrein vor seinem inneren Auge hatte. Weiterhin läßt das räumliche Arrangement im „Dom"-Kapitel den vorsichtigen Schluß zu, daß der Veitsdom zumindest eine der Vorlagen gebildet hat, von denen sich Kafka bei der Konzeption des Romans leiten ließ. Die im Text vorausgesetzte Dunkelheit, die Ausführung der detailreich beschriebenen Hauptkanzel und die Ausstattung der Seitenkapellen stimmen zwar so wenig zu dieser Vermutung wie die gewaltige Größe des Kircheninnern, die „gerade an der Grenze des für Menschen noch Erträglichen" liegt (S. 286), und dies gilt zumal dann, wenn man weiß, daß der Veitsdom Jahre nach Kafkas Tod sein heutiges Aussehen erhalten hat. Erst 1928 wurde die bisher zwischen Chor und dem 1903 vollendeten Längsschiff befindliche Notmauer entfernt. (Aus einer Tagebuchstelle vom 5. September 1911 ist erschließbar, daß Licht- und Größenverhältnisse in Anlehnung an den Mailänder Dom gestaltet sind, den Kafka damals besuchte.)

Andererseits fand Kafka im Prager Dom Gegebenheiten vor, die er dem Roman nutzbar machen konnte: So läßt sich das große Dreieck von Kerzenlichtern, das K. beim Betreten des Doms auf dem Hauptaltar bemerkt (S. 280), von dem heute verschwundenen, aber auf alten Photographien abgebildeten Hochaltar herleiten, der tatsächlich in Form eines Dreiecks gebildet war. (Vgl. die Abbildung S. 126) Weiterhin sind dem Veitsdom und Kafkas Darstellung der vor dem Hauptportal liegende enge Domplatz, die Dreischiffigkeit des Kirchenraums, die Lage der Hauptkanzel und ein mit Seitenbänken bestückter „Altarchor" gemeinsam, den K. vor sich hat, nachdem er auf der Suche nach dem Italiener das ganze Seitenschiff fast bis zur Höhe des Hauptaltars durchschritten und dann das Hauptschiff betreten hat. Wenn er sich, dort angekommen, mit dem Ellbogen an die vorderste Kirchenbank lehnt, befindet er sich genau an der Stelle wie der seinen Spuren nachwandernde, literarisch interessierte Spaziergänger.

Wenn sich K. in dieser Situation wundert, daß die Predigt, die er fälschlicherweise erwartet, nicht von der Orgel eingeleitet wird, die „nur schwach aus der Finsternis ihrer großen Höhe" blinkt, dann muß er das Instrument andeutungsweise über sich wahrgenommen haben, obwohl dies dem heutigen Betrachter unmöglich ist. Aber bis zum Jahr 1928 war die Orgel so über der schon erwähnten Notmauer angebracht, daß sie ein beträchtliches Stück in den Chor hereinragte, von K. also ausgemacht werden konnte, wenn er sich umdrehte.

Schließlich sei noch vermerkt, daß sich auch der im folgenden Textausschnitt beschriebene Fluchtversuch mit den vor dem Ersten Weltkrieg im Veitsdom herrschenden Gegebenheiten verträgt. Denn der breite „Hauptweg", über den K. dem freien, zwischen Bankreihen und Ausgang sich erstreckenden Raum zustrebt, war dort tatsächlich vorhanden: Historische Abbildungen des Kircheninnern zeigen, daß die Bankreihen damals zu beiden Seiten der Königsgruft Gehwege freiließen. Sie vereinigten sich dahinter zu einem fast deren gesamte Breite einnehmenden Gang, der sich am Ende des Chors in dem nicht mehr bestuhlten Teil des Längsschiffes fortsetzt.

Im Verlauf des „Dom"-Kapitels geht die Darstellung ins Unwirkliche über. Kafka versieht den linken der beiden vor der Königsempore befindlichen Pfeiler mit einer kleinen, aber bedeutungsschweren Kanzel, durch welche die schon erwähnte Begegnung mit dem Geistlichen hergestellt wird:

Als er in das Hauptschiff trat, um seinen Platz zu suchen, auf dem er das Album liegengelassen hatte, bemerkte er an einer Säule fast angrenzend an die Bänke des Altarchors eine kleine Nebenkanzel, ganz einfach aus kahlem bleichem Stein. Sie war so klein, daß sie aus der Ferne wie eine noch leere Nische erschien, die für die Aufnahme einer

Statue bestimmt war. Der Prediger konnte gewiß keinen vollen Schritt
von der Brüstung zurücktreten. Außerdem begann die steinerne Ein-
wölbung der Kanzel ungewöhnlich tief und stieg zwar ohne jeden
Schmuck aber derartig geschweift in die Höhe, daß ein mittelgroßer
Mann dort nicht aufrecht stehn konnte, sondern sich dauernd über die
Brüstung vorbeugen mußte. Das Ganze war wie zur Qual des Predi-
gers bestimmt, es war unverständlich wozu man diese Kanzel benötigte, da man doch die andere große und so kunstvoll geschmückte zur
Verfügung hatte.

K. wäre auch diese kleine Kanzel gewiß nicht aufgefallen, wenn
nicht oben eine Lampe befestigt gewesen wäre, wie man sie kurz vor
einer Predigt bereitzustellen pflegt. Sollte jetzt etwa eine Predigt statt-
finden? In der leeren Kirche? K. sah an der Treppe hinab, die an die
Säule sich anschmiegend zur Kanzel führte und so schmal war, als
solle sie nicht für Menschen, sondern nur zum Schmuck der Säule dienen. Aber unten an der Kanzel, K. lächelte vor Staunen, stand wirklich der Geistliche, hielt die Hand am Geländer, bereit aufzusteigen
und sah auf K. hin. Dann nickte er ganz leicht mit dem Kopf, worauf
K. sich bekreuzigte und verbeugte, was er schon früher hätte tun sollen. Der Geistliche gab sich einen kleinen Aufschwung und stieg mit
kurzen, schnellen Schritten die Kanzel hinauf. Sollte wirklich eine
Predigt beginnen? War vielleicht der Kirchendiener doch nicht so ganz
vom Verstand verlassen und hatte K. dem Prediger zutreiben wollen,
was allerdings in der leeren Kirche äußerst notwendig gewesen war.
Übrigens gab es ja noch irgendwo vor einem Marienbild ein altes
Weib, das auch hätte kommen sollen. Und wenn es schon eine Predigt
sein sollte, warum wurde sie nicht von der Orgel eingeleitet. Aber die
blieb still und blinkte nur schwach aus der Finsternis ihrer großen
Höhe.

K. dachte daran, ob er sich jetzt nicht eiligst entfernen sollte,
wenn er es jetzt nicht tat, war keine Aussicht, daß er es während der
Predigt tun könnte, er mußte dann bleiben, solange sie dauerte, im
Bureau verlor er so viel Zeit, auf den Italiener zu warten war er längst
nicht mehr verpflichtet, er sah auf seine Uhr, es war elf. Aber konnte
denn wirklich gepredigt werden? Konnte K. allein die Gemeinde darstellen? Wie, wenn er ein Fremder gewesen wäre, der nur die Kirche
besichtigen wollte? Im Grunde war er auch nichts anderes. Es war un-
sinnig daran zu denken daß gepredigt werden sollte, jetzt um elf Uhr,
an einem Werketag bei graulichstem Wetter. Der Geistliche – ein Geist-

licher war es zweifellos, ein junger Mann mit glattem dunklem Gesicht – gieng offenbar nur hinauf um die Lampe zu löschen, die irrtümlich angezündet worden war. Es war aber nicht so, der Geistliche prüfte vielmehr das Licht und schraubte es noch ein wenig auf, dann drehte er sich langsam der Brüstung zu, die er vorn an der kantigen Einfassung mit beiden Händen erfaßte. So stand er eine Zeitlang und blickte ohne den Kopf zu rühren umher. K. war ein großes Stück zurückgewichen und lehnte mit den Elbogen an der vordersten Kirchenbank. Mit unsichern Augen sah er irgendwo, ohne den Ort genau zu bestimmen, den Kirchendiener mit krummem Rücken friedlich wie nach beendeter Aufgabe sich zusammenkauern. Was für eine Stille herrschte jetzt im Dom! Aber K. mußte sie stören, er hatte nicht die Absicht hierzubleiben: wenn es die Pflicht des Geistlichen war zu einer bestimmten Stunde ohne Rücksicht auf die Umstände zu predigen, so mochte er es tun, es würde auch ohne K.'s Beistand gelingen, ebenso wie die Anwesenheit K.'s die Wirkung gewiß nicht steigern würde. Langsam setzte sich also K. in Gang, tastete sich auf den Fußspitzen an der Bank hin, kam dann in den breiten Hauptweg und gieng auch dort ganz ungestört, nur daß der steinerne Boden unter dem leisesten Schritt erklang und die Wölbungen schwach aber ununterbrochen, in vielfachem gesetzmäßigem Fortschreiten davon widerhallten. K. fühlte sich ein wenig verlassen, als er dort vom Geistlichen vielleicht beobachtet zwischen den leeren Bänken allein hindurchgieng, auch schien ihm die Größe des Doms gerade an der Grenze des für Menschen noch Erträglichen zu liegen. Als er zu seinem frühern Platz kam, haschte er förmlich ohne weitern Aufenthalt nach dem dort liegen gelassenen Album und nahm es an sich. Fast hatte er schon das Gebiet der Bänke verlassen und näherte sich dem freien Raum, der zwischen ihnen und dem Ausgang lag, als er zum ersten Mal die Stimme des Geistlichen hörte. Eine mächtige geübte Stimme. Wie durchdrang sie den zu ihrer Aufnahme bereiten Dom! Es war aber nicht die Gemeinde, die der Geistliche anrief, es war ganz eindeutig und es gab keine Ausflüchte, er rief: „Josef K.!"

(Franz Kafka, Der Proceß, S. 283–286)

In dem sich anschließenden Gespräch mit dem Geistlichen wird K. klar, daß er inzwischen angeklagt worden ist und seine Verurteilung bevorsteht. Die Hinrichtung in einem nahegelegenen Steinbruch erscheint danach nur folgerichtig (vgl. S. 68).

15. Vikářská Nr. 6/39: Restaurant „Vikárka"

Beim Verlassen des Veitsdoms sich nach rechts wendend, gelangt man in die *Vikářská* (Vikariatsgasse), in der das älteste Prager Gasthaus liegt. Das aus dem 14. Jahrhundert stammende Lokal, in dem auch Detlev von Liliencron während seines letzten Prag-Aufenthalts im Herbst 1904 einkehrte (Oskar Wiener, Alt-Prager Guckkasten, S. 96 f.), ist als literarischer Schauplatz erwähnenswert, der gleichsam das Tor zum Übersinnlichen öffnet, so dem Helden von Svatopluk Čechs (1846–1908) Roman „Die wahre Reise des Herrn Brouček zum Mond" (1888), die mit folgenden Worten vor der „Vikárka" beginnt:

Es war eine helle Sommernacht. Der erhabene Koloß des Veitsdoms badete seine Pfeiler und blumigen Fialen, seine schwungvollen, mit steinernem Spitzenwerk verzierten Bögen in silbrigem Mondeslicht; die steinernen Ranken und Stämme warfen phantastische Schatten auf die erhellten Mauern; der Dom sah aus wie ein sagenhafter, von Geisterhand gemachter, aus magischem Zwielicht und mystischem Dunkel gewirkter Tempel.

Die versteinerte Hymne der Vergangenheit dämmerte in heiliger Stille, in toter Umgebung; nur aus zwei Fenstern eines alten Gebäudes in einer engen Gasse, die hinter dem Dom den Hirschgraben entlang verlief, drangen noch spätes Licht und dräuende Geräusche.

Eine Tür tat sich knarrend zur Straße auf, und von innen hörte man: „Also dann, Gott mit Ihnen, Herr Würfel!"

„Gute Nacht und schlafen Sie wohl, Herr Hausbesitzer! Beehren Sie uns bald wieder!" antwortete eine andere Stimme.

Eine männliche Gestalt, geheimnisvoll, verhüllt, trat schwankend auf die Straße . . . – Doch nein! Ich sehe, daß ich von der poetischen, leicht romantisierenden Einleitung unwillkürlich in nüchterne Prosa geraten bin, und so kann ich jetzt einfach sagen, daß Herr Brouček das berühmte Hradschiner Gasthaus „Na Vikárce" verlassen hatte und langsam seiner Wohnung, die sich irgendwo in der Altstadt befand, entgegenstrebte. Er strebte ihr außergewöhnlich spät entgegen; doch machte er sich keine Gedanken deswegen – zu Hause erwartete ihn ohnehin nur ein „verwaistes Kissen", das unser eingefleischter Junggeselle, zum Leidwesen des Dichters, niemals „mit bitteren Tränen netzte".

(Tschechische Erzähler des 19. und 20. Jahrhunderts, S. 273 f.)

16. Königspalast (Starý královský palác)

Am Chorende des Veitsdoms gelangt man zum *náměstí U svatého Jiří* (St. Georgs-Platz), dessen Südseite vom ehemaligen Königspalast eingenommen wird. Die spätgotischen Räume im zweiten Obergeschoß, unter denen der von Benedikt Ried geschaffene Wladislawsaal sowie die Böhmische Kanzlei (von der aus der Prager Fenstersturz von 1618 erfolgte) besonders berühmt sind, können vom Dritten Burghof aus besichtigt werden. In diesem Stockwerk wohnte Kaiser Rudolf II. Es ist als Schauplatz der Szenen zu denken, die Leo Perutz in seinem Roman „Nachts unter der steinernen Brücke" (1953) auf dem Hradschin spielen läßt. Es handelt sich bei diesem Werk um eine kunstreiche Verknüpfung selbständiger Novellen, um eine Mischung aus Sage und Legende, Geschichte und jüdischer Überlieferung, die vorzugsweise im Prager Ghetto des 17. Jahrhunderts angesiedelt ist. Zu Beginn des fünften, „Der Heinrich aus der Hölle" überschriebenen Kapitels findet sich die folgende, von feinsinnigem Humor durchtränkte nächtliche Szene, die den schlaflosen Rudolf II. im Kreis seines Kammerdieners Červenka, seines Geheimsekretärs Hanniwald, des Mundschenken Bubna und des Oberstallmeisters Adam Sternberg zeigt:

Der Červenka war hinter ihn getreten und legte ihm den Mantel um die Schulter. Der Kaiser nahm die Weinkanne aus den Händen des jungen Bubna und leerte sie.

„Lustig! Lustig!" sagte er sodann. „Es geht sonderbar zu hier auf der Burg. Heut nacht war wiederum einer bei mir in der Kammer und hat mich geplagt."

„Wer war bei Eurer Majestät heute nacht?" fragte der Hanniwald, wiewohl er des Kaisers Antwort im vorhinein wußte.

„Einer von seinen Boten", sagte der Kaiser, der den Teufel nicht gern beim Namen nannte, mit einem leisen Stöhnen.

„Und wiederum in eines Gewürzkrämers Gestalt?" fragte der Hanniwald, und dabei strich er sich sein silberweißes Haar zurecht.

„Nein, nicht in eines Menschen Gestalt", erwiderte der Kaiser. „Es ist jetzt zwei Tage her, da kamen sie zum erstenmal, seine Boten, sie kamen zu dritt in der Nacht in einer Krähe, eines Kuckucks und einer Hummel Gestalt. Sie schrien aber nicht, wie diese Vögel zu schreien pflegen, sondern sie sprachen mit Menschenstimmen zu mir und plagten mich."

„Gott steh' uns Sündern bei!" murmelte der Červenka entsetzt, und der Lakai, der die Weinkannen hielt, versuchte, eine Hand frei zu bekommen, um hastig ein Kreuz zu schlagen.

„Der Kuckuck", fuhr der Kaiser fort, „begehrte, ich sollt' den Sakramenten, den Messen, den Vigilien, dem Chrysam und dem Weihwasser absagen. Der in der Hummel Gestalt raunte mir zu, daß der Herr Jesus, unsere Hoffnung, nicht in das Fleisch gekommen und daß die heilige Muttergottes in der Erbsünde empfangen worden sei."

„Dann ist's wohl klar, von welcher Art und Herkunft diese Vögel waren", bemerkte nachdenklich der Adam Sternberg.

„Der dritte, der in einer Krähe Gestalt sich zeigte", berichtete der Kaiser weiter, „der beschwor mich, es sei jetzt die Zeit und ich dürfe nicht länger warten, ich müsse absagen der heiligen Taufe und dem heiligen Kreuz, den Messen und dem geweihten Wasser, sonst werde der, der ihn sende, die Krone von meinem Haupte nehmen und sie mit all meiner Macht in die Hände des Frevlers und Lotterbuben geben."

Wenn der Kaiser vom Frevler und Lotterbuben sprach, dann meinte er seinen Bruder Matthias, den Erzherzog von Österreich.

„Gott wird's nicht zulassen", sagte der Hanniwald. „In seinen Händen liegt des Reichs und Eurer Majestät Geschick und nicht in denen des Widersachers."

„So ist es. In Ewigkeit Amen", ließ sich der Červenka vernehmen.

„Gestern in der Nacht", fuhr der Kaiser fort, „kamen nur zwei von seinen Boten, der in des Kuckucks und der in der Hummel Gestalt. Der Kuckuck nannte den Papst einen losen spanischen Kaplan, der in Rom residiert, und die Hummel raunte mir zu, ich sollt' mich ihrem Herrn nicht länger widersetzen, sondern ihm seinen Willen tun, sonst werde es mir übel ergehen, der geheime Schatz werde nicht in meine Hände kommen, er werde in Nichts zergehen wie Märzenschnee, und ich müßte verzweifeln."

„Weiß Eure Majestät von einem geheimen Schatz?" fragte der Sternberg. „Ich weiß nur von Schulden da und Schulden dort."

„Und heute in der Nacht", sprach der Kaiser weiter, „kamen sie wiederum zu dritt, aber der in des Kuckucks Gestalt führte allein das Wort."

„Er wird Eurer Majestät wohl nicht das Benedictus vorgepfiffen haben", meinte der Sternberg.

Der Kaiser fuhr sich mit dem Rücken seiner schmalen Hand über die feuchte Stirne. Sein Blick war abwesend, und in seiner Seele war das Grauen und der Tod.

„Er sagte", berichtete er, „er und seine beiden Gesellen kämen nun zum letztenmal, mich zu mahnen, und nach ihnen käme nur einer noch, der werde sich mir in eines Menschen Gestalt zeigen, und ihm müßt' ich die Antwort sagen. Und ich sollt' meine Antwort wohl bedenken, denn wenn sie seinem Herrn mißfiele, dann werde er meine Krone und kaiserliche Gewalt dem Frevler, dem Lecker, dem Lotterbuben geben. Und unter des Frevlers Herrschaft werde der Krieg kommen in allen Ländern vom Aufgang bis zum Niedergang, mit Verfinsterung des Mondes und der Sonne, mit vielen feurigen und blutigen Zeichen am Himmel und auf der Erde, mit Rebellion, Blutvergießen, fallenden Seuchen und Hungersnot. Da würden alle Menschen verzagen und viele sterben, und um Bretter zu Särgen werd' überall ein großes Bitten sein. Und ich konnt's nicht länger hören" – so schloß der Kaiser seinen Bericht –, „ich lief zur Tür hinaus, und dann traf ich diesen dort."

Und er wies mit einer müden und kraftlosen Bewegung seines Arms auf den Kammerdiener Červenka.

„Ja", sagte dieser, „und ich fand Eure Majestät an allen Gliedern zitternd und mit Schweißtropfen an der Stirn, nahm mir daher heraus, Eure Majestät um Schonung höchstdero Gesundheit getreulich zu bitten."

Der Sternberg machte dem jungen Grafen Bubna ein Zeichen, daß er dem Kaiser die Weinkanne reichen möge. Denn nach der zweiten Kanne Weins pflegte sich des Kaisers Erregung zumeist sehr rasch zu legen, die düsteren Vorstellungen und die schwermütigen Gedanken wichen für einige Zeit von ihm, und es stellte sich das Schlafbedürfnis ein. Der Kaiser nannte das „sein Leid vergessen".

(Leo Perutz, Nachts unter der steinernen Brücke, S. 49–51)

Leo Perutz wurde am 2. November 1882 in Prag geboren, besuchte die dortige Piaristen-Volksschule, bis zum Sommer 1899 das Graben-Gymnasium und anschließend bis 1902 Gymnasien in Krummau (Krumlov) und Wien, ohne das Abitur zu erreichen. Perutz, dessen Magie und Okkultismus, aber auch gleichermaßen logischem Kalkül verpflichtete Kriminalromane in den zwanziger Jahren erfolgreich waren, emigrierte 1938 nach Palästina und starb am 25. August 1957 in Bad Ischl.

Kafkas Häuschen (um 1915)

17. Zlatá ulička Nr. 20/22: Kafkas Häuschen

An der Südseite der romanischen St. Georgs-Kirche *(kostel svatého Jiří)* entlanggehend, folgt man der *Jiřská,* bis eine Lücke in der Häuserfront linker Hand das Abbiegen ermöglicht. Über einen schmalen Durchgang gelangt man in das heute von Touristen überlaufene Alchimistengäßchen *(Zlatá ulička)* mit seinen winzigen Häuschen, die man in die Mauerbögen der alten Verteidigungsanlage eingebaut hatte und ursprünglich den Burgwächtern vorbehalten waren. Erst später, als die Gasse zum Wohnbereich der Armen wurde, erfolgte die Bebauung der inneren Seite.

Gemäß einer Prager Lokalsage soll der mißtrauische Rudolf II. hier Alchimisten gefangen gehalten haben, die den Stein der Weisen suchen und Gold herstellen sollten. Eines Tages hätten sie die ihnen aufgetragene Arbeit verweigert, Retorten und Chemikalien in den Hirschgraben hinuntergeworfen, den sie vor ihren Fenstern vor Augen hatten. Daraufhin habe man sie in den Hirschgraben hinuntergeführt und in eisernen Käfigen an Bäume gehängt, wo sie verhungerten.

In den Häuschen *Nr. 20/22* wohnte von Dezember 1916 bis Ende August 1917 zeitweilig Franz Kafka, der hier die meisten der kleinen

Prosastücke schrieb, die er 1920 in der Erzählsammlung „Ein Landarzt" veröffentlichte. Als zu Beginn des Ersten Weltkriegs sein Schwager Karl Hermann eingezogen wurde, kehrte seine älteste Schwester Elli mit ihren Kindern in die elterliche Wohnung zurück, und Kafka mußte ausziehen. Lärm- und schmutzempfindlich wie er war, wurden ihm die möblierten Zimmer zur Qual, in denen er in der Folgezeit leben mußte (vgl. S. 166). Seine jüngste Schwester Ottla, die im väterlichen Geschäft angestellt war, sich aber unter dem Einfluß des Bruders gegen die elterliche Bevormundung auflehnte und ihren eigenen Weg gehen wollte, mietete sich im Herbst 1916 im Alchimistengäßchen ein und stellte ihm dieses vor der Familie geheimgehaltene Domizil unter der Woche als Arbeitsstätte zur Verfügung. Kafka schreibt darüber um die Jahreswende 1916/17 an seine Verlobte Felice Bauer nach Berlin:

Es hatte viele Mängel des Anfangs, ich habe nicht Zeit genug, um die Entwicklung zu erzählen. Heute entspricht es mir ganz und gar. In allem: der schöne Weg hinauf, die Stille dort, von einem Nachbar trennt mich nur eine sehr dünne Wand, aber der Nachbar ist still genug; ich trage mir das Abendessen hinauf und bin dort meistens bis Mitternacht; dann der Vorzug des Weges nach Hause: ich muß mich entschließen aufzuhören, ich habe dann den Weg, der mir den Kopf kühlt. Und das Leben dort: es ist etwas Besonderes, sein Haus zu haben, hinter der Welt die Tür nicht des Zimmers, nicht der Wohnung, sondern gleich des Hauses abzusperren; aus der Wohnungstür geradezu in den Schnee der stillen Gasse zu treten. Das Ganze zwanzig Kronen monatlich, von der Schwester mit allem Nötigen versorgt, von dem kleinen Blumenmädchen (Ottlas Schülerin) so geringfügig als es nötig ist bedient, alles in Ordnung und schön.
(Franz Kafka, Briefe an Felice, S. 750f.)

Nachdem er um 14 Uhr die Arbeiter-Unfall-Versicherungs-Anstalt (vgl. S. 219) verlassen und in der elterlichen Wohnung am Altstädter Ring zu Mittag gegessen hatte, pflegte Kafka Zeitung zu lesen, Geschäftsgänge zu machen und anschließend einige Stunden zu schlafen, um dann in den frühen Abendstunden das Häuschen im Alchimistengäßchen aufzusuchen. Da das nur aus einem einzigen vollwertigen und sehr kleinen Raum bestehende Häuschen Übernachtungen nicht zuließ, kehrte er in den ersten drei Monaten um Mitternacht oder später über die Alte Schloßstiege, *Mánesův most* (Mánes-

Brücke) und *Kaprova* (Karpfengasse) zur elterlichen Wohnung am Altstädter Ringplatz zurück. Im März 1917 änderte sich die Situation,
weil er jetzt über eine eigene Zweizimmerwohnung auf der Kleinseite
verfügte. (Vgl. S. 60)

18. Hungerturm (Daliborka)

Über eine zweiflüglige Tür am Ostende des Alchimistengäßchens
gelangt man über eine abwärts führende Treppe auf einen kleinen, teilweise begrünten, im Norden durch eine Brüstungsmauer begrenzten
Vorhof mit Bänken. Linker Hand führen hinter einem Eisengitter
„dichtverwucherte Stufen" abwärts, die „in einen feuchten und däm-
mernden Teil des Hanges" lenken und um die Jahrhundertwende von
Sträuchern wilder Rosen flankiert waren. (Rainer Maria Rilke, Zwei
Prager Geschichten, S. 95) Dahinter die zerbröckelnden Mauern des
Hungerturms, der neuerdings ein rotes Ziegeldach erhalten hat. Oberhalb der Treppe, über die man gekommen ist, ein Fenster, das zur ehemaligen Wohnung des Turmwärters gehört, die über eine rechts daneben liegende Tür betreten werden konnte.

Der in seiner heutigen Gestalt aus dem 15. Jahrhundert stammende runde Turm diente früher als Gefängnis des Herrenstandes. Er
hat seinen tschechischen Namen von Dalibor von Kozojed, dem An-
führer eines Bauernaufstandes, der hier 1498 eingekerkert wurde.

Daß die Schriftsteller, die sich der Darstellung des geheimnisvollen Prag verschworen haben, den Hungerturm nicht übergehen mochten, ist selbstverständlich, und so begegnet man hier alten Bekannten
wieder. Am Hungerturm findet das Stelldichein zwischen Ottokar und
Komtesse Polyxena statt:

Er trat durch die schwarz-gelbe Pforte in den Vorhof der „Daliborka" – wußte, daß die nächste Stunde ein furchtbares, endloses Mi-
nutenzählen sein würde: Kam Polyxena, dann mußte er versinken vor
Scham – kam sie nicht, dann – – dann wurde die Nacht eine Nacht des
Wahnsinns für ihn.

Voll Grauen blickte er zu dem Hungerturm hin, der mit seinem
runden weißen Hut hinter der zerbröckelten Mauer aus dem Hirschgraben ragte. – Immer noch lebte der Turm, fühlte er dumpf – wie
viele Opfer waren in seinem steinernen Bauch schon wahnsinnig geworden, aber immer noch hatte der Moloch nicht genug –, jetzt, nach
einem Jahrhundert des Todesschlafs, wachte er wieder auf.

Das erstemal seit seiner Kinderzeit sah er ihn nicht als ein Werk von Menschenhand vor sich – nein, es war ein granitenes Ungeheuer mit schauerlichen Eingeweiden, die Fleisch und Blut verdauen konnten gleich denen eines reißenden nächtlichen Tieres. Drei Stockwerke darin, durch waagrechte Schichten voneinander getrennt, und ein rundes Loch mitten hindurch wie eine Speiseröhre, vom Schlund bis hinab in den Magen. – Im obersten hatte in alter Zeit Kerkerjahr um Kerkerjahr in lichtloser schrecklicher Finsternis die Verurteilten langsam zerkaut, bis sie an Stricken hinuntergelassen wurden in den mittelsten Raum zum letzten Krug Wasser und Brot, um dort zu verschmachten, wenn sie nicht vorher wahnsinnig wurden von dem aus der Tiefe hauchenden Fäulnisgeruch und sich selbst hinabstürzten zu den verwesenden Leichen ihrer Vorgänger.

In dem Lindenhof atmete die taukühle Feuchte der Abenddämmerung, aber immer noch stand das Fenster des Wärterhäuschens offen.

Ottokar setzte sich leise auf die Bank, um die alte, gichtbrüchige Frau nicht zu stören, die dahinter schlief, wie er glaubte. Einen kurzen Augenblick nur wollte er sich aus dem Kopfe reißen, was geschehen war, ehe die marternde Qual des Wartens begänne – –; der kindische Versuch eines Jünglings, der wähnt, er könne sein Herz überlisten. – – –

Eine plötzliche Schwäche befiel ihn; mit aller Kraft mußte er sich gegen den Schluchzkrampf wehren, der ihm die Kehle zusammenschnürte und ihn zu ersticken drohte. – [. . .]

Als er ihre Schritte – diesmal wirklich – dem Turme näher kommen hörte, war seine Qual auch schon verflogen – verblaßt wie die Erinnerung eines längst überstandenen Leides. –

Nie wußte er, wenn sie sich in den Armen hielten: War sie durch die Mauern gekommen wie eine Erscheinung oder durch die Tür getreten?

Sie war bei ihm, das war alles, was er in solchen Fällen begriff; was vorher lag, verschlang der Abgrund der Vergangenheit mit rasender Eile, kaum daß es sich vollzogen hatte. –

So war es auch jetzt wieder.

Er sah ihren Strohhut mit dem blaßblauen Band aus dem Dunkel des Raumes schimmern, achtlos auf den Boden geworfen – gleich darauf war alles verschwunden: Ihre weißen Kleider bedeckten in Nebelballen den Tisch, dann wieder lagen sie auf den Stühlen verstreut; er

fühlte ihr heißes Fleisch, den Biß ihrer Zähne an seinem Hals, er hörte
ihr wollüstiges Stöhnen – – alles, was geschah, war schneller, als er es
erfassen konnte – reihte sich zusammen aus Bildern, die sich blitzschnell verdrängten: eines immer betäubender als das andere. Ein Sin-
nenrausch, an dem jeder Zeitbegriff zerschellte. – – – Hatte sie von
ihm verlangt, er solle ihr auf der Geige vorspielen?
Er wußte es nicht – konnte sich nicht entsinnen, daß sie es gesagt
hätte.
Er wußte nur, daß er aufrecht vor ihr stand, seine Lenden von
ihren Armen umschlungen – er fühlte, daß der Tod ihm das Blut aus
den Adern sog – daß sich ihm das Haar sträubte, die Haut kalt gerann
und seine Knie zitterten. Er konnte nicht mehr denken – glaubte zuweilen, er falle nach rückwärts; dann wieder erwachte er im selben
Moment, wie gehalten von ihr, und hörte ein Lied aus den Saiten klingen, das wohl sein Bogen strich und seine Hand, das aber auch von ihr
kam – aus ihrer Seele und nicht aus der seinen –, ein Lied, gemischt
mit Wollust, Grauen und Entsetzen.
Halb in Ohnmacht, wehrlos, lauschte er, was die Töne erzählten
– in Bildern sah er vorüberziehen, was sich Polyxena ausmalte, um die
Raserei ihrer Brunst noch zu steigern – –, er fühlte, wie sich ihre Gedanken auf sein Hirn übertrugen, sah sie als Geschehnisse lebendig
werden und dann wieder in verschnörkelten Buchstaben auf einer steinernen Tafel stehen. [. . .]
(Gustav Meyrink, Walpurgisnacht, S. 68–70, 77 f.)

Die Komtesse Polyxena sieht sich, wie sich bei ihrem Besuch der
Wenzelskapelle zeigte, als Wiederverkörperung einer Gattenmörderin,
die ihr im Roman als Ururgroßmutter zugeordnet wird. Durch Polyxena wird auch Ottokar in den Strudel dieser magischen Vergegenwär-
tigung vergangener Ereignisse hineingerissen, wird Teilhaber geträum-
ter Orte und taucht, während er auf die Geliebte wartet und in ihren
Armen liegt, hinab in Zeiten, die er nie gesehen, bis er schließlich mit
dem schon angeführten Schicksal des Gepfählten verwächst, das die
St. Barbara-Kapelle dem aufmerksamen Passanten vor Augen hält.

Staré zámecké schody (Alte Schloßstiege)

Vom Vorhof der *Daliborka* aus geht man nach rechts ein paar Stufen in einen etwas tiefer gelegenen Teil des alten Befestigungs-Plateaus und von dort über eine weiter abwärts in den Schwarzen Turm *(Černá věž)* führende Treppe in die *Jiřská* zurück. Dort wendet man sich nach links und erreicht, nachdem man einen Torbogen durchschritten hat, die Alte Schloßstiege.

Auf ihren zur Kleinseite hinunterführenden Stufen, und zwar an der Stelle, an der sich ein Gartenhaus des rechter Hand liegenden Parks auffällig herangeschoben hat, setzt sich die Geschichte des Hausbesitzers Matěj Brouček fort, dem wir schon in der *„Vikárka"* begegnet sind. Matěj, der nicht nur kräftig gebechert, sondern auch in einer populärwissenschaftlichen Abhandlung über den Mond gelesen hat, ist bekanntlich auf dem Weg zu seiner in der Altstadt gelegenen Junggesellenwohnung:

Er warf einen Blick über die niedrige Mauer und sah unter ihr ein dunkles Häusermeer mit vielen Türmen und Türmchen, die ins helle Mondlicht ragten. Doch erfreute er sich nur flüchtig an diesem Anblick; dann sah er wieder zum Mond hinauf, diesmal wirklich von geheimnisvoller Anziehungskraft gepackt.

Es widerstrebt mir fast, aufzuschreiben, was danach kam. Ich weiß, die wissenschaftlichen Vorurteile sind viel zu groß, als daß jemand meine Geschichte glauben könnte, ohne sie gleich als dummes Ammenmärchen abzutun. Doch darf ich die Sache irgendwelcher Vorurteile wegen nicht anders schildern, als sie sich tatsächlich zugetragen hat.

Herr Brouček kletterte auf die Mauer und schlenderte dort, die Augen auf den Mond gerichtet, weiter vor sich hin. Unter selbiger Mauer erstreckt sich, den Hradschiner Hügel hangabwärts, ein ziemlich großer herrschaftlicher Garten, der in seinem oberen, steileren Bereich terrassenförmig angelegt und an einer Stelle mit zwei Steintreppen versehen ist; diese laufen streckenweise voneinander weg und dann wieder aufeinander zu, beiderseits von einem durchbrochenen, barocken Steingeländer gesäumt. Beide Treppen führen zu einem kleinen Gartenhäuschen hinauf, das an die Mauer angebaut ist. Vielleicht ist meine Beschreibung nicht ganz exakt; doch bin ich kein Zolist, der einer größeren Genauigkeit halber die Feder im Schönsten weglegt und erst nach Hradschin rennt, um Treppen und Häuschen an Ort und Stelle zu inspizieren.

Herr Brouček kam also an die Mauer des Häuschens und stolzierte auch über diese hinweg. Ich weiß nicht mehr, ob dessen Dach die Mauer so wenig überragt, daß es ein Mensch ohne Schwierigkeit erklimmen könnte. Sicher ist nur, daß sich Herr Brouček auf diesem Dach einfand. Er kletterte auf den First und umklammerte, nachdem er sich dort rittlings hingesetzt hatte, die eiserne Wetterfahne. Sein Auge blieb mit unverminderter Ausdauer auf Luna haften; in einer Mischung aus Grauen und seltsamer Wohligkeit fühlte er bald eine magische Kraft auf seinen Körper wirken. Die gespreizten Beine begannen sich gegen seinen Willen rückwärts zu heben, hoben sich immer höher, bald saß er nicht mehr rittlings, lag vielmehr waagrecht, die Hände an die Wetterfahne geklammert, über dem Dachgiebel; doch hinten hoben sich die Beine immer höher in die Lüfte, schon hob sich auch der Rumpf; schon schwebte der ganze Körper, von unwiderstehlicher Kraft gezogen, senkrecht hinauf, mit dem Kopf nach unten, die Beine gen Himmel, hoch über dem Dach des Pavillons, nur die Hände hielten sich noch krampfhaft an der Spitze der Wetterfahne fest. Doch kam ihre Kraft gegen die unbekannte Macht nicht an; schließlich ließen sie los, und Herr Brouček – Newtons scharfsinnige wissenschaftliche Konstruktion löst sich hiermit in nichts auf – *fiel* mit erstaunlicher Geschwindigkeit – *nicht etwa zur Erde nieder, sondern von der Erde weg, in den unermeßlichen Weltraum.*

Rasend schnell verschwand unter ihm ganz Prag in der Tiefe, verschwamm mit allen Details der Landschaft in der einheitlichen Oberfläche einer großen Scheibe, die immer breiter und breiter wurde – davon aber konnte Herr Brouček nichts mehr sehen, denn die Ohnmacht hatte ihm die Sinne geraubt.

Der Leser mochte bereits aus der Überschrift entnehmen, wohin Herr Brouček fallen würde. Jawohl, aus seiner Ohnmacht erwachte der Herr Hausbesitzer – auf dem Mond.

(Tschechische Erzähler des 19. und 20. Jahrhunderts, S. 279–281)

Derart entrückt, treten wir den weiteren Rückweg über die achtundneunzig Stufen an, an deren Ende wir uns rechts wenden und den *Klárov* abwärts bis zur Metrostation *Malostranská* gehen. Wenn man von hier aus mit der Linie A zwei Stationen in Richtung *Skalka* fährt, ist man am unteren Ende des Wenzelsplatzes.

Dritter Spaziergang:
In Kafkas Lebenskreis –
Durch Altstadt und Juden-Ghetto

Hinweis: Dieser Spaziergang sollte nicht an einem Samstag durchgeführt werden, weil die Synagogen, das Jüdische Rathaus und der Alte jüdische Friedhof an diesem Tag geschlossen sind.

Der Rundgang hat mehrere Schwerpunkte: Die Route führt zunächst an den Wohnungen vorbei, in denen Kafka gelebt und die meisten seiner Werke geschrieben hat, zeigt die Institutionen, an denen er ausgebildet wurde, sowie andere Orte, die für ihn von Bedeutung waren. Des weiteren werden die teils in der Altstadt, teils im ehemaligen Ghetto liegenden Schauplätze gezeigt, an denen Gustav Meyrinks „Golem" spielt. Schließlich werden Alt-Neu-Synagoge und Alter jüdischer Friedhof aufgesucht, denen Texte von Rudolf Pannwitz, Wilhelm Raabe, Else Lasker-Schüler und Friedrich Torberg gelten. Um diese drei Zentren gruppieren sich die Schriftsteller Rudolf Fuchs, Alfred Meißner, Christian Morgenstern, Jaroslav Seifert, Karl Hans Strobl und Zikmund Winter, die über Örtlichkeiten der Prager Altstadt geschrieben haben.

Franz Kafka wurde am 3. Juli 1883 als ältestes Kind des Kurzwarenhändlers Hermann Kafka und seiner Frau Julie in der Prager Altstadt geboren. Die Entwicklung des überempfindlichen Kindes verlief unter ungünstigen Rahmenbedingungen: Die beiden nächstgeborenen Geschwister starben im Säuglingsalter, so daß Kafka bis zur Geburt seiner Schwestern Elli, Valli und Ottla als Einzelkind aufwuchs. Zudem blieb Kafka in den ersten Lebensjahren viel allein oder der manchmal fragwürdigen Obhut des tschechischen Personals überlassen, da die Mutter ganztägig im Geschäft ihres Mannes arbeitete.

Von Bedeutung war weiterhin, daß die Familie öfters umzog: Man versuchte offenbar in möglichst ökonomischer Weise, den Wohnraum der allmählich wachsenden Zahl der Familienmitglieder anzupassen, schuf dadurch aber ein dauernd wechselndes Umfeld, in dem sich das ängstliche und ängstlich behütete Kind schwer zurechtfand. Schließlich brachten beide Elternteile, durch ungünstige Familienverhältnisse um ihre eigene Kindheit betrogen, nicht die richtige Einstellung gegenüber dem sensiblen Erstgeborenen auf. Im Falle des Vaters kam noch hinzu, daß er in seinem einzigen Sohn den Geschäftsnachfolger sah,

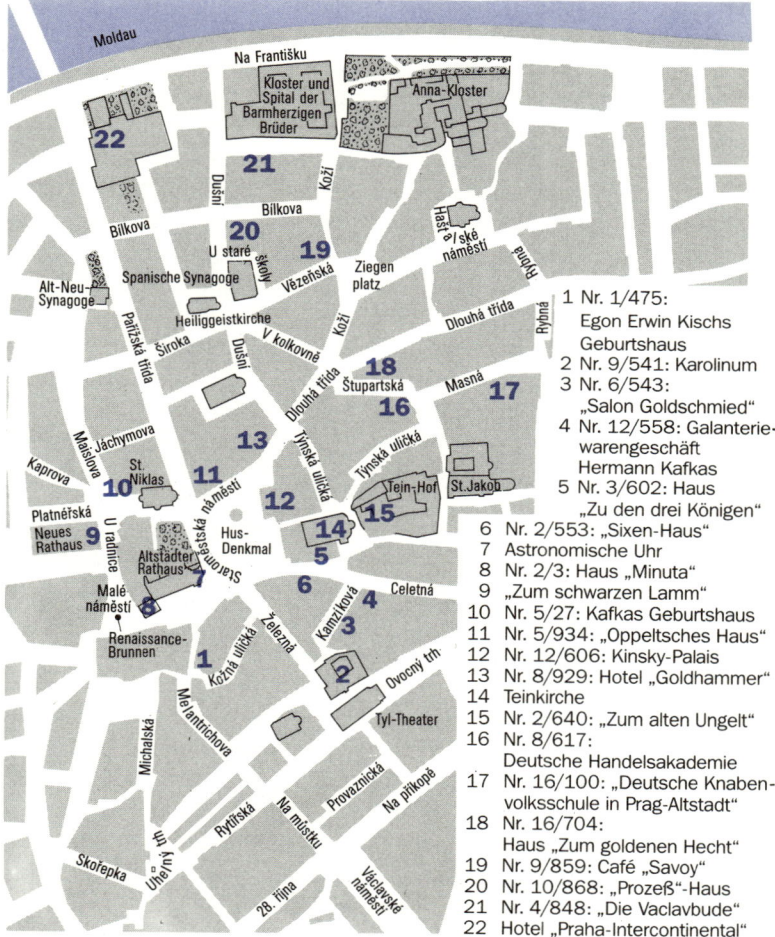

1 Nr. 1/475:
Egon Erwin Kischs
Geburtshaus
2 Nr. 9/541: Karolinum
3 Nr. 6/543:
„Salon Goldschmied"
4 Nr. 12/558: Galanterie-
warengeschäft
Hermann Kafkas
5 Nr. 3/602: Haus
„Zu den drei Königen"
6 Nr. 2/553: „Sixen-Haus"
7 Astronomische Uhr
8 Nr. 2/3: Haus „Minuta"
9 „Zum schwarzen Lamm"
10 Nr. 5/27: Kafkas Geburtshaus
11 Nr. 5/934: „Oppeltsches Haus"
12 Nr. 12/606: Kinsky-Palais
13 Nr. 8/929: Hotel „Goldhammer"
14 Teinkirche
15 Nr. 2/640: „Zum alten Ungelt"
16 Nr. 8/617:
Deutsche Handelsakademie
17 Nr. 16/100: „Deutsche Knaben-
volksschule in Prag-Altstadt"
18 Nr. 16/704:
Haus „Zum goldenen Hecht"
19 Nr. 9/859: Café „Savoy"
20 Nr. 10/868: „Prozeß"-Haus
21 Nr. 4/848: „Die Vaclavbude"
22 Hotel „Praha-Intercontinental"

während dessen Neigungen und Begabungen in eine ganz andere Richtung gingen.

Da weder Hermann Kafka noch seine Frau zum alteingesessenen Prager Bildungsbürgertum gehörten, für das der Umgang mit Kunst und Wissenschaft selbstverständlich war, brachten beide für die literarische Arbeit Kafkas kein Verständnis auf. Der Vater entstammte einer armen Familie aus der Provinz, erarbeitete sich mühsam einen bescheidenen Wohlstand und war in seinem Denken allein von wirtschaftlichem Zwecküberlegungen bestimmt, während sich der Sohn, besonders seit der 1911 allmählich erfolgten Hinwendung zum Zionismus, wie viele seiner Altersgenossen von dieser bürgerlichen Erwerbswelt abzugrenzen suchte.

Nachdem er von 1901 bis 1906 an der Prager deutschen Universität Jura studiert und danach sein Referendariat absolviert hatte, nahm er im Herbst 1907 einen Posten bei der privaten Versicherungsgesellschaft „Assicurazioni Generali" an (vgl. S. 206). Da er unter dem schlechten Betriebsklima und der langen Arbeitszeit litt, wechselte er ein Jahr später in die halbstaatliche Arbeiter-Unfall-Versicherungs-Anstalt für das Königreich Böhmen in Prag, wo der Dienst schon um zwei Uhr endete (vgl. S. 219).

Die literarische Arbeit Kafkas ließ sich trotzdem schlecht mit dieser beruflichen Tätigkeit vereinbaren, denn er konnte nur in der Stille der Nacht schreiben, zerrieb sich im Lauf der Jahre zwischen den Anforderungen des Brotberufs und der früh erkannten Berufung zum Schriftsteller (vgl. S. 71). Eine vorübergehende Entspannung der Lage brachten die Ferienreisen, die er in dieser Zeit mit seinem Freund Max Brod unternahm. Sie führten 1909 nach Riva am Gardasee, 1910 nach Paris, 1911 nach Oberitalien und neuerlich in die französische Metropole. Im Jahr darauf besuchte man gemeinsam Weimar.

Eine Verschärfung seiner Lebensprobleme ergab sich im Herbst 1912, als ein fünfjähriger Kampf um die Ehe begann. Kafka hatte in der Wohnung der Familie Brod die Tochter eines Berliner Geschäftsmanns kennengelernt, die er heiraten wollte. (Vgl. S. 200) Einerseits lockte ihn die Ehe mit Felice Bauer, die ihn dem bewunderten und gehaßten Vater ebenbürtig gemacht und zugleich in Übereinstimmung mit Normvorstellungen jüdischer Überlieferung gebracht hätte. Andererseits fürchtete er das enge Zusammenleben mit einer Frau, weil er Angst vor der Sexualität hatte (vgl. S. 153) und nicht wußte, ob er als Ehemann die Ruhe und Abgeschiedenheit haben würde, die er zum Schreiben benötigte. Pfingsten 1914 kam es nach langem Hin und Her zu einer Verlobung, die aber im Juli dieses Jahres unter merkwürdigen Begleitumständen wieder gelöst wurde. Im Lauf der ersten Kriegsjahre näherten sich die Partner allmählich wieder an, so daß sie im Sommer 1916 gemeinsam in Marienbad Urlaub machten und beschlossen, nach dem Ende des Krieges zu heiraten. So verlobte man sich im Juli 1917 neuerlich. Aber wenige Wochen später erkrankte Kafka an einem Lungenspitzenkatarrh (vgl. S. 61), der sich ganz offensichtlich als Ergebnis und Lösung der ausweglosen Situation eingestellt hatte, in die er sich im Lauf der Zeit hineinmanövriert hatte. Die Tuberkulose diente dann auch nach außen hin als Grund für die neuerliche Auflösung des Verlöbnisses, die im Dezember 1917 erfolgte.

Seit Herbst dieses Jahres absolvierte Kafka lange Kuraufenthalte außerhalb Prags, die aber nur kurzfristig Besserung brachten und das Fortschreiten der Krankheit lediglich zu verlangsamen, nicht aber wirklich aufzuhalten vermochten. Am glücklichsten fühlte er sich in Zürau (Siřem), einem kleinen Dorf in Nordwestböhmen, wo er von September 1917 bis Ende April 1918 bei seiner jüngsten Schwester wohnte. Ottla bewirtschaftete dort ein im Besitz der Familie befindliches landwirtschaftliches Anwesen.

Merkwürdigerweise wollte Kafka 1919 trotz seines schlechten Gesundheitszustandes neuerlich heiraten. Diesmal war Julie Wohryzek die Auserwählte, eine Prager Jüdin aus einfacher Familie, die er in Schelesen (Želízy) an der Elbe kennengelernt hatte. Aber auch dieser dritte Versuch, der vom Vater noch viel heftiger abgelehnt wurde als die vorhergehenden, scheiterte unter fast dramatischen Umständen und veranlaßte Kafka am Ende des Jahres, sein bisheriges Leben in seinem „Brief an den Vater" aufzuarbeiten. (Vgl. S. 167 und 218) Im Frühjahr 1920, als er sich in Meran zur Erholung aufhielt, begann Kafka einen Briefwechsel mit der tschechischen Journalistin Milena Jesenská, die damals in Wien lebte. Daraus entwickelte sich im Sommer des Jahres eine Liaison, die allerdings schon im Herbst in eine Krise geriet und beendet wurde, wenngleich man weiterhin miteinander in Kontakt blieb.

Nachdem ein neunmonatiger Kuraufenthalt in der Hohen Tatra (Dezember 1920 bis August 1921) und eine sich anschließende Liegekur in Prag keine Besserung gebracht hatten, wurde Kafka mit Wirkung vom 1. Juli 1922 pensioniert. Im darauffolgenden Sommer lernte er in Müritz an der Ostsee Dora Diamant kennen, eine fünfundzwanzigjährige Ostjüdin, die bereit war, mit ihm ein gemeinsames Leben zu führen. So übersiedelte er im September 1923 nach Berlin, doch erzwang schon im März 1924 sein rapide sich verschlechternder Gesundheitszustand die Rückkehr nach Prag. In einem Privatsanatorium in Kierling bei Klosterneuburg fand der Todkranke Ende April angemessene Pflege. Dort ist er am 4. Juni 1924 gestorben. Er wurde auf dem Neuen jüdischen Friedhof in Prag beigesetzt.

Hinweis: Wer Kafkas Grab besuchen will, fährt mit der Metro-Linie A vom Wenzelsplatz aus (Richtung *Skalka*) bis zur Haltestelle *Želivského.* Wenn man den in Fahrtrichtung liegenden Aufgang benützt und der Beschilderung *Hřbitovy* folgt, gelangt man auf Straßenniveau unmittelbar zum Eingang des Neuen jüdischen Friedhofs, wo eine Tafel den Weg zu Kafkas Grab zeigt. Der Friedhof ist samstags geschlossen!

Kožná uličká (Ledergäßchen)

Vom unteren Ende des Wenzelsplatzes aus gelangt man über die *Na můstku* in die sich in gleicher Richtung fortsetzende *Melantrichova* und von dort in die rechter Hand abgehende *Kožná.* Der Schriftsteller Alfred Meißner (1822–1885), der in Prag Medizin studiert hat, gibt im Eingangskapitel seines 1865 erschienenen Romans „Lemberger und Sohn" eine eindringliche Beschreibung dieser Gasse, die bis heute viel von ihrem altertümlichen Charakter bewahrt hat:

Ledergäßchen (um 1910)

Ganz nahe dem Mittelpunkte Prag's, dicht hinter dem volksreichsten Platze, dem altstädter Ringe und der belebten Eisengasse, existirt wie im Versteck ein so desolater Häusercomplex, daß sein Anblick den Besucher an die ödesten und verwildertsten Quartiere einer herabgekommenen italienischen Stadt mahnt. Ist man durch einen engen und winklich verschobenen Thorweg der Eisengasse gegangen, der höchstens in einen Hofraum zu führen scheint, so befindet man sich in dem sogenannten Lederhausgäßchen; der Name stammt aus der Zeit, wo unter Carl IV. die einzelnen Gewerkschaften in einzelne Gassen vertheilt waren. Tiefgeschwärzte, ungesund und baufällig aussehende Häuser von einer wahrhaft grotesken Difformität treten bald so nahe zusammen, als wollten sie jedem Sonnenstrahl, der hereinfallen möchte, den Zutritt wehren, bald weichen sie auseinander und bilden kleine Sackgassen von abstoßender Häßlichkeit. Aus den kellerähnlichen Gelassen und Spelunken im Erdgeschoß der Häuser blicken fremdartige, verwitterte Gesichter mit schwarzem Haar, brennenden Augen: hier handeln einzelne alte, unverfälschte Juden mit alten Büchern, altem Eisen, alten Möbeln, Trödel aller Art, und müssen durch lange Übung die Fähigkeit erlangt haben, im Finstern zu sehen, denn sonst ließe es sich nicht begreifen, wie sie in Wohnungen, wo selbst in der Mittagsstunde ein Licht unentbehrlich scheint, ihr Contobuch führen können. Fast jede Thüre führt in einen Kramladen, doch ist auch ein Kaffeehaus da, welches den ganzen Tag leer und nur besucht ist, wenn die ganze Stadt schläft; ein Ort, wo die Marktweiber bei Talgkerzenlicht frühstücken; daneben eine Kneipe, über deren Eingang ein Bierzeichen hängt, und wo auf die Vorhauswände ein Tüncherpinsel, das Auge zu erfreuen, einen Tannenwald gemalt hat, der wie eine Allee von Kehrbesen aussieht. Jedes Haus ist Jahrhunderte alt: das zeigen die ellendicken Mauern, die schmalen Aufgänge, die Wölbungen; nähme man den Mörtelanwurf hinweg, würde man gewiß allenthalben die Spur alter Spitzbogenfenster entdecken. Welch' bizarre Dächer! Dort – auf einem niedrigen Hause steigt aus bauchiger Kuppel ein hoher Schlot empor – hier hat vielleicht vor hundert und hundert Jahren ein chemischer Laborant, vielleicht ein Alchymist, mit Kessel und Feuer gewirthschaftet. Eine seltsame Gasse! Nur wer in ihr zu thun hat, tritt da ein und solche Öde unmittelbar neben so viel Lärm, so viel Misère neben der Wohlhabenheit macht einen eigenthümlichen Eindruck. Noch im Sommer, wenn, zur Stunde, wo die Sonne senkrecht auf's Pflaster brennt, die Hitze unerträglich, strömt hier aus den Häusern eine penetrante Kälte, welche zu solcher Zeit angenehm wäre, wenn nicht die Luft immer etwas gruftartig-dumpfiges hätte und mit den absonderlichsten Gerüchen geschwängert wäre. Ihren seltsamsten Charakter zeigt aber das Gäßlein bei Nacht; da sind die schweren, eisernen Gewölbthüren verschlossen, uralte Vorhängeschlösser hängen von den Eisenstangen herab, die vergitterten, mit Eisenstacheln geschützten Fenster in den Erdgeschossen starren den Besucher unheimlich wie Öffnungen von Höhlen an. Das Mondlicht blickt über die hier hohen, dort niederen Dächer, tiefschwarze Schatten fallen da über eine Mauerwand, dort gerade über's Pflaster, eine solitäre Oellampe brennt im Hintergrund, ein Stück Kapharnaum beleuchtend. Wohl mag da die Phantasie, und vielleicht nicht mit Unrecht, in jedes Haus eine unheimliche Geschichte verlegen.

So ungefähr war das Lederhausgäßchen vor zehn Jahren, wo unsere Geschichte zu spielen beginnt, so ist es noch heute. Anderswo wäre ein solches Proletarierquartier im Herzen der Stadt, dicht neben den elegantesten Plätzen eine Unmöglichkeit. Längst wären diese schwarzen, rissigen, seit Jahrhunderten nicht wieder getünchten Mauern unter der Haue zusammengebrochen und ein schmucker Bazar, mit Dielen von Marmor, die Mauern mit Stuck belegt, mit Glas gedeckt, von tausend Gasflammen beleuchtet, böte Abends dem promenirenden Publikum seine lachenden Waaren zur Schau. In Prag aber, der Wohnstätte eines melancholischen Stillstandes, durch Sprache, Sitte und Gewohnheiten isolirt, sich selbst in der Absperrung von der übrigen Welt gefallend, hält sich ein solches Quartier und wird, wenn die Zustände sich nicht ändern und so lange nicht ganz andere Impulse kommen, vielleicht noch ein halbes Jahrhundert lang dem aufräumenden und umbauenden Neuerungsgeiste Trotz bieten.

(Alfred Meißner, Lemberger und Sohn, S. 3–7)

1. Nr. 1/475: Egon Erwin Kischs Geburtshaus

Mit seinem Portal und seinem arkadengeschmückten Innenhof ist das Haus „Zu den zwei goldenen Bären" *(dům „U dvou zlatých medvědů")* eines der bedeutendsten bürgerlichen Renaissance-Denkmäler der Stadt. Im Erdgeschoß befand sich am Ende des letzten Jahrhunderts das Tuchwarengeschäft „S. Kisch & Bruder", das Hermann und Samuel Kisch betrieben. Ihm verdankt der Prager Schriftsteller Salomon Kohn (1825–1904) Anregungen zu seiner Humoreske „Die Antipoden", die als Teil seiner „Prager Ghettobilder" 1884 gedruckt wurde.

Erzählt wird im ersten Teil, welche Anstrengungen der 91jährige Reb Natel Schmeling, ein Bewunderer Napoleons, auf sich nehmen muß, damit sein Freund, der arme, 94jährige, noch ganz dem 18. Jahrhundert verpflichtete Reb Jisrael Schachner zu einem neuen Halbfeiertagsrock kommt. Da Schachner keine finanzielle Unterstützung annehmen will, bietet ihm der von Schmeling entsprechend instruierte Seidenzeughändler David Neustadtl ein solches Kleid gegen sehr geringes Entgelt mit der Begründung an, es sei für ihn selbst hergestellt worden, aber zu kurz geraten und deswegen fast ohne Wert. Die Manipulation droht zunächst daran zu scheitern, daß sich die Antipoden Schmeling und Schachner nicht über die richtige Länge der Ärmel verständigen können, kommt aber schließlich doch zu einem guten Ende.

Hermann Kisch und seine Familie wohnten im ersten Obergeschoß des Hauses. Zu seinen fünf Söhnen gehörten der spätere Journalist Paul Kisch, ein Klassenkamerad Kafkas, sowie Egon Erwin Kisch (Gedenktafel an der Hausfassade), der berichtet hat, wie Paul die Wohnung als Mensurlokal zweckentfremdete, so daß „das Blut auf die Zimmerdecke spritzte und Ohren und Nasenspitzen auf die Schränke flogen". (Egon Erwin Kisch, Aus Prager Gassen und Nächten, S. 357)

Egon Erwin Kisch, der Ahnvater des modernen Einschleich-Journalismus, wurde am 29. April 1885 geboren und begann nach dem Abitur ein Studium an der Prager deutschen Universität, wo er germanistische Vorlesungen hörte. Aber schon im Herbst 1905 übersiedelte er nach Berlin, um seine Ausbildung an der dortigen Journalistenhochschule fortzusetzen. Im Frühjahr 1906 wurde er Lokalreporter bei der deutschen Tageszeitung „Bohemia" in Prag, wo er bis 1913 blieb. In dieser Zeit erwarb er sich ungewöhnliche Kenntnisse des Prager Milieus, insbesondere der Unterschichten und sozialen Randgruppen, die er in seiner Reportagensammlung „Aus Prager Gassen und Nächten" (1912) und in seinem 1914 erschienenen Roman „Der Mädchenhirt" (vgl. S. 54) eindrucksvoll beschreibt. 1921 übersiedelte er nach Berlin, unternahm Reisen in alle Welt, die sich in vielbeachteten Büchern niederschlugen, unter denen wenigstens „Der rasende Reporter" (1924) und „Hetzjagd durch die Zeit" (1925) hervorgehoben seien. Nach der Machtergreifung Hitlers kehrte er nach Prag zurück. 1939 emigrierte er über Frankreich nach New York und ein Jahr später nach Mexiko. Dort erschien 1942 sein autobiographisch getöntes Buch „Marktplatz der Sensationen". Seit 1946 lebte er wieder in seiner Heimatstadt, wo er am 31. März 1948 gestorben ist.

Železná (Eisengasse)

Wenn man die *Kožná* durchschritten hat, passiert man einen Durchlaß und biegt dann nach rechts in die *Železná* ein, an deren Ende sich von links die grüne Rokokko-Fassade des Tyl-Theaters hereinschiebt, in dem 1791 Mozarts „Don Giovanni" uraufgeführt wurde. Das dem Beschauer zu liegende Eckhaus davor ist das älteste Gebäude der 1348 von Kaiser Karl IV. gegründeten Prager Universität.

2. Nr. 9/541: Karolinum

Nachdem man die Studenten zunächst in Klöstern und Privatwohnungen unterrichtet hatte, kaufte König Wenzel IV. (1378–1419) ein an dieser Stelle um 1370 erbautes Wohnhaus, von dem sich jedoch lediglich der gotische Erker erhalten hat, der sich auf der dem Tyl-Theater zugewandten Seite des Karolinums befindet. Die übrigen Teile und spätere Erweiterungen wurden im 18. Jahrhundert barockisiert und im 19. Jahrhundert regotisiert. Als man die alte Karls-Universität im Jahr 1882 in eine deutsche und eine tschechische Hochschule teilte, wurde das Karolinum beiden juristischen Fakultäten zugewiesen. Die Tschechen benützen den am *Ovocný trh* (Obstmarkt) gelegenen Eingang, die Deutschen das von einem Balkon überwölbte Portal in der Eisengasse.

Auch der Jurastudent Franz Kafka ist hier aus und ein gegangen, dazu in dem Gebäude *Ovocný trh Nr. 5/560,* in dem sich das Rechtswissenschaftliche Seminar der Prager deutschen Universität befand. Am 16. Juni 1906 wurde er im Festsaal des Karolinums in einer feierlichen Zeremonie zum Doktor der Rechte promoviert. Während ihres Verlaufs legten die Kandidaten die Hand zum Schwur auf das vom Pedell gehaltene Universitätszepter und antworteten auf die Frage, ob sie gewillt seien, sich stets entsprechend den Grundsätzen des akademischen Lebens zu verhalten: „Spondeo ac polliceor" („Ich gelobe und verspreche es").

Kamzíková ulická (Gemsengäßchen)

Nördlich des Karolinums zweigt von der *Železná* die *Kamzíková* ab, deren rechte Häuserfront besonderes Interesse verdient.

3. Nr. 6/543: „Salon Goldschmied"

In diesem 1804 erbauten Haus befand sich bis Ende 1919 das nobelste Prager Bordell, der auch unter dem Namen „Gogo" geläufige „Salon Goldschmied", in dem Regierungsvertreter, der Hochadel, Militärs und natürlich die Künstler zu Gast waren. Unter den letzteren befand sich der Schriftsteller Christian Morgenstern (1871–1914), der mit seinen satirischen Lyriksammlungen „Galgenlieder" (1905) und „Palmström" (1910) bekannt wurde. Er hat im Stammbuch eines der Mädchen des Hauses das folgende Gedicht hinterlassen:

Palmström bei Gogo

Palmström sucht (gleich anderen vielen)
Wie man, ohne zu verspielen,
Mittels Formel finden könnte,
Wieviel jeder, wenn er wollte –
Angenommen, daß er könnte –
Wieviel jeder zahlen sollte,
Wieviel jeder, wenn er könnte,
Angenommen: daß er wollte,
Wie wenn sollte, wollte, könnte,
Der Kaffee zu zahlen wäre
Pro Person nach Recht und Ehre,
Wenn der, der aufs Zimmer rennte,
Und sich von den andern trennte,
Der nun auszulassen wäre.

Palmström beginnt zu dividieren,
Er versinkt in den Papieren,
Er versinkt in dem Probleme,
Wieviel wohl auf jeden käme
Wenn, – wie oben es notiert.

Während er noch dividiert,
Hat – wohl nur damit er prahlt –
Hat ein anderer bezahlt.
Palmström denkt: es ist genog,
Nimmt sich Hut und Stock und Rock;
Denn nicht an mehr – meint er – käm' es
Auf die Lösung des Problemes.
(Egon Erwin Kisch, Hetzjagd durch die Zeit, S. 350f.)

Die zum Verständnis nötige Hintergrundsinformation überliefert Egon Erwin Kisch: Eine Tasse Kaffee, gleichsam das Eintrittsbillet, wurde nicht serviert, sondern nur eine Portion, bestehend aus einer Kanne und fünf Tassen, die man bestellen mußte, gleichgültig, ob man allein oder in Gesellschaft gekommen war. Deswegen wartete man an der Einmündung der *Kamzíková* in die *Železná* auf Gleichgesinnte, mit denen man für die nächsten Stunden eine auf diese gastronomische Besonderheit abgestimmte Interessengemeinschaft eingehen konnte. (Egon Erwin Kisch, Die Geheimnisse des Salons Goldschmied, S. 350)

Die Prager Bohème versammelte sich regelmäßig nach der Schließung der Kaffeehäuser (vor dem Ersten Weltkrieg um zwei Uhr morgens) in diesem Etablissement, um im stimulierenden Ambiente den Rest der Nacht zu versitzen. Dies gilt besonders für Franz Werfel (Näheres S. 225), der wahrscheinlich schon während der letzten beiden Gymnasialjahre hier aus und ein ging, sich mit einzelnen Mädchen anfreundete und in seiner 1927 erschienenen Erzählung „Das Trauerhaus" eine anschauliche Schilderung des im „Salon Goldschmied" herrschenden Treibens hinterlassen hat.

Celetná (Zeltnergasse)

Wenn man den engen Durchlaß am Ende der *Kamzíková* passiert hat, steht man in der vom *Prašná brána* (Pulverturm) kommenden und zum *Staroměstské náměstí* (Altstädter Ringplatz) führenden *Celetná.* Ab 1908, als er bei der Arbeiter-Unfall-Versicherungs-Anstalt angestellt war, ist Kafka hier täglich zweimal vorbeigekommen, am frühen Nachmittag regelmäßig in Begleitung seines Freundes Max Brod, der ihn nach Dienstschluß auf dem *náměstí Republiky* (Josefsplatz) erwartete und anschließend mit ihm gemeinsam bis zum *Staroměstské náměstí* ging, von wo aus jeder seine Wohnung aufsuchte. Zuvor hatte Kafka lange Jahre in der *Celetná* gewohnt, in der zeitweise auch das elterliche Geschäft lag.

4. Nr. 12/558: Galanteriewarengeschäft Hermann Kafkas

Im Nachbarhaus rechter Hand, einem kleinen Palais mit ansprechender Fassade, befand sich von Mai 1906 bis zum September 1912 das Kurzwarengeschäft Hermann Kafkas.

5. Nr. 3/602: Haus „Zu den drei Königen"
(dům „U tří králů")

In entgegengesetzter Richtung in der rechten Straßenfront das im Kern spätgotische Haus „Zu den drei Königen". Im ersten Stock wohnte die Familie Kafka von September 1896 bis Juni 1907. Bis zum Frühjahr 1906 befand sich in diesem Gebäude auch das Geschäft Hermann Kafkas. Hier ist ein Teil von Kafkas Frühwerk entstanden, so die erste Fassung der „Beschreibung eines Kampfes" (vgl. S. 14) sowie einige Stücke aus dem Erstling „Betrachtung" (1912). Auch Kafkas erstes erotisches Erlebnis hat in diesem Haus seinen Ausgang genommen. Er berichtet von diesem, auf den Frühsommer 1903 zu datierenden Ereignis am 9. August 1920 an seine damalige Geliebte Milena Jesenská:

Ich erinnere mich an die erste Nacht. Wir wohnten damals in der Zeltnergasse, gegenüber war ein Konfektionsgeschäft[1], in der Tür stand immer ein Ladenmädchen, oben wanderte ich, etwas über 20 Jahre alt, unaufhörlich im Zimmer auf und ab mit dem nervenspannenden Einlernen für mich sinnloser Dinge zur ersten Staatsprüfung beschäftigt. Es war im Sommer, sehr heiß, diese Zeit wohl, es war ganz unerträglich, beim Fenster blieb ich, die widerliche römische Rechtsgeschichte zwischen den Zähnen, immer stehn, schließlich verständigten wir uns durch Zeichen. Am Abend um 8 Uhr sollte ich sie abholen, aber als ich abend hinunterkam, war schon ein anderer da, nun das änderte nicht viel, ich hatte vor der ganzen Welt Angst, also auch vor diesem Mann; wenn er nicht da gewesen wäre, hätte ich *auch*

---

1 das Damenkonfektionsgeschäft von Ernestine Hraše, das im Erdgeschoß des Hauses *Nr. 4/554* gelegen war.

Angst vor ihm gehabt. Aber das Mädchen hängte sich zwar in ihn ein, aber machte mir Zeichen, daß ich hinter ihnen gehen solle. So kamen wir auf die Schützeninsel, tranken dort Bier, ich am Nebentisch, gingen dann, ich hinterher, langsam zur Wohnung des Mädchens, irgendwo beim Fleischmarkt, dort nahm der Mann Abschied, das Mädchen lief ins Haus, ich wartete ein Weilchen, bis sie wieder zu mir herauskam und dann giengen wir in ein Hotel auf der Kleinseite. Das alles war, schon vor dem Hotel, reizend, aufregend und abscheulich, im Hotel war es nicht anders. Und als wir dann gegen Morgen, es war noch immer heiß und schön, über die Karlsbrücke nachhause gingen, war ich allerdings glücklich, aber dieses Glück bestand nur darin, daß ich endlich Ruhe hatte vor dem ewig jammernden Körper, vor allem aber bestand das Glück darin, daß das Ganze nicht *noch* abscheulicher, nicht *noch* schmutziger gewesen war. Ich war dann noch einmal mit dem Mädchen beisammen, ich glaube, 2 Nächte später, es war alles so gut wie zum erstenmal, aber als ich dann gleich in die Sommerfrische fuhr, draußen ein wenig mit einem Mädchen spielte, konnte ich in Prag das Ladenmädchen nicht mehr ansehn, kein Wort habe ich mehr mit ihr gesprochen, sie war (von mir aus gesehn) meine böse Feindin und war doch ein gutmütiges freundliches Mädchen, immerfort verfolgte sie mich mit ihren nichts verstehenden Augen. Ich will nicht sagen, daß der alleinige Grund meiner Feindschaft (sicher war er es nicht) der gewesen ist, daß das Mädchen im Hotel in aller Unschuld eine winzige Abscheulichkeit gemacht hat (nicht der Rede wert), eine kleine Schmutzigkeit gesagt hat (nicht der Rede wert), aber die Erinnerung blieb, ich wußte im gleichen Augenblick, daß ich das nie vergessen werde und gleichzeitig wußte ich oder glaubte es zu wissen, daß dieses Abscheuliche und Schmutzige, äußerlich gewiß nicht notwendig, innerlich aber sehr notwendig mit dem Ganzen zusammenhänge und daß mich gerade dieses Abscheuliche und Schmutzige (dessen kleines Zeichen mir ihre kleine Handlung, ihr kleines Wort gewesen war) mit so wahnsinniger Gewalt in dieses Hotel gezogen hatte, dem ich sonst ausgewichen wäre mit meiner letzten Kraft.

(Franz Kafka, Briefe an Milena, S. 196–198)

6. Nr. 2/553: „Sixen-Haus" („Sixtův dům")

Das in seinem Kernbestand romanische Haus schräg gegenüber stammt in seiner heutigen Gestalt aus dem Jahr 1725. Es leitet seinen Namen von dem Adelsgeschlecht Sixt von Ottersdorf her, in deren Besitz es vom Anfang des 16. Jahrhunderts bis 1623 war. Hier wohnte die Familie Kafka von August 1888 bis Mai 1889.

Staroměstské und Malé náměstí (Altstädter und Kleiner Ringplatz)

Der Altstädter Ringplatz, geschichtsträchtiger Mittelpunkt der Prager Altstadt, hat im Lauf der Zeit sein Aussehen beträchtlich verändert. Lediglich die Südfront zeigt sich noch so, wie sie Kafka in seiner Kindheit und Jugend sah.

Die Teinkirche *(kostel Panny Marie před Týnem)* mit der ihr vorgelagerten Tein-Schule und das Kinsky-Palais an der Ostseite sind zwar ebenfalls unverändert geblieben, aber das zwischen beiden liegende Haus „Zur Glocke" *(„U zvonu"),* das heute Ausstellungszwecken dient *(„Galerie hlavního města Prahy"),* hat erst durch Restaurierungsmaßnahmen in den letzten Jahren seine aus dem 14. Jahrhundert stammende ursprüngliche Gestalt wiedergewonnen. Die Nordfront des Platzes wurde mit Ausnahme des Hauses *Nr. 7/931* (mit einem Salvator mundi von 1696 als Giebelplastik) im Zusammenhang mit der 1897 begonnenen Stadtsanierung eingerissen. Mit der hier einmündenden *Pařížská třída* (Niklasstraße), mit der man eine bisher nicht bestehende gerade Fahrstraße zur Moldau schuf, schwächte man den mittelalterlichen Charakter des Platzes genauso wie durch die drei östlich dieser Straße errichteten Neubauten. Abgetragen wurde im Jahr 1901 auch das sogenannte Grän-Haus, das der barocken St. Niklaskirche an der Nordwestecke des Ringplatzes vorgelagert war. (Auf seiner vom Altstädter Ringplatz abgewandten Seite wohnte die Familie Kafka 1887 und 1888.) Anstelle der sich nördlich vom Altstädter Rathaus erstreckenden Rasenfläche erhob sich ein neugotischer Erweiterungsbau, der am 8. Mai 1945 ausbrannte, als die sich zurückziehenden deutschen Truppen das Gebäude beschossen.

Auch der Platz selbst bietet heute ein vollkommen anderes Bild als um die Jahrhundertwende. Das gewaltige Hus-Denkmal wurde nach mehrjähriger Bauzeit am 6. Juli 1915, dem 500. Todestag des tschechischen Märtyrers, seiner Bestimmung übergeben. Zuvor hatte eine vor der Teinkirche befindliche Mariensäule das Bild des Platzes bestimmt, ein hoher Steinmonolith mit der Statue der Immaculata an seiner Spitze. Am 3. November 1918 wurde die Mariensäule von tschechischen Nationalisten zerstört. Sie sahen darin ein Symbol der Gegenreformation, die nach der Schlacht am Weißen Berge einsetzte und Böhmen seiner politischen Selbständigkeit beraubte.

Nach alter Gepflogenheit diente der Platz nicht nur als Markt, sondern er ist bis in die Gegenwart hinein zugleich Versammlungsort und Schauplatz politischer Entscheidungen gewesen. Nach dem Prager Fenstersturz des Jahres 1618, bei dem die beiden katholischen Statthalter und deren Schreiber in den Wallgraben der Prager Burg gestürzt worden waren, hatten sich die böhmischen Stände von Wien losgesagt und anstelle Kaiser Ferdinands II. (1619–1637) den Kurfürsten Friedrich von der Pfalz zu ihrem Herrscher gewählt. Zwei Jahre später, am 8. November 1620, kam es auf dem Weißen Berge, der sich am westlichen Rand der Prager Vorstadt *Břevnov* erhebt, zu einer Entscheidungsschlacht zwischen den Abtrünnigen und einem kaiserlichen Heer. Die böhmischen Truppen wurden entscheidend geschlagen, Friedrich, der Winterkönig, floh, und die meist adligen Aufrührer wurden nach und nach gefangengenommen und bestraft: Am 21. Juni 1621 wurden die 27 Hauptschuldigen auf dem Altstädter Ring öffentlich hingerichtet (vierundzwanzig mit dem Schwert, drei auf dem Galgen). Eine Gedenktafel aus Bronze, auf der die Namen der Toten verzeichnet sind, befindet sich an der Ostwand des Altstädter Rathauses, rechts von der gotischen Erker-Kapelle. Siebenundzwanzig Kreuze und das Datum der Exekution bezeichnen auf dem davorliegenden Pflastermosaik den Ort des blutigen Geschehens.

Der tschechische Schriftsteller Zikmund Winter (1846–1912) hat in seinem 1906/07 gedruckten Roman „Magister Kampanus" die Erhebung der böhmischen Stände bis zur Schlacht am Weißen Berge und die daraus sich ergebenden Folgen dargestellt. Hauptfigur ist der Schriftsteller, Komponist und Professor der Prager Universität Jan Campanus Vodňanský (1572–1622). Im neunten Kapitel des zweiten Teils berichtet Winter quellengetreu von der Hinrichtung auf dem Altstädter Ringplatz. Kampanus befindet sich zunächst im Sixen-Haus, um die Frau Theodor Sixts von Ottersdorf zu trösten, der unter den zum Tode Verurteilten war, dann aber als einziger auf dem Blutgerüst begnadigt wurde:

Hinrichtung der böhmischen Aufständischen auf dem Altstädter Ring
1621 (zeitgenössischer Kupferstich)

Kampanus sah aus dem Fenster, von dem man schräg einen Teil
des Rings einsehen konnte. Er sah Soldaten, überall nur Soldaten. Zur
Ringmitte hin war die Reiterei versammelt, ansonsten, wohin das
Auge reichte, Landsknechte, in Karrees aufgestellt – über den Köpfen
der Soldaten, gegenüber dem Fenster, aus dem Kampanus blickte,
leuchtete mitten auf dem Ring der neue weiße Galgen, an dem eine
neue Leiter lehnte. Vom schwarzen Theatrum[1] konnte der Rektor nur
ein Eck erspähen; mehr war aus dem Fenster der Sixts nicht zu erfassen. Aus den Fenstern der Ringhäuser sah niemand heraus.

Oder doch!

Auf der Seite gegenüber, gleich hinter dem weißen Galgen, im
Hause des einstigen Direktors Dvořecký, das schon seit Wochen unbe-
wohnt und von Michna[2] konfisziert ist, werden die Fenster geöffnet.
In einem taucht Michna auf.

---

1 mit schwarzem Tuch überzogenes Holzpodest, auf dem die Enthauptungen
vorgenommen wurden.
2 Pavel Michna von Vacínov, Gegner der böhmischen Stände, nach Liechtensteins
Tod Oberburggraf von Böhmen.

Wie könnte der auch heute fehlen, haben doch er selbst und seine Kanzlei die Männer samt der Ursach dem Blutgericht zugeführt, warum sollte er nicht das Werk betrachten, dessen Mitschöpfer er ist?

Irgendein Lakaienmensch öffnet ein zweites, ein drittes Fenster – in einem, siehe, der Fürst von Liechtenstein[3] – gewiß, das ist er, die Haare glatt nach hinten gekämmt, fast ohne Bart; ihm zur Seite eine schöne Frau, schwarzhaarig, geschmeidig, vielleicht die Kanzlergattin Polyxena, in der Tat, ein solches Schauspiel hat die Welt noch nicht erlebt und wird es wohl so bald nicht wieder erleben. Im letzten Fenster, am äußersten Rand des Hauses, das behaarte Affengesicht des Herrn Fabricius[4]. Er ist gekommen, den Tod jener zu schauen, die ihm den Tod durch Sturz in große Tiefe bestimmt hatten – neben Fabricius nimmt Frau Mollerus Platz, fleischig, blaß, mit einer Pfauenfeder am roten Hütchen. Der gedrungene Mann hinter ihr mit den Augengläsern hat Ähnlichkeit mit Magister Georgius Mollerus.

Äh, mit Abscheu wandte Kampanus seine Augen von diesen Fenstern, mit der lauten Bemerkung, daß nur die Armen im Herzen glücklich sein könnten, da sie keinen Schmerz empfänden.

Vom Rathaus her hört man es läuten. Die Totenglocke?

Da vernimmt der Rektor aus der Menge unten, die sich in der Zeltnergasse im Rücken der Soldaten drängt, den Namen Schlicks[5].

„Schlick kommt! Das ist Graf Schlick!" rufen die Zuschauer, auf Fässern und Tischen stehend, die sie sich aus der Gaststube der Sixts geliehen haben.

Eine leise Stimme klingt vom Rathaus herüber; als die Stimme verstummt, dröhnen die Trommeln.

„Zack!" grölt der erste auf dem Faß.

„Huch, der Kopf ist ab! Und – jetzt ziehn die ihm den Arm auf den Block – und ab!" schreit der zweite.

---

3 Karl Fürst von Liechtenstein (1569–1627), harter, habgieriger Statthalter des Kaisers nach der Niederschlagung des Aufstandes.

4 Philipp Fabricius Platter von Hohenfall, Geheimschreiber der kaiserlichen Statthalter Martinitz und Slawata, der am 23. Mai 1618 zusammen mit diesen aus einem Fenster des Prager Königspalastes in den davorliegenden Burggraben gestürzt wurde; wie durch ein Wunder überlebten alle drei den Prager Fenstersturz.

5 Der tschechische Adlige und Lutheraner Joachim Andreas Schlick (geb. 1569) wurde auf Befehl des sächsischen Kurfürsten am 18. März 1621 verhaftet, in Dresden eingekerkert und im Mai dem Kaiser übergeben.

„Jetzt packen sie alles ein und tragen es weg!" ruft der dritte.
Die Trommeln verstummen.
„Wen führen sie jetzt vor?" fragt einer.
„Das ist Herr Budovec!"[6]
„Das ist nicht Budovec!"
Kampanus hörte nicht weiter hin und riß sich vom Fenster los. Zu
Frau Sixt, die neben dem Fenster saß und in einem Gebetbuch las,
sagte er in aller Hast etwas Verworrenes und lief hinaus.

Völlig außer sich rannte er die breite Holztreppe hinunter, durch
den Torweg aus dem Haus, kämpfte sich durch das Menschenge-
dränge ins Pfarrhaus direkt gegenüber, von dort gelangte er in die leere
Teynkirche, sprang unter die Empore, wo seitlich der Eingang zu den
Türmen war, ein kleines bogiges Eisentor – er kannte es, dort hatte er
immer den Glöckner mit seinen Gehilfen hineingehen sehen, das Tor
war nur mit einem Haken verriegelt, öffnete es energisch, auf allen vie-
ren über die steinerne Schnecke nach oben, stieß in der Dunkelheit mit
dem Kopf an, blieb stehen, rang nach Atem, Hände und Füße rutschten auf dem feuchten Stein . . . Höher . . . Nur höher!
„Ich will es sehen", sagte er sich wie von Sinnen.
„Was sehen? Warum sehen? Lauf lieber weg, Kampanus! . . ."
„Nein, ich will sehen, ob es sein kann, so viele Menschen umzu-
bringen, man muß sie begnadigen, *veniam*, das will ich sehen, Gnade,
Gnade . . ."
Er lief aus dem dunklen, steinernen Stiegenhaus hinaus, auf eine
hellere, hölzerne Treppe – der gesetzte Magister und Rektor nahm
zwei Stufen auf einmal –, und schon stand er in der offenen gotischen
Tür, schon war er auf der langen, schmalen Galerie der Muttergottes-
kirche, direkt unter dem großen vergoldeten Hussitenkelch[7].
Er hatte eine Schar grauer Tauben aufgeschreckt, die mit lautem
Flügelschlag zu den schmalen schönen Spitzen der Teyntürme aufflat-
terten.
Kampanus nahm von den Tauben keine Notiz.
Außer Atem, stemmte er seine Arme gegen die steinerne Brüstung
und sah in höchster Spannung nach unten. Er blickte über zwei Giebel

---

6 Wenzel Budovec, Freiherr von Budov, ein Mitglied der böhmischen Brüder.
7 König Georg von Podiebrad hatte dieses Symbol am Giebel der Prager Haupt-
kirche anbringen lassen, das aber nach dem Sieg der katholischen Partei wieder entfernt
wurde.

und zwei Dächer der Häuser tief unter sich, blickte über die Köpfe der vielen Soldaten direkt zum Rathaus, zum schwarzen Blutgerüst, was gab es dort, was gab es dort?

Soeben tragen die schwarz vermummten Totengräber einen Körper im schwarzen Tuch weg, sie tragen ihn über eine Treppe unters Gerüst.

Dort also ist das Schreckenslager.

Der Henker, ein stämmiger Kerl in grauer Kleidung, mit einem bäuerlichen Wickelhut auf dem Kopf, wischt mit einem Lappen das besudelte Schwert ab.

Über den reichen Läden, direkt unter der Kapelle, sitzen in einer Reihe mehrere Männer in dunklen Anzügen, mit breiten weißen Halskrausen und spitzen schwarzen Hüten.

Kampanus erkennt unter ihnen die drei kaiserlichen Schultheißen, Ostrštok, Šrepl und Hegner von der Kleinseite, daneben den aufgedunsenen Herrn Kapr, die anderen kennt er nicht, es sind fremde Gesichter.

Kampanus weiß, daß es jene Herren sind, die als Zeugen bei der Vollstreckung der Urteile anwesend sein müssen. Sie sitzen unter der schönen Rathauskapelle und plaudern, als säßen sie bei einem Fechtturnier, das fremde Leid ist aus der sicheren Entfernung kaum mehr als ein Nervenkitzel für sie.

Aus einem der großen Fenster, welches zu einer Tür umgebaut ist, steigt der städtische Schultheiß die Treppe hinab, gefolgt vom Herrn Harant[8], neben und hinter Harant vier Jesuiten mit gefalteten Händen.

Sie beten laut.

Die vier betenden Stimmen dringen bis zur steinernen Kirchengalerie empor.

Harant steht aufrecht wie eine Tanne. Er läßt seinen Blick über den Ring streifen. Herr Harant ist ein Krieger, der dem Tod schon oft in die Augen geblickt hat. Jetzt sieht er zur Kirche der Muttergottes auf . . . Erkennt er ihn? Erkennt er ihn nicht?

Eine hohe Stimme liest Ursach und Urteil vor – ein rotes verschwitztes Gesicht – das ist Pěček Smržický, der da liest.

Er hat ausgelesen.

Harant hebt die Hand, anscheinend will er etwas sagen.

---

8 Christof Harant, Freiherr von Polžic.

Trommeln werden geschlagen, damit man ihn nicht hören kann. Die Herren unter der Kapelle hätten kaum etwas Angenehmes zu hören bekommen. Harant geht auf das Kreuz zu, kniet nieder, die Jesuiten knien mit ihm. Die Trommeln dröhnen. Der Herr faltet die Hände, er betet nur kurz. Dann springt er auf. Der Diener will ihm die Jacke ausziehen. Er stellt sich in seiner Aufregung recht ungeschickt an – schließlich blößt sich der Herr selber. Die Jesuiten sprechen zu ihm. Der Herr gibt ihnen die Hand. Er geht vor dem Block auf die Knie. Der Henker nähert sich langsam. Kampanus stützt sich mit den Ellbogen aufs Geländer, hält, preßt die Fäuste vor die Augen. Und als er die Augen wieder freimacht, tragen die schwarzen Totengräber eine weitere kostbare Last unter das Gerüst.

(Tschechische Erzähler des 19. und 20. Jahrhunderts, S. 163–168)

7. Astronomische Uhr (Orloj)

An der Südseite des 1805 umgebauten Altstädter Rathausturms befindet sich eine aus dem Jahr 1490 stammende astronomische Uhr, die nicht nur die Tageszeit, sondern auch Monate, den Lauf der Planeten und die Mondphasen anzeigt. Berühmt ist das mechanische Beiwerk, das zu einer besonderen Touristenattraktion geworden ist. Zu jeder vollen Stunde ziehen hinter zwei zu diesem Zweck sich öffnenden Fenstern oberhalb der beiden Zifferblätter die zwölf Apostel vorbei (Schnitzarbeiten aus den Jahren 1947 bis 1949), die charakteristische Bewegungen ausführen. Danach läutet der Tod, der als Gerippe das obere Zifferblatt auf der rechten Seite flankiert, mit der einen Hand das Totenglöckchen und dreht mit der anderen eine Sanduhr um. Er will damit dem neben ihm stehenden musizierenden Türken, der ablehnend den Kopf schüttelt, andeuten, seine Zeit sei abgelaufen. Ähnlich verhält sich das linker Hand auf gleicher Höhe angebrachte Paar, das einen an seinem Beutel erkennbaren Geizhals und einen sich bespiegelnden Eitlen darstellt. Zum Abschluß kräht, eine Zutat des vorigen Jahrhunderts, ein Hahn, der über den Fensteröffnungen angebracht ist. Der Prager Schriftsteller Rudolf Fuchs hat in einem umfangreichen Erzählgedicht, das 1941 in der Londoner Emigration entstanden ist, im Zug der Apostel Figurationen eigener Lebensstationen gesehen

Astronomische Uhr am
Altstädter Rathausturm

und auf diese Weise wichtige Phasen seiner eigenen Entwicklung Gestalt werden lassen; hier sei wenigstens die erste Strophe angeführt:

Prager Aposteluhr

Erschein, erschein, mit Tierkreis und Figur,
wie ich dich oft gesehn, Aposteluhr!
Wo über dir der graue Turm sich reckt,
wo rings umher das Pflaster Träume weckt!
Erschein, erschein, mit Hoffart, Geiz und Tod,
vom Mond bespült und von der Sonne rot!
Die Klingel schellt so seltsam und vertraut,
die Menschen bleiben stehn, und jeder schaut.
Das Schiebefenster gibt die Szene frei,
die zwölf Apostel drehen sich vorbei.
Und wenn der letzte an der Lücke steht,
kräht lang der Hahn das Amen im Gebet.
(Rudolf Fuchs, Die Prager Aposteluhr, S. 11)

Rudolf Fuchs wurde am 5. März 1890 in Podiebrad (Poděbrady) in Südböhmen als Sohn des jüdischen Geschäftsmanns David Fuchs geboren. Er wuchs in einer tschechischsprechenden Umgebung auf, bis ihn die Eltern 1901 nach Prag schickten, wo er bis zum Abitur im Jahr 1908 die deutsche Realschule in der *Mikulandská* (vgl. S. 236) und anschließend den sogenannten Abiturientenkurs an der Deutschen Handelsakademie in der *Masná* (vgl. S. 173) besuchte. 1910 wurde er Beamter in einer Prager Maschinenfabrik, 1912 kam er in Verbindung mit dem Literatenkreis im Café „Arco". 1913 erschien sein erster Gedichtband „Der Meteor", 1928 sein Stück „Aufruhr im Mansfelder Land", das im März 1921 in Leuna spielt und die letzten Wochen des von Max Hoelz geführten Aufstandes im dortigen Bergbaurevier dokumentarisch nachzeichnet. Seit 1933 beteiligte sich Fuchs, der im Lauf der Jahre immer mehr ins kommunistische Lager getrieben worden war, publizistisch am Kampf gegen den Faschismus, so 1936 bis 1938 mit Beiträgen in den Zeitschriften „Internationale Literatur" und „Das Wort", die in Moskau erschienen. 1939 ist ihm die Flucht nach London geglückt. Dort ist er am 17. Februar 1942 an den Folgen eines Verkehrsunfalls gestorben.

8. Nr. 2/3: Haus „Minuta" (dům „U minuty")

In diesem zu Beginn des 17. Jahrhunderts errichteten Haus wohnte die Familie Kafka vom Juni 1889 bis September 1896. Rechts daneben, also vor der aus vier unterschiedlichen Bauwerken gebildeten Fassade des Altstädter Rathauses, ist eine kleine, für Kafkas Verhältnis zum Geld jedoch überaus bezeichnende Geschichte anzusiedeln, die er als Kind erlebte und Milena Jesenská am 18. Juli 1920 berichtet hat:

Ich hatte einmal als ganz kleiner Junge ein Sechserl bekommen und hatte große Lust es einer alten Bettlerin zu geben, die zwischen dem großen und dem kleinen Ring saß. Nun schien mir aber die Summe ungeheuer, eine Summe die wahrscheinlich noch niemals einem Bettler gegeben worden ist, ich schämte mich deshalb vor der Bettlerin etwas so Ungeheuerliches zu tun. Geben aber mußte ich es ihr doch, ich wechselte deshalb das Sechserl, gab der Bettlerin einen Kreuzer, umlief den ganzen Komplex des Rathauses und des Laubenganges am kleinen Ring, kam als ein ganz neuer Wohltäter links heraus, gab der Bettlerin wieder einen Kreuzer, fing wieder zu laufen an und machte das glücklich zehnmal (Oder auch etwas weniger, denn, ich glaube die Bettlerin verlor dann später die Geduld und verschwand mir). Jedenfalls war ich zum Schluß, auch moralisch, so erschöpft, daß ich gleich nach Hause lief und so lange weinte, bis mir die Mutter das Sechserl wieder ersetzte.

(Franz Kafka, Briefe an Milena, S. 127)

Wenn man vom Haus „Minuta" in westlicher Richtung weitergeht, gelangt man auf das *Malé náměstí* (den Kleinen Ring). In seiner Mitte erhebt sich ein Brunnen, dessen schmiedeeisernes Gitter aus dem Jahr 1560 in Kafkas „Beschreibung eines Kampfes" Erwähnung findet (S. 108). In der dahinterliegenden Häuserfront war im Erdgeschoß des Hauses *Nr. 2/143* die Buchhandlung „Calve" untergebracht, in der Kafka aus und ein ging.

9. Haus „Zum schwarzen Lamm"

In der nach Norden abgehenden *U radnice* (Rathausgasse), deren Lauben der mit der Bettlerin beschäftigte kleine Franz in der Gegenrichtung durchlaufen hatte, befand sich um die Jahrhundertwende die berüchtigte Kneipe „Batallion" *(„Batalión")*, in welcher der blinde Zitherspieler Lojsitschek und die unförmig dicke Mutter Kraus ihre Kunst zum besten gaben, und zwar in dem nicht mehr bestehenden Haus „Zum schwarzen Lamm", dessen Eingang genau gegenüber dem heutigen Lokal „Zum grünen Frosch" *(Nr. 8/13)* lag. An dieser Stelle erhebt sich jetzt die Rückwand des bis zum Marienplatz reichenden Neuen Rathauses. (Václav Cibula, Pražské figurky, S. 79)

„Batallion" und „Altes Ungelt", dem wir gleich begegnen werden, sind Schauplätze in Gustav Meyrinks „Golem", wo sie vergleichsweise beschauliche Gegenpole zu den phantastischen Geschehnissen bilden, die sich in der Judenstadt und auf dem Hradschin abspielen. Hier treffen sich die miteinander befreundeten Hauptfiguren, um sich Altprager Geschichten zu erzählen, die das eigentliche Thema des Romans frei umspielen. Meyrink gibt dem „Batallion" den Namen „Salon Loisitschek", in dem ein blinder Greis auf der Harfe und ein schwammiges Weibsbild mit der Ziehharmonika musizieren.

Kafkas Geburtshaus (1903)

10. U radnice Nr. 5/27: Kafkas Geburtshaus

An der Stelle, wo drei Straßen in die *U radnice* (Rathausgasse) einmünden, erweitert sich diese zu einem kleinen Platz. An seiner Nordseite erhebt sich, angebaut an die rechter Hand sichtbar werdende St. Niklaskirche, das Haus, in dem Franz Kafka am 3. Juli 1883 geboren wurde. An seiner Fassade wurde Mitte der sechziger Jahre eine von Karel Hladík geschaffene Bronzeplastik angebracht, die Kafkas Kopf zeigt. Die Aufgabe des Künstlers war nicht einfach, weil alle erhaltenen Photographien Kafka von vorne zeigen, das Profil seines Gesichtes also nicht überliefert ist. Hladík nahm sich deswegen einen Enkel Ottlas zum Modell, der Kafkas Nasenbildung geerbt hatte.

Im Erdgeschoß des Hauses (rechts) ist eine kleine Ausstellung zu sehen, in der auf Schrifttafeln und mit Hilfe historischer Photos der Lebensgang Kafkas detailreich nachgezeichnet ist.

11. Nr. 5/934: „Oppeltsches Haus"
(Ministerstvo obchodu)

An der St. Niklaskirche vorbeigehend, kommt man an der Stelle auf den Altstädter Ring zurück, an der die *Pařížská třída* (Niklasstraße) einmündet. Im obersten voll ausgebauten Stockwerk des der Kirche gegenüberliegenden Eckhauses wohnte die Familie Kafka ab November 1913 in einer Sechszimmerwohnung, deren Fenster teils auf die *Pařížská*, teils auf den Ringplatz zeigten. Der als Archivmaterial erhaltene Wohnungsgrundriß und gelegentliche Hinweise in den Dokumenten zu Kafkas Leben lassen den Schluß zu, daß das auf die *Pařížská* weisende Doppelfenster links des Erkers zu seinem Zimmer gehörte, das links daneben aber zum Schlafzimmer der Eltern.

Als zu Beginn des Ersten Weltkriegs Karl Hermann, der Ende 1910 Kafkas älteste Schwester Elli geheiratet hatte, einrücken mußte, kehrte seine Frau mit ihren beiden Kindern zu ihren Eltern zurück, so daß kein Platz mehr für den Bruder vorhanden war, der sich jetzt ein eigenes Zimmer in der Stadt suchen mußte. Die ersten drei Domizile lagen in der Altstadt und werden auf diesem Spaziergang angesteuert. Ende 1916 übersiedelte Kafka jedoch teilweise auf den Hradschin (vgl. S. 135), im März 1917 gänzlich auf die Kleinseite (vgl. S. 60).

Nach dem Ausbruch der Lungentuberkulose wohnte er wieder im „Oppeltschen Haus", sofern er sich nicht außerhalb Prags zur Erholung aufhielt. Zunächst lebte er, mit Blick auf den Ringplatz, in Ottlas Zimmer, die im Frühjahr 1917 nach Zürau übersiedelt war. Später richtete man dem Kranken das Elternschlafzimmer ein, das infolge seiner Randlage in der Wohnung vergleichsweise ruhig war. Hier sind Anfang 1922 die Anfangsteile des „Schloß"-Romans und vermutlich die Erzählung „Josefine, die Sängerin oder Das Volk der Mäuse" (März/April 1924) entstanden.

12. Nr. 12/606: Kinsky-Palais (palác Kinský)

In diesem Gebäude, und zwar hinter dem rechts liegenden Portal, befand sich seit Herbst 1912 das Geschäft Hermann Kafkas, das im Sommer 1918 verkauft, aber unter seinem alten Namen weitergeführt wurde. Im Hinterhaus, über das linke Portal *(„Národní galerie v Praze")* zu erreichen, aber der Öffentlichkeit nicht zugänglich, lag das K. k. deutsche Staatsgymnasium in Prag-Altstadt, das Franz Kafka von 1893 bis 1901 besuchte. Er war ein guter Schüler, obgleich er dauernd Angst hatte, das Klassenziel nicht zu erreichen. Zu den in Prag

nicht seltenen Originalen gehörte der Rabbiner Nathan Grün, der in
den Oberklassen den jüdischen Schülern Religionsunterricht erteilte.
Der bekannte Schauspieler Ernst Deutsch, ebenfalls Absolvent der Anstalt, hat das Lehrverhalten Grüns parodiert:

> „Der Stammvater des Geschlechtes der Hasmonäer, aus welchem
> die Makkabäer hervorgingen, war Mattatias. Mattatias hatte fünf
> Söhne: Eleasar . . . Juda, später Juda Makkabi genannt . . . Jochanan
> . . . nein, Jochanan war der älteste, also Jochanan . . . Juda . . . Simon
> . . . Jochanan . . . aber der war ja schon da, ich mein' den Jonatan . . .“
> (er geriet in immer heftigeres Schwimmen und kehrte, um Ordnung in
> die Reihenfolge zu bringen, an den Anfang zurück:) „Mattatias hatte
> fünf Söhne. Sie hießen der . . . Jochanan . . . Simon . . . Juda . . .
> eigentlich der wichtigste, weil er später Juda Makkabi genannt wurde
> . . . Jonatan . . . nein, Eleasar . . .“ (erneuter Anlauf, wieder vom An-
> fang an:) „Mattatias hatte fünf Söhne. Jochanan war der älteste, aber
> Juda war der wichtigste . . . und dazwischen Simon . . . fehlt mir noch
> der fünfte . . . Eleasar hab ich schon . . .“
> Er verstummte, überschlug in Gedanken ein letztesmal die noch
> vorhandenen Möglichkeiten und verkündete mit endgültiger, un-
> widersprechlicher Entschlossenheit:
> „Mattatias hatte fünf Söhne: Juda, Simon und Eleasar.“
> (Friedrich Torberg, Die Tante Jolesch, S. 32 f.)

13. Nr. 8/929: Hotel „Goldhammer"

Das letzte der an der Nordseite des Platzes gelegenen Häuser
wurde ebenfalls um die Jahrhundertwende neu errichtet. Im Vorgängerbau befand sich nicht nur das Hotel „Goldhammer", in dem Kafkas
Eltern Julie und Hermann Kafka am 3. September 1882 ihre Hochzeit
gefeiert hatten, sondern auch bis in die Mitte der neunziger Jahre das
väterliche Geschäft, über das Kafka in seinem 1919 entstandenen
„Brief an den Vater" schreibt:

> Das nächste äußere Ergebnis dieser ganzen Erziehung war, daß
> ich alles floh, was nur von der Ferne an Dich erinnerte. Zuerst das Ge-
> schäft. An und für sich besonders in der Kinderzeit, solange es ein
> Gassengeschäft war, hätte es mich sehr freuen müssen, es war so
> lebendig, abends beleuchtet, man sah, man hörte viel, konnte hie und
> da helfen, sich auszeichnen, vor allem aber Dich bewundern in Dei-

nen großartigen kaufmännischen Talenten, wie Du verkauftest, Leute behandeltest, Späße machtest, unermüdlich warst, in Zweifelsfällen sofort die Entscheidung wußtest und so weiter; noch wie Du einpacktest oder eine Kiste aufmachtest, war ein sehenswertes Schauspiel und das Ganze alles in allem gewiß nicht die schlechteste Kinderschule. Aber da Du allmählich von allen Seiten mich erschrecktest und Geschäft und Du sich mir decktest, war mir auch das Geschäft nicht mehr behaglich. Dinge, die mir dort zuerst selbstverständlich gewesen waren, quälten, beschämten mich, besonders Deine Behandlung des Personals. Ich weiß nicht, vielleicht ist sie in den meisten Geschäften so gewesen (in der Assicurazioni Generali, zum Beispiel, war sie zu meiner Zeit wirklich ähnlich, ich erklärte dort dem Direktor, nicht ganz wahrheitsgemäß, aber auch nicht ganz erlogen, meine Kündigung damit, daß ich das Schimpfen, das übrigens mich direkt gar nicht betroffen hatte, nicht ertragen könne; ich war darin zu schmerzhaft empfindlich schon von Hause her), aber die anderen Geschäfte kümmerten mich in der Kinderzeit nicht. Dich aber hörte und sah ich im Geschäft schreien, schimpfen und wüten, wie es meiner damaligen Meinung nach in der ganzen Welt nicht wieder vorkam. Und nicht nur schimpfen, auch sonstige Tyrannei. Wie Du zum Beispiel Waren, die Du mit anderen nicht verwechselt haben wolltest, mit einem Ruck vom Pult hinunterwarfst – nur die Besinnungslosigkeit Deines Zorns entschuldigte Dich ein wenig – und der Kommis sie aufheben mußte. Oder Deine ständige Redensart hinsichtlich eines lungenkranken Kommis: „Er soll krepieren, der kranke Hund." Du nanntest die Angestellten „bezahlte Feinde", das waren sie auch, aber noch ehe sie es geworden waren, schienst Du mir ihr „zahlender Feind" zu sein. Dort bekam ich auch die große Lehre, daß Du ungerecht sein konntest; an mir selbst hätte ich es nicht sobald bemerkt, da hatte sich ja zuviel Schuldgefühl angesammelt, das Dir recht gab; aber dort waren nach meiner, später natürlich ein wenig, aber nicht allzusehr korrigierten Kindermeinung fremde Leute, die doch für uns arbeiteten und dafür in fortwährender Angst vor Dir leben mußten. Natürlich übertrieb ich da, und zwar deshalb, weil ich ohneweiters annahm, Du wirktest auf die Leute ebenso schrecklich wie auf mich. Wenn das so gewesen wäre, hätten sie wirklich nicht leben können; da sie aber erwachsene Leute mit meist ausgezeichneten Nerven waren, schüttelten sie das Schimpfen ohne Mühe von sich ab und es schadete Dir schließlich viel mehr als ihnen.

(Franz Kafka, Hochzeitsvorbereitungen auf dem Lande, S. 185–187)

Týnská ulička (Teingäßchen)

Man verläßt den Altstädter Ringplatz über die an der Nordostecke einmündende *Dlouhá třída* (Langegasse), der man folgt, bis rechter Hand die *Týnská ulička* abzweigt.

14. Teinkirche (kostel Panny Marie před Týnem)

Wenn man dieses enge Gäßchen durchschreitet, stößt man direkt auf die Nordfront der im 14. Jahrhundert errichteten Teinkirche, die in ihrem Inneren das Grab des Astronomen Tycho Brahe birgt.

Im fünften Kapitel von Karl Hans Strobls Roman „Die Vaclavbude" (vgl. S. 183) erzählt ein geheimnisvoller Fremder dem Studenten Binder und seinen Freunden, wie Tycho de Brahe zu Tode kam, und zwar in einer von der gewöhnlichen Überlieferung abweichenden Version. In der darauffolgenden Nacht träumt Binder, wie er dem Fremden auf der Straße wiederbegegnet. Es ist niemand anders als der nach der Mode seiner Zeit gekleidete große Astronom:

Leise dämmerte der Tag. Die Straßen füllten sich mit Menschen.

Tycho de Brahe aber schritt hindurch und hatte seinen Mantel um die Schultern des Studenten gelegt. Niemand sah sie.

Bei der Mariensäule blinzelten einige schläfrige Dienstmänner von ihren Handkarren herab müde in den Morgen. Sie gingen vorbei, quer über den Ringplatz.

Tycho bog in die schmale Straße zur Teynkirche.

Bei dem Seitenportal der Kirche blieb er stehen. Er stieg die Steinstufen empor und stemmte die Spitze seines Degens gegen die Figuren der Türfelder.

„Das wollte ich dir sagen! Beachte es oder beachte es nicht. Es lag mir schwer auf dem Herzen. Und noch einmal: jeder und jedes Volk will seine eigene Geschichte durch seine inneren Kräfte. Leb' wohl!"

Zwischen zwei alten Weiblein, die zu gleicher Zeit zur offenen Tür herein wollten, schritt er durch, gerade und aufrecht und ohne sich oder sie zu stoßen.

In diesem Augenblick verlosch plötzlich der Stern, der bis dahin am Morgenhimmel hell über ihren Köpfen gestrahlt hatte.

Die große Kirchentür fiel donnernd ins Schloß und gab Binder einen furchtbaren Schlag vor die Stirn.

(Karl Hans Strobl, Die Vaclavbude, S. 133 f.)

Vom Teingäßchen aus gelangt man durch ein Tor *(Nr. 4 und 5)* in den auf das Spätmittelalter zurückgehenden Teinhof *(Týnský dvůr)* (von tschechisch ‚tyniti' = umzäunen), in dem durchreisende Kaufleute ihre Waren lagern und übernachten konnten. Dafür hatten sie einen Zoll zu entrichten, das Ungelt, weshalb die ganze Anlage auch Altes Ungelt genannt wird. In dem gleich rechter Hand gelegenen ehemaligen Zollhaus lag früher ein bekanntes Gasthaus.

15. Týnský dvůr Nr. 2/640: „Zum alten Ungelt" („Starý Ungelt")

Um die Jahrhundertwende war die in einem ehemaligen Zollhaus untergebrachte Weinstube eines der Stammlokale der literarischen Avantgarde in der Stadt, zu der besonders der Zeichner Hugo Steiner-Prag sowie die Schriftsteller Viktor Hadwiger, Paul Leppin und Gustav Meyrink zählten. Im vierzehnten, „Weib" betitelten Kapitel des „Golem" sucht der Ich-Erzähler Pernath, der Held des Romans, nach einem eigenartigen nächtlichen Erlebnis im Alchimistengäßchen auf dem Hradschin das „Alte Ungelt" auf, um seine Freunde Zwakh, Prokop und Vrieslander zu treffen. Man erzählt sich Geschichten, darunter die vom Räuberhauptmann Václav Babinský (1798–1879), dem Egon Erwin Kisch eine längere Betrachtung gewidmet hat.

Um den Weg nachzuvollziehen, den Kafka während seiner Grundschulzeit täglich gegangen ist, muß man in die *Týnská ulička* zurückgehen, sich nach rechts wenden und das an dieser Stelle liegende Durchhaus passieren, hinter dem sich das Gäßchen bei den Häusern *Nr. 15/ 623* (links) und *Nr. 10/632* (rechts) etwas erweitert, in denen sich während seiner Kindheit Kohlenhandlungen befanden, die von Frauen geführt wurden. Am 21. Juni 1920 berichtet er in einem Brief an Milena Jesenská von den Qualen, denen er im ersten Schuljahr während des täglichen Schulwegs ausgesetzt war:

Unsere Köchin, eine kleine trockene magere spitznasige, wangenhohl, gelblich, aber fest, energisch und überlegen führte mich jeden Morgen in die Schule. Wir wohnten in dem Haus, welches den kleinen Ring vom großen Ring trennt. Da gieng es also zuerst über den Ring, dann in die Teingasse, dann durch eine Art Torwölbung in die Fleischmarktgasse zum Fleischmarkt hinunter. Und nun wiederholte sich jeden Morgen das Gleiche wohl ein Jahr lang. Beim Aus-dem-Haus-treten sagte die Köchin, sie werde dem Lehrer erzählen, wie unartig ich

Kafka zu Beginn
seiner Gymnasialzeit

zuhause gewesen bin. Nun war ich ja wahrscheinlich nicht sehr unartig, aber doch trotzig, nichtsnutzig, traurig, böse und es hätte sich daraus wahrscheinlich immer etwas Hübsches für den Lehrer zusammen-
stellen lassen. Das wußte ich und nahm also die Drohung der Köchin
nicht leicht. Doch glaubte ich zunächst, daß der Weg in die Schule ungeheuer lang sei, daß da noch vieles geschehen könne (aus solchem
scheinbaren Kinderleichtsinn entwickelt sich allmählich, da ja eben
die Wege nicht ungeheuer lang sind, jene Ängstlichkeit und toten-
augenhafte Ernsthaftigkeit) auch war ich, wenigstens noch auf dem
Altstädter Ring, sehr im Zweifel, ob die Köchin, die zwar Respekts-
person aber doch nur eine häusliche war, mit der Welt-Respekts-Per-
son des Lehrers überhaupt zu sprechen wagen würde. Vielleicht sagte
ich auch etwas derartiges, dann antwortete die Köchin gewöhnlich
kurz mit ihren schmalen unbarmherzigen Lippen, ich müsse es ja
nicht glauben, aber sagen werde sie es. Etwa in der Gegend des Ein-
gangs zur Fleischmarktgasse – es hat noch eine kleine historische Be-

deutung[1] für mich (in welcher Gegend hast Du als Kind gelebt?) – bekam die Furcht vor der Drohung das Übergewicht. Nun war ja die Schule schon an und für sich ein Schrecken und jetzt wollte es mir die Köchin noch so erschweren. Ich fieng zu bitten an, sie schüttelte den Kopf, je mehr ich bat, desto wertvoller erschien mir das, um was ich bat, desto größer die Gefahr, ich blieb stehn und bat um Verzeihung, sie zog mich fort, ich drohte ihr mit der Vergeltung durch die Eltern, sie lachte, *hier* war sie allmächtig, ich hielt mich an den Geschäftsportalen, an den Ecksteinen fest, ich wollte nicht weiter, ehe sie mir nicht verziehen hatte, ich riß sie am Rock zurück (leicht hatte sie es auch nicht) aber sie schleppte mich weiter unter der Versicherung auch dieses noch dem Lehrer zu erzählen, es wurde spät, es schlug 8 von der Jakobskirche, man hörte die Schulglocken, andere Kinder fiengen zu laufen an, vor dem Zuspätkommen hatte ich immer die größte Angst, jetzt mußten auch wir laufen und immerfort die Überlegung: „sie wird es sagen, sie wird es nicht sagen" – nun sie sagte es nicht, niemals, aber immer hatte sie die Möglichkeit und sogar eine scheinbar steigende Möglichkeit (gestern habe ich es nicht gesagt, aber heute werde ich es ganz bestimmt sagen) und die ließ sie niemals los. Und manchmal – denke Milena – stampfte sie auch auf der Gasse vor Zorn über mich und auch eine Kohlenhändlerin war manchmal irgendwo und schaute zu. Milena was für Narrheiten und wie gehöre ich Dir mit allen Köchinnen und Drohungen und diesem ganzen ungeheueren Staub, den 38 Jahre aufgewirbelt haben und der sich in die Lungen setzt.

(Franz Kafka, Briefe an Milena, S. 71 f.)

Masná (Fleischmarktgasse)

Im vierten Stock des an der Einmündung zur *Masná* liegenden, 1894 errichteten Eckhauses links *(Nr. 17/1053)* wohnte der Schriftsteller Karl Hans Strobl als Student vom Herbst 1894 bis zum Ende des Wintersemesters 1895/96. Anschließend wendet man sich nach links, wo sich in der Häuserzeile linker Hand die ehemalige Prager Handelsakademie erhebt.

---

1 Hier wohnte das Mädchen, mit dem Kafka 1903 zum erstenmal eine sexuelle Beziehung eingegangen war. (Vgl. S. 153)

16. Nr. 8/617: Deutsche Handelsakademie

Die Anstalt sah nicht nur Gustav Meyrink und Rudolf Fuchs in ihren Mauern, sondern auch Kafka. Dieser absolvierte hier von Februar bis Mai 1908 einen Kurs im Versicherungswesen, der auf die erwartete Stellung in der Arbeiter-Unfall-Versicherungs-Anstalt vorbereiten sollte. Wenn man die *Masná* weiter nach rechts verfolgt, sieht man auf der rechten Straßenseite die Grund- und Hauptschule, die Kafka von 1889–1893 besuchte.

17. Nr. 16/1000: „Deutsche Knabenvolksschule in Prag-Altstadt"

Nachdem er die vorgeschriebenen vier Grundschuljahre als sehr guter Schüler hinter sich gebracht hatte, konnte Kafka ohne Schwierigkeit ins Gymnasium überwechseln. Der Lehrer der dritten und vierten Klasse, Matthias Beck, hatte den Eltern empfohlen, mit dem Übergang noch ein Jahr zu warten, war damit aber nicht durchgedrungen: „Lassen Sie ihn noch in die fünfte Klasse gehn, er ist zu schwach, solche Überhetzung rächt sich später." Kafka zitiert diese Stellungnahme am 11. Dezember 1919 im Tagebuch anläßlich einer Situation, in der er sich infolge bestehender „Zierlichkeit" auf eine von Julie Wohryzek ausgehende sexuelle Ausstrahlung „nicht genug vorbereitet" fühlte.

Dlouhá třída (Langegasse)

Man geht die *Masná* zu Ende, biegt links in die *Rybná* und dann wieder scharf links in die *Dlouhá třída* ein, die man bis zu einer platzartigen Erweiterung in westlicher Richtung verfolgt.

18. Nr. 16/704: Haus „Zum goldenen Hecht" (dům „U zlaté štiky")

Im obersten regulären Stockwerk dieses Hauses, an seiner dem Platz zugewandten Schmalseite, wohnte Kafka von März 1915 bis zum Februar 1917 in einem Eckzimmer, dessen Aussicht er besonders lobte:

Ich bin übersiedelt, in ein Zimmer, in dem der Lärm etwa zehnmal größer ist als in dem frühern, das aber im übrigen unvergleichlich schöner ist. Ich dachte unabhängig von der Lage und dem Aussehn des

Kafka (um 1910)

Zimmers zu sein. Aber das bin ich nicht. Ohne freiere Aussicht, ohne die Möglichkeit, ein großes Stück Himmel aus dem Fenster zu sehn und etwa einen Turm in der Ferne, wenn es schon nicht freies Land sein kann, ohne dieses bin ich ein elender, gedrückter Mensch, ich kann zwar nicht angeben, was für ein Teil des Elends dem Zimmer anzurechnen ist, aber es kann nicht wenig sein.
(Franz Kafka, Briefe an Felice, S. 630f.)

Vězeňská (Stockhausgasse)

Nach rechts abbiegend, gelangt man über die *Kozí* (Ziegengasse), deren linke Front schöne Jugendstilhäuser zeigt, auf das *Kozí náměstí* (Ziegenplatz), von dem linker Hand die *Vězeňská* abgeht. In dem Eckhaus, das auf der dem Beschauer gegenüberliegenden Seite der Straße liegt, haben sich Ereignisse abgespielt, die für Kafkas geistige Entwicklung einschneidende Bedeutung hatten.

19. Nr. 9/859: Café „Savoy" (hostinec „U sportovců")

Zwischen Oktober 1911 und Februar 1912 gastierte in diesem in veränderter Gestalt bis heute weiterbestehenden Lokal eine aus Lemberg kommende Theatergruppe, die jeden Abend jiddische Volksstücke aufführte. Im Gegensatz zu den Prager Intellektuellen, die in diesen vergleichsweise einfach inszenierten Aufführungen ein Schmieren-Theater sahen, das ihren Ansprüchen nicht genügte, wurde Kafka von dem Gesehenen und der Begegnung mit den Schauspielern tief erschüttert. Er hat in dem angegebenen Zeitraum rund zwanzig Vorstellungen gesehen, aber auch viel mit der Truppe verkehrt, besonders mit dem begabten Jizchak Löwy, mit dem er sich anfreundete. Löwy erzählte ihm seine Lebensgeschichte, rezitierte aus jiddischen Werken und führte ihn so in die ihm bis dahin verborgene Welt des Ostjudentums ein. Aufgrund der in den Stücken dargestellten Lebensformen und der behandelten Familienkonflikte wurde sich Kafka erstmals voll seiner Probleme bewußt. So brachte die Begegnung mit den nicht assimilierten Ostjuden die Einsicht, daß Judentum nicht nur, wie bisher in Prag fast ausschließlich praktiziert, als bloßes Glaubensbekenntnis zu definieren war, sondern als Volksgemeinschaft mit eigener Überlieferung verstanden werden konnte. Auf diese Weise entwickelte sich Kafka im Lauf der Jahre zu einem national denkenden Juden, der die in Prag vorherrschende Spielart des kulturell orientierten Zionismus zeitweilig mit Überzeugung vertrat.

U staré školy (Altschulgasse)

Man folgt der *Vězeňská* nach Westen, passiert das prächtige, aus dem Jahr 1906 stammende Jugendstilhaus links mit seinem üppigen Fassaden- und Portalschmuck *(Nr. 6/912),* bis sich rechts die Gasse *U staré školy* öffnet, deren linke Seite von der Rückseite der Spanischen Synagoge gebildet wird.

Während der bisherige Weg durch die Prager Altstadt außerhalb der Grenzen des ehemaligen Ghettos verlaufen ist, führt die weitere Route ein Stück weit mitten hindurch. Die Josefsstadt, wie man das Judenviertel zu nennen pflegte, erstreckte sich am Ausgang des 19. Jahrhunderts zum größeren Teil westlich der *Dušní* bis zu den heutigen Straßen *17. listopadu* und *Křižovnická,* war also im Zentrum des sogenannten Moldauknies lokalisiert, wobei freilich die eigentliche

Uferregion ausgespart blieb. Im Süden reichte die alte Judenstadt bis fast zur *Kaprova,* deren Nordseite aber genauso außerhalb lag wie Kafkas Geburtshaus. Zwischen *Vězeňská* und im Norden fast bis zur *Bílkova* ausgreifend, dehnte sich eine selbständige, dem östlichen Ritus verpflichtete Judengemeinde, die sich um die Spanische Synagoge gruppiert hatte. Diese wurde im 19. Jahrhundert im maurischen Stil an Stelle eines aus dem 17. Jahrhundert stammenden Vorgängerbaus errichtet, der wiederum die älteste Prager Synagoge, die 1389 abgebrannte Altschul, ersetzt hatte. Da die sich ihr jenseits der *Dušní* im Westen anschließenden Straßenzüge um die Heiliggeistkirche *(kostel svatého Ducha)* zum St. Georgskloster auf dem Hradschin gehörten, blieb dieser Kleines Ghetto benannte Bezirk von der übrigen Josefsstadt räumlich abgetrennt.

Um die Jahrhundertwende lebten im Prager Ghetto etwa 9000 Menschen, von denen die Hälfte Christen waren. Sie bewohnten über 200 Häuser, die bis zu zwanzig verschiedene Eigentümer hatten. Der ganze Stadtteil wurde früher durch Tore betreten, die nachts geschlos-

Altschulgasse
vor der Sanierung

sen wurden. Weil das Ghetto übervölkert, eine Brutstätte des Lasters und der dort herrschenden sanitären Verhältnisse wegen Ausgangspunkt ansteckender Krankheiten geworden war, wurde am 11. Februar 1893 ein Sanierungsgesetz beschlossen, das den Abbruch des ganzen Viertels und die Errichtung eines den Gegebenheiten der Zeit entsprechenden modernen Stadtteils vorsah.

Die Bauarbeiten, die 1897 begannen und bis 1917 dauerten, machten die Judenstadt für viele Jahre zu einer riesigen Baustelle, in deren Trümmern ein in Jahrhunderten gewachsenes Gemeinwesen verschwand. Erhalten blieben lediglich fünf Synagogen, das Jüdische Rathaus und, freilich in verkleinerter Form, der Alte jüdische Friedhof. Durch diese Maßnahmen wurde die Straßenführung beträchtlich verändert. Ungefähr den alten Verlauf nehmen die folgenden Straßenzüge: die heute von Kafkas Geburtshaus ausgehende *Maislova,* die der alten Engen Gasse und der Rabbinergasse folgt. (Die ursprüngliche Meiselgasse ist im südlichen Teil in der *Pařížská* aufgegangen, die bis zur Einmündung der *Bílkova* alte Ghetto-Gäßchen in sich aufgenommen hat.) Dann die *Široká,* die als Josefsstädter Straße früher als Hauptachse das Ghetto in ostwestlicher Richtung durchquert hatte, die *Dušní* und schließlich *U starého hřbitova,* von der gleich ausführlicher die Rede sein wird.

Demgegenüber ist die Gasse *U staré školy,* deren Name die Erinnerung an die älteste Prager Synagoge bewahrt, anders geführt als vor der Sanierung des Viertels. Sie begrenzte zwar wie heute im Norden und noch ein kleines Stückchen im Osten die Synagoge, bog dann aber zwischen den heutigen Häusern *Nr. 2/115* und *4/114* nach Osten ab, um erst vor dem Gebäude neben dem ehemaligen Café „Savoy" in die *Vězeňská* einzumünden. In einem der Bauten, die ursprünglich an dieser Gasse lagen, läßt Gustav Meyrink Teile seines 1915 veröffentlichten „Golem" spielen.

Titel und wichtige Zentralvorstellungen des Romans sind von der jüdischen Golem-Sage angeregt, die in spätantiker Zeit entstanden ist, jedoch in Prag eine besondere Ausprägung erhalten hat. Eine Kurzfassung dieser Überlieferung findet sich im fünften, „Punsch" überschriebenen Kapitel, wo sie der Marionettenschneider Zwakh seinen Freunden erzählt, ohne daß Meyrink freilich seinen Lesern verrät, daß es sich bei dem Rabbiner, der in solch eigenartiger Weise das Werk des Schöpfers fortsetzt, um den Hohen Rabbi Löw handelt, den berühmten Prager Talmudgelehrten und Zeitgenossen Rudolfs II.:

Nach verlorengegangenen Vorschriften der Kabbala soll ein Rabbiner da einen künstlichen Menschen – den sogenannten Golem – verfertigt haben, damit er ihm als Diener helfe, die Glocken in der Synagoge läuten und allerhand grobe Arbeit tue.

Es sei aber doch kein richtiger Mensch daraus geworden, und nur ein dumpfes, halbbewußtes Vegetieren habe ihn belebt. Wie es heißt, auch das nur tagsüber und kraft des Einflusses eines magischen Zettels, der ihm hinter den Zähnen stak und die freien siderischen Kräfte des Weltalls herabzog.

Und als eines Abends vor dem Nachtgebet der Rabbiner das Siegel aus dem Munde des Golem zu nehmen versäumt, da wäre dieser in Tobsucht verfallen, in der Dunkelheit durch die Gassen gerast und hätte zerschlagen, was ihm in den Weg gekommen.

Bis der Rabbi sich ihm entgegengeworfen und den Zettel vernichtet habe. Und da sei das Geschöpf leblos niedergestürzt. Nichts blieb von ihm übrig als die zwerghafte Lehmfigur, die heute noch drüben in der Altneusynagoge gezeigt wird.

(Gustav Meyrink, Der Golem, S. 46 f.)

Allerdings kommt diese Volkssage im Handlungsgefüge und atmosphärischen Gewebe des Romans in ganz anderer, psychologisch vertiefter Form zum Tragen. Der Golem erscheint hier als Umriß eines charakteristischen Wesens, das vor Jahrhunderten in der Prager Judenstadt gelebt hat, alle dreiunddreißig Jahre epidemieartig die Seelen der Lebenden befällt und so „nach Form und Gestaltung dürstet". Oder er wird als Folgeerscheinung einer psychischen Explosion bezeichnet, die aus der stetigen Anhäufung „jener niemals wechselnden Gedanken" hervorbricht, die im Ghetto die Luft vergiften. Demnach läßt er sich auch als Gespenst verstehen, „das in Mienen, Gang und Gehaben, in allem und jedem das Symbol der Massenseele unfehlbar offenbaren müßte, wenn man die geheime Sprache der Form nur richtig zu deuten verstünde". (S. 51 f.)

Hier Hinweise zum Geschehen, soweit sie für das Verständnis des folgenden Textausschnitts notwendig sind: Der aufgrund einer Geisteskrankheit seiner Erinnerung beraubte Ich-Erzähler verfällt zu Beginn des Romans in einen Dämmerzustand und nimmt im Traum die Gestalt des Gemmenschneiders Athanasius Pernath an, findet sich als Ghetto-Bewohner wieder und erlebt Dinge, die, wie spätere Nachforschungen ergeben, schon über dreißig Jahre zurückliegen. Durch eine

Falltüre im Boden eines Ateliers, das seiner am Rande des Alten jüdischen Friedhofs liegenden Wohnung benachbart ist, gelangt Pernath in ein System unterirdischer, die ganze Judenstadt durchziehender Gänge, die er durchwandert, bis er schließlich über eine Wendeltreppe in ein Zimmer ohne Zugang gerät, dessen Fenster vergittert sind. Da erkennt er, daß er sich in dem von jedermann gemiedenen, altertümlichen Haus in der Altschulgasse befindet, in dem der geheimnisvolle Golem nach jedem seiner Auftritte zu verschwinden pflegt:

Der Boden lag fußhoch bedeckt mit Staub, als hätte ihn seit Jahrzehnten kein lebendes Wesen betreten.

Das Gerümpel in der Ecke zu durchsuchen, ekelte ich mich. Es lag in tiefer Finsternis, und ich konnte nicht unterscheiden, woraus es bestand.

Dem äußeren Eindruck nach schienen es Lumpen, zu einem Knäuel geballt.

Oder waren es ein paar alte, schwarze Handkoffer?

Ich tastete mit dem Fuß hin, und es gelang mir, mit dem Absatz einen Teil davon in die Nähe des Lichtstreifens zu ziehen, den der Mond quer übers Zimmer warf. Es schien wie ein breites, dunkles Band, das sich da langsam aufrollte.

Ein blitzender Punkt wie ein Auge!

Ein Metallknopf vielleicht?

Allmählich wurde mir klar: ein Ärmel von sonderbarem, altmodischem Schnitt hing da aus dem Bündel heraus.

Und eine kleine weiße Schachtel oder dergleichen lag darunter, lockerte sich unter meinem Fuß und zerfiel in eine Menge fleckiger Schichten.

Ich gab ihr einen leichten Stoß: Ein Blatt flog ins Helle. Ein Bild? Ich bückte mich: ein Pagat![1]

Was mir eine weiße Schachtel geschienen, war ein Tarockspiel.

Ich hob es auf.

Konnte es etwas Lächerlicheres geben: ein Kartenspiel hier an diesem gespenstischen Ort!

Merkwürdig, daß ich mich zum Lächeln zwingen mußte. Ein leises Gefühl von Grauen beschlich mich.

---

1 einer der drei wichtigsten Trümpfe im Tarockspiel.

Ich suchte nach einer banalen Erklärung, wie die Karten wohl hierhergekommen sein könnten, und zählte dabei mechanisch das Spiel. Es war vollständig: achtundsiebzig Stück. Aber schon während des Zählens fiel mir etwas auf: die Blätter waren wie aus Eis.

Eine lähmende Kälte ging von ihnen aus, und wie ich das Paket geschlossen in der Hand hielt, konnte ich es kaum mehr loslassen: so erstarrt waren meine Finger. Wieder haschte ich nach einer nüchternen Erklärung:

Mein dünner Anzug, die lange Wanderung ohne Mantel und Hut in den unterirdischen Gängen, die grimmige Winternacht, die Steinwände, der entsetzliche Frost, der mit dem Mondlicht durchs Fenster hereinfloß: sonderbar genug, daß ich erst jetzt anfing zu frieren. Die Erregung, in der ich mich die ganze Zeit befunden, mußte mich darüber hinweggetäuscht haben.

Ein Schauer nach dem andern jagte mir über die Haut. Schicht um Schicht drangen sie tiefer, immer tiefer in meinen Körper ein.

Ich fühlte mein Skelett zu Eis werden und wurde mir jedes einzelnen Knochens bewußt wie kalter Metallstangen, an denen mir das Fleisch festfror.

Kein Umherlaufen half, kein Stampfen mit den Füßen und nicht das Schlagen mit den Armen. Ich biß die Zähne zusammen, um ihr Klappern nicht zu hören.

Das ist der Tod, sagte ich mir, der dir die kalten Hände auf den Scheitel legt.

Und ich wehrte mich wie ein Rasender gegen den betäubenden Schlaf des Erfrierens, der, wollig und erstickend, mich wie mit einem Mantel einhüllen kam. [. . .]

Da fiel mein Blick auf die Lumpen in der Ecke, und ich stürzte darauf zu und zog sie mit schlotternden Händen über meine Kleider.

Es war ein zerschlissener Anzug aus dickem, dunklem Tuch von uraltmodischem, seltsamem Schnitt.

Ein Geruch von Moder ging von ihm aus.

Dann kauerte ich mich in dem gegenüberliegenden Mauerwinkel zusammen und spürte meine Haut langsam, langsam wärmer werden. Nur das schauerliche Gefühl des eigenen, eisigen Gerippes in mir wollte nicht weichen. Regungslos saß ich da und ließ meine Augen wandern: die Karte, die ich zuerst gesehen – der Pagat –, lag noch immer inmitten des Zimmers in dem Lichtstreifen.

Sie schien, soweit ich auf die Entfernung hin erkennen konnte, in

Wasserfarben ungeschickt von Kinderhand gemalt und stellte den hebräischen Buchstaben Aleph dar, in Form eines Mannes, altfränkisch gekleidet, den grauen Spitzbart kurz geschnitten und den linken Arm erhoben, während der andere abwärts deutete.

Hatte das Gesicht des Mannes nicht eine seltsame Ähnlichkeit mit meinem? dämmerte mir ein Verdacht auf. – Der Bart – er paßte so gar nicht zu einem Pagat – – ich kroch auf die Karte zu und warf sie in die Ecke zu dem Rest des Gerümpels, um den quälenden Anblick los zu sein.

Dort lag sie jetzt und schimmerte – ein grauweißer, unbestimmter Fleck – zu mir herüber aus dem Dunkel. [. . .]

Hastig sagte ich mir vor mit steifen Lippen, es sei nur der Wind, der da so eisig aus der Ecke herüberwehe, sagte es mir vor, schneller und schneller, mit pfeifendem Atem – es half nicht mehr: dort drüben der weißliche Fleck – die Karte – sie quoll auf zu blasigem Klumpen, tastete sich hin zum Rande des Mondstreifens und kroch wieder zurück in die Finsternis. – Tropfende Laute – halb gedacht, geahnt, halb wirklich – im Raum und doch außerhalb um mich herum und doch anderswo – tief im eigenen Herzen und wieder mitten im Zimmer – erwachten: Geräusche, wie wenn ein Zirkel fällt und mit der Spitze im Holz steckenbleibt!

Immer wieder: der weißliche Fleck – – – der weißliche Fleck – –! Eine Karte, eine erbärmliche, dumme, alberne Spielkarte ist es, schrie ich mir ins Hirn hinein – – – umsonst – – jetzt hat er sich dennoch – dennoch Gestalt erzwungen – der Pagat – und hockt in der Ecke und stiert herüber zu mir mit *meinem eigenen Gesicht.*

Stunden und Stunden kauerte ich da – unbeweglich – in meinem Winkel, ein frosterstarrtes Gerippe in fremden, modrigen Kleidern! – Und er drüben: ich selbst. Stumm und regungslos.

So starrten wir uns in die Augen – einer das gräßliche Spiegelbild des anderen – – –

Ob er es auch sieht, wie sich die Mondstrahlen mit schneckenhafter Trägheit über den Boden hinsaugen und wie Zeiger eines unsichtbaren Uhrwerks in der Unendlichkeit die Wand emporkriechen und fahler und fahler werden?

Ich bannte ihn fest mit einem Blick, und es half ihm nichts, daß er sich auflösen wollte in dem Morgendämmerschein, der ihm vom Fenster her zu Hilfe kam.

Ich hielt ihn fest.
Schritt vor Schritt habe ich mit ihm gerungen um mein Leben –
um das Leben, das mein ist, weil es nicht mehr mir gehört.
Und als er kleiner und kleiner wurde und sich bei Tagesgrauen
wieder in sein Kartenblatt verkroch, da stand ich auf, ging hinüber zu
ihm und steckte ihn in die Tasche – den Pagat.
(Gustav Meyrink, Der Golem, S. 107–110)

Bílkova (Bilekgasse)

Von der *U staré školy* gelangt man in die *Dušní,* die man weiter
nach rechts verfolgt. Im zweiten Haus auf dieser Seite an der Ecke zur
Bílkova lebte Kafka eine Zeitlang während des Ersten Weltkriegs.

20. Nr. 10/868: „Prozeß"-Haus

In diesem Gebäude hat Kafka zweimal gewohnt. Zuerst im August
1914 und dann wieder vom 8. Februar bis Mitte März 1915. Nachdem
er zu Beginn des Ersten Weltkriegs gleichsam aus der elterlichen Wohnung am Altstädter Ring vertrieben worden war, hielt er sich zunächst
einen Monat lang in der hier gelegenen Wohnung seiner mittleren
Schwester Valli auf.

Dieser Wohnungswechsel bedeutete nicht nur eine äußerliche Veränderung, sondern symbolisierte zugleich einen tiefen Einschnitt in
seinem Leben. Er hatte zunehmend den Eindruck, vor den Forderun-
gen des Gemeinschaftslebens versagt zu haben und weiterhin zu einer Junggesellenexistenz verurteilt zu sein, die ihn nicht befriedigte.
So notierte er sich am 3. August 1914 im Tagebuch:

Keine ersehnte Ehefrau öffnet die Tür. In einem Monat hätte ich
heiraten sollen. Ein furchtbares Wort: Wie Du es wolltest, so hast Du
es. Man steht an der Wand schmerzhaft festgedrückt, senkt furchtsam
den Blick, um die Hand zu sehn, die drückt und erkennt mit einem
neuen Schmerz der den alten vergessen macht, die eigene verkrümmte
Hand, die mit einer Kraft, die sie für gute Arbeit niemals hatte, dich
hält. Man hebt den Kopf, fühlt wieder den ersten Schmerz, senkt wieder den Blick und hört mit diesem Auf und Ab nicht auf.
(Franz Kafka, Tagebücher, S. 544)

Die durch die Entlobung ausgelöste Erschütterung wurde im „Prozeß" aufgearbeitet, den Kafka Anfang August 1914 in der *Bílkova* begonnen hat. Nach der Rückkehr seiner Schwester Valli nach Prag übersiedelte er in die leerstehende Wohnung seiner ältesten Schwester Elli in der *Polská* (Nerudagasse) *Nr. 48/1532* im Stadtteil *Vinohrady* (Königliche Weinberge), wo der Rest des Romanfragments, aber auch die Erzählung „In der Strafkolonie" und „Der Dorfschullehrer" geschrieben wurden.

Am 8. Februar 1915 kehrte er in das Haus in der *Bílkova* zurück, jetzt aber in ein möbliertes Zimmer, in dem er es jedoch nur bis Mitte März aushielt. Inzwischen hatte sich die Situation neuerlich verändert. Ende Januar hatte eine Begegnung mit Felice Bauer, mit der er seit dem Herbst wieder in Verbindung getreten war, in Bodenbach (Podmokly) stattgefunden, die keine Annäherung der unterschiedlichen Standpunkte brachte. Seine Befürchtung verstärkte sich, er werde sein bisheriges einsames Leben für immer fortführen müssen. Eine Frucht dieser deprimierenden Einsicht ist das Erzählfragment „Blumfeld, ein älterer Junggeselle", das in diesen Wochen entstand.

Dušní (Geistgasse)

Von Dezember 1885 bis zum Juni 1887 hat die Familie Kafka in der *Dušní* gewohnt, und zwar in dem Haus *Nr. 27/187,* das ebenfalls der Sanierung zum Opfer gefallen ist. Es lag schräg gegenüber von Kafkas Domizil in der *Bílkova,* etwa an der Stelle auf der heutigen *Dušní,* hinter der sich eine Schule befindet. *(Nr. 17/900: „Střední průmyslová škola stavební")* Das Haus bildete den Nordostzipfel des eigentlichen Ghettos, denn schon das sich moldauwärts anschließende Nebengebäude und die Ostfront der *Dušní* lagen außerhalb.

U milosrdných (Barmherzigengasse)

Eine besonders anschauliche, auf eigener Kenntnis beruhende Beschreibung der alten Judenstadt zur Zeit ihrer Sanierung findet sich in Karl Hans Strobls Buch „Die Vaclavbude". Eine deutsche Studentenverbindung in Prag sucht für ihre Zusammenkünfte ein Zimmer und findet es schließlich, wie es im Roman heißt, in der Geistgasse

Nr. 126, in der Nähe des Klosters und Spitals der Barmherzigen Brüder *(kostel svatého Šimona a Judy s nemocnicí)*. Zwar gab es diese Hausnummer weder in der *Dušní* noch überhaupt in der Nähe des erwähnten Klosters, doch ist bekannt, daß Strobl den Namen des Lokals von Václav Zimmermann herleitete, der sich als Wirt des Gasthauses „Zum goldenen Kreuzel" *(„U zlatého křížku")* in der *U milosrdných Nr. 4* nachweisen läßt.

21. Nr. 4/848: „Die Vaclavbude"

Die neue Bude lag am entgegengesetzten Ende der Stadt. An der Grenze jenes Gebietes, das der lieben Gesundheit wegen niedergerissen werden sollte.

Sie kamen in die Judenstadt.

Dieser weite, mit Häusern angestopfte Stadtteil machte den Eindruck des Trübseligen und Todgeweihten. Ein weites ödes Schuttfeld. Eine unerbittliche Gewalt, eine eiserne Faust schaffte hier den Schmutz und den Gestank von Jahrhunderten weg. Stehengebliebene Mauern zeichneten in ihrem Mörtelbewurf und ihrer Bemalung die Umrisse alter Zimmer ab. Daneben die Reste eines Abortschlauches voll greulichen Unrats in jähem Sturz zur Tiefe. Man sah in das Innere von Höfen, die bis zu den Dächern der umgebenden Häuser wie in Jauche getaucht schienen. Die Häuser ineinander geschachtelt, verschoben, aneinander gelehnt, mit Vorbauten, Erkern, Verbindungsgängen – ein zähes, verfilztes, durch Schmutz zusammengeklebtes Gewirr von Häusern, Balken und Mauern; Dächer und Höfe gleichmäßig mit jahrhundertaltem Unflat beschmiert.

Es schien, als ob die Arbeit von Tausenden nicht hinreichen könne, hier Ordnung zu schaffen. Diese verpestete Luft würde niemals mehr rein werden. Diese Kaffeehäuser mit den rotscheibigen Fenstern, diese schmalen, engbrüstig vornübergebeugten Häuser würden wie unausrottbares Unkraut wieder aus dem Boden schießen.

Dann kamen sie in die Gegend, wo Zimmermanns Wirtshaus lag. Hier waren die Straßen vom Umbau noch unberührt. Die Häuser stierten stumpf vor sich hin. Nachtcafé an Nachtcafé. Aus den Ecken, den Ritzen der Häuser, den Kellerfenstern, den Löchern des Pflasters quoll es hervor wie giftiger Brodem. Hierher wird die Spitzhacke erst in vielen Jahren kommen. Hier konnte man sich noch ruhig niederlassen.

In der Straße stand eine Synagoge. Die Fenster waren hoch oben in der Mauer; vergittert, wie gegen feindliche Überfälle. Dann kam eine Straßenenge, wo man sich dicht an die Mauer halten mußte. In der Mitte der Straße war das Pflaster eingesunken, und in dem Loch stand ein dickflüssiger, brauner Schlamm.

„Geistgasse 126", sagte Horak und blieb vor einem niedrigen Haus stehen.

Es war eigentlich kein Haus, sondern nur eine zwischen zwei andere Häuser eingezwängte Hofmauer. Über der wackligen, schief hängenden Tür stand auf einem schmutzigen Täfelchen die Nummer 126.

Sie traten ein.

Es war ein dreieckiger, kleiner Hof. Hinten stießen die beiden Nachbarhäuser im spitzen Winkel zusammen. Dann kam ein niedriger, enger Gang. Der Ziegelboden und die Wände waren naß und schlüpfrig. Dieser Gang war lang und gewunden wie ein Gummischlauch und strömte eine ekelhafte, klebrige Feuchtigkeit aus. Endlich ein Lichtschimmer. Der Gang öffnete sich auf einen zweiten Hof. In der Mitte dieses unregelmäßigen Vierecks war ein Kanalloch, dem die Abfallwässer von allen Seiten zuströmten. Eierschalen, Zwiebelhäute, Fleischfetzen, Grünzeug, Asche, Papierschnitzel überall. Jeder Stein des Hofes stand einzeln für sich. Zwischen den Steinen blieben tiefe Rinnen und Kanäle, in denen das Schmutzwasser lief. Ein braun und weiß gesprenkeltes Wasser, auf dem Fettaugen schwammen.

Oben an den Wänden des Hofes zogen sich Holzgalerien herum. Morsche Bretter auf eisernen Trägern. Eine alte Frau in Unterrock und Hemd stand vor einer der Türen oben und goß in einem mächtigen Schwung aus einer Butte Schmutzwasser auf den Hof. Bis zu den Frankonen herüber spritzten die grünschillernden Tropfen.

Der ganze Hof und die Häuser ringsum wie nur für das Kanalloch in ihrem Mittelpunkt geschaffen. Alles daraufhin gerichtet und abgestimmt.

Nach links und ein paar Stufen aufwärts durch einen Verschlag mit Glaswänden, und sie sahen in eine finstere Höhle hinein, in der Tische und einige Sessel zu unterscheiden waren.

(Karl Hans Strobl, Die Vaclavbude, S. 21–23)

Pařížská třída (Niklasstraße)

Die *Dušní* in Richtung Moldau weitergehend, die sich zunächst durch die Baumhänge des gegenüberliegenden Ufers andeutet, biegt man nach links in die Uferstraße *Na Františku* ein, von wo aus man einen sehr schönen Blick auf die Čech-Brücke *(Čechův most)* und den Hradschin hat. Das langgestreckte, niedere Gebäude, das sich am jenseitigen Ende der Brücke flußaufwärts erstreckt, bildet den Überrest der 1840 eröffneten Civilschwimmschule, die Kafka zu frequentieren pflegte.

22. Hotel „Praha-Intercontinental"

Der Betonklotz erhebt sich anstelle von vier Gebäuden, die nach dem Zweiten Weltkrieg abgerissen wurden. Im obersten Stockwerk des letzten, unmittelbar der Moldau zugewandten Hauses (ehemals Niklasstraße *Nr. 36/883)* wohnte die Familie Kafka von Juni 1907 bis September 1913. Hier entstanden der Roman „Der Verschollene" („Amerika") sowie die Erzählungen „Die Verwandlung" und „Das Urteil", in das topographische Besonderheiten der Kafka vor Augen liegenden Prager Uferlandschaft eingegangen sind: Der Blick auf Fluß, Brücke und das Grün der am gegenüberliegenden Uferhang sich erstreckenden Anlagen der Letna oder des Belvedere *(Letenské sady)*, den der Kaufmann Georg Bendemann von seiner Privatwohnung aus genießt, entspricht der Aussicht, die Kafka selbst von seinem im fünften Stockwerk gelegenen Zimmer aus hatte. Und wenn sich Georg am Ende der Erzählung über das Brückengeländer in den Fluß fallen läßt, dann wird man daran erinnert, daß Kafka Anfang 1908 angesichts der noch im Bau befindlichen Čech-Brücke geschrieben hatte, er empfinde den Weg zu seiner Wohnung als „Anlaufstraße für Selbstmörder" (Franz Kafka, Briefe 1902–1924, S. 55).

Maislova (Meiselgasse)

Wenn man auf der *Pařížská* ein Stück in Richtung Altstädter Ring geht, sieht man rechter Hand eine kleine Grünfläche und dahinter den Giebel der Alt-Neu-Synagoge, deren Eingang man über die auf der gleichen Straßenseite abgehende *Maislova* erreicht.

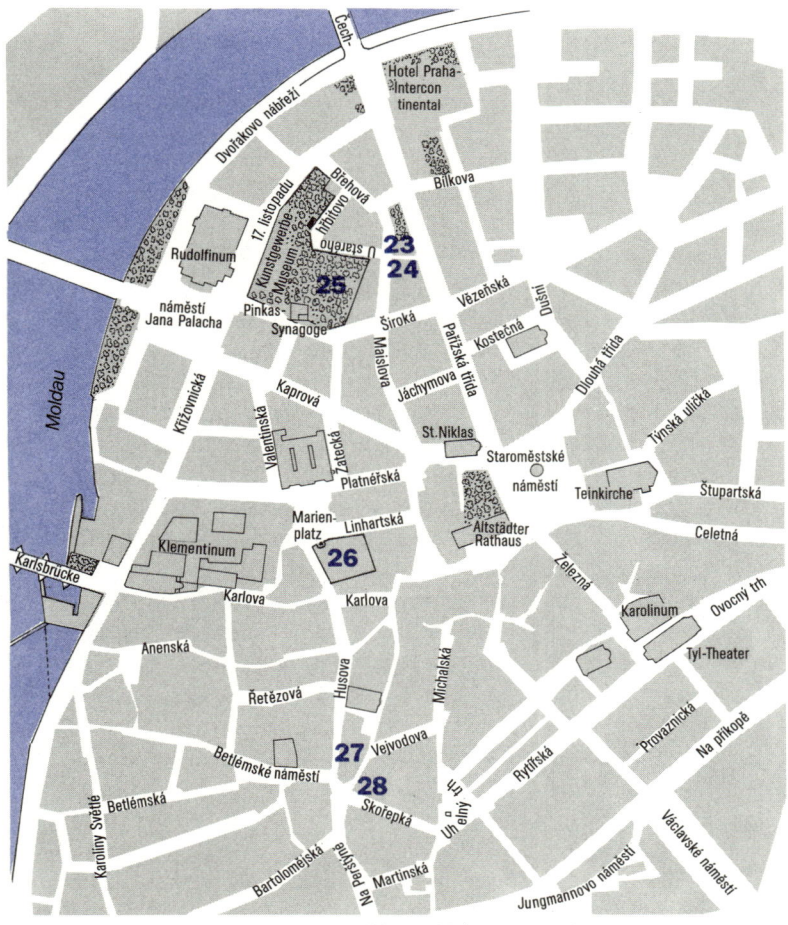

23 Alt-Neu-Synagoge
24 Nr. 18/250: Jüdisches Rathaus
25 Alter jüdischer Friedhof

26 Nr. 20/153: Palais Clam-Gallas
27 Nr. 4/352: Leihbibliothek „Cassinelli"
28 Nr. 1/527: Wohnung der Familie Brod

23. Alt-Neu-Synagoge (Staronová synagóga)

Aus dem letzten Drittel des dreizehnten Jahrhunderts stammend, gilt der Bau heute als die älteste erhaltene Synagoge Europas und als Wirkstätte des Hohen Rabbi Löw. Jehuda Löw ben Bezalel, im Jahr 1520 in Posen geboren, war 1574 zum erstenmal nach Prag gekommen, wo er eine Talmudschule leitete. Er verließ die Stadt 1583, kehrte aber im darauffolgenden Jahr dorthin zurück. 1592 wurde er von Kaiser Rudolf II. auf dem Hradschin empfangen. Dieses Zusammentreffen ist vielfach nacherzählt worden, unter anderem von Leo Perutz in seinem Buch „Nachts unter der steinernen Brücke". (Vgl. S. 132) Im gleichen Jahr wurde Löw Oberrabbiner in Posen, übersiedelte jedoch 1597 in dieser Funktion endgültig nach Prag, wo er 1609 starb.

Über das Ende des von ihm geschaffenen Golem gibt es noch eine andere Version als diejenige, die Meyrink seinem Roman zugrunde legt: Im Jahr 1590 soll es zu einer nächtlichen Begegnung zwischen Rudolf II. und dem Hohen Rabbi gekommen sein, in deren Verlauf letzterer die Zusage erlangte, von nun an würden die Beschuldigungen des Ritualmords nicht mehr gegen die Juden erhoben, Ausschreitungen im Prager Ghetto nicht mehr geduldet werden. Aufgrund dieser Vereinbarung wurde der Golem überflüssig, der nach dieser Lesart geschaffen worden war, um den Verbrechen nachzuspüren, die andauernd gegen die jüdische Bevölkerung des Ghettos begangen wurden. So wurde ihm seine Lebenskraft in einer feierlichen Zeremonie im Dachstuhl der Alt-Neu-Synagoge genommen, der den Pragern seit alters her als seine Gruft galt. Egon Erwin Kisch rückte diese Zusammenhänge ins allgemeine Bewußtsein, als er auf dem nur von außen über eine Feuerleiter zugänglichen Dachboden, der seit Jahrzehnten nicht mehr betreten worden war, nach dem Golem fahndete und diese Aktion in seinem Essay „Den Golem wiederzuerwecken" festhielt.

Der Schriftsteller Friedrich Torberg (1908–1979) hat die Sage unter zeitgeschichtlichem Aspekt in einer zuerst 1968 veröffentlichten Erzählung fortgeführt:

Es wird berichtet:
Als die Deutschen unter der Herrschaft eines, der sich „der Führer" nannte und mit „Heil" begrüßt wurde, die Stadt Prag besetzt hielten, hätte nach einem vorgefaßten Plan die Altneuschul in Brand gesteckt werden sollen, damit die siebenhundertjährige Legende ihrer

Unzerstörbarkeit den Juden nicht länger zum Trost gereiche und nicht zur Widerstandskraft. Da diesem Plan die ausdrückliche Billigung höherer Stellen vorenthalten blieb, wurde er heimlich ins Werk gesetzt. In einer warmen Sommernacht erhielt eine SA-Streife den Befehl, ihren Weg an der Synagoge vorbei zu nehmen und durch die ebenerdigen Dachluken, die vorher von innen geöffnet worden waren, Brandfackeln in den mit allerlei Stoff- und Holzgerümpel gefüllten Bodenraum zu werfen. Der Befehl wurde ausgeführt, doch es entstand kein Feuer. Infolge anderer und unvorhergesehener Ereignisse, die sich in derselben Nacht zutrugen, konnte man erst am nächsten Morgen Nachschau halten und fand die Brandfackeln ausgetreten. Die deutlich sichtbaren Fußspuren aber waren so ungewöhnlich groß, daß sich alsbald das Gerücht verbreitete: der Golem, der unter alten Gebetmänteln und zerschlissenen Büchern im Dachgestühl der Altneuschul liegt, sei aufgestanden und habe seine Füße auf die brennenden Fackeln gesetzt. Auch zu den Deutschen drang das Gerücht und bewirkte, daß sie einen der letzten Überlebenden des sogenannten „Judenpersonals", auf den ihr Verdacht sich lenkte, einen ungeschlachten, schwachsinnigen Burschen namens Knöpfelmacher, verhafteten und zum Verhör in die Altneuschul brachten, und sie verhörten ihn lange und gründlich, und konnten ihm dennoch nichts entlokken als ein Grinsen, und das Grinsen glich, je länger sie in ihrem Verhör fortfuhren, desto mehr einem Lächeln, und sah aus, als wäre eine große Erleuchtung über ihn gekommen, und wurde zu einem großen Gelächter, und selbst unter den Tritten ihrer Schaftstiefel, und selbst als sie auf ihm herumzutrampeln begannen, lachte er weiter, und einige erzählen, daß dieses Lachen, nachdem sie mit Trampeln schon aufgehört und von dem leblos Erstarrten abgelassen hatten, immer noch widerhallte von den Wänden der Altneuschul, welche nicht gesäubert werden dürfen, weil sie das Blut der Märtyrer tragen aus vielen Jahrhunderten.

(Friedrich Torberg, Golems Wiederkehr, S. 184 f.)

Die Berliner Lyrikerin Else Lasker-Schüler (1869–1945), die Anfang April 1913 zu einer Lesung nach Prag kam, war vom Anblick der Alt-Neu-Synagoge tief bewegt. Unter dem Eindruck der Geschehnisse des Ersten Weltkrieges entstand dann folgendes Gedicht, mit dem sie an das in Prag Gesehene anknüpft:

Der alte Tempel in Prag

Tausend Jahre zählt der Tempel schon in Prag;
Staubfällig und ergraut ist längst sein Ruhetag
Und die alten Väter schlossen seine Gitter.

Ihre Söhne ziehen nun in die Schlacht.
Der zerborstene Synagogenstern erwacht,
Und er segnet seine jungen Judenritter.

Wie ein Glücksstern über Böhmens Judenstadt,
Ganz aus Gold, wie nur der Himmel Sterne hat.
Hinter seinem Glanze beten wieder Mütter.
(Else Lasker-Schüler, Sämtliche Gedichte, S. 165)

24. Nr. 18/250: Jüdisches Rathaus (Židovská radnice)

Das um 1580 erbaute Gebäude mit seiner roten Fassade wurde 1763 mit einem Turm versehen, in dessen Seitengiebel eine Uhr eingebaut wurde, deren Zifferblatt hebräische Buchstaben zeigt: Da man in dieser Sprache Zahlen mit Buchstaben bezeichnet und von rechts nach links liest, bewegen sich die Zeiger rückwärts, gegen den Uhrzeigersinn, eine Besonderheit, die Apollinaire in seinem Gedicht „Zone" (1913) erwähnt:

Voll Schrecken erkennst du die Linien deines Gesichts in den
    Achaten von Sankt Veit
Todtraurig warst den Tag als du dich dort gesehn
Du siehst aus wie Lazarus dem der Tag die Sinne verwirrt
Die Zeiger der Turmuhr im Judenviertel gehn rückwärts
Und langsam gehst auch du in dein Leben zurück
Indes du hinaufsteigst zum Hradschin und abends in den Tavernen
Tschechische Lieder singen hörst
(Guillaume Apollinaire, Poetische Werke, S. 59, 61)

Im Erdgeschoß rechts der ehemalige Festsaal, in dem heute ein koscheres Restaurant untergebracht ist. Man erkennt noch die der Straßenseite zu liegende Empore und ihr gegenüber die erhöhte Bühne, auf der Franz Kafka zweimal gestanden hat: Zunächst am 18. Februar 1912, als er einen Vortragsabend des Schauspielers Jizchak Löwy einleitete, an dessen Vorbereitung er maßgeblich beteiligt war; dann am 11. Dezember 1913, als er auf einer Wohltätigkeitsveranstaltung (die Zuhörer erhielten bei freiem Eintritt Tee und Kuchen gratis) den Anfang von Kleists „Michael Kohlhaas" vorlas.

U starého hřbitova (Hahnpaßgasse)

Auf der Höhe der Alt-Neu-Synagoge geht in westlicher Richtung die Gasse *U starého hřbitova* ab. Sie führt unmittelbar zu der aus dem 17. Jahrhundert stammenden Klausen-Synagoge, in der rituelle Gebräuche des böhmischen Judentums dokumentiert sind, und zum Alten jüdischen Friedhof. Vor der Sanierung des Ghettos hieß sie Hahnpaßgasse *(Hampejská),* eine Verballhornung des deutschen Wortes Hahnenbiß, das auf bildhafte Weise verdeutlicht, welcher Beschäftigung man hier nachging: Auf den Fassaden mittelalterlicher Freudenhäuser war ein Hahn auf einer Henne zu sehen. (Milada Vilímková, Die Prager Judenstadt, S. 9) Am Ende des 19. Jahrhunderts waren freilich die Bordelle, Dirnenspelunken und Nachtcafés über den gesamten Bereich der Prager Altstadt verstreut.

In der Hahnpaßgasse findet sich Athanasius Pernath zu Beginn von Meyrinks „Golem" als Mieter, hier lernt er verschiedene andere Ghetto-Bewohner kennen, deren Schicksal merkwürdig mit dem seinigen verknüpft scheint, und hier beginnt seine unterirdische Tour, die ihn zum Haus des Golem in der Altschulgasse bringt.

Eines Tages wird er aufgrund einer Verleumdung in einem Kaffeehaus verhaftet, vernommen und eingesperrt.

Als Pernath aus dem Gefängnis freikommt, ist die gesamte Judenstadt eine Steinwüste, die Hahnpaßgasse der Spitzhacke zum Opfer gefallen: „wie riesige Bienenzellen hingen die bloßgelegten Wohnräume nebeneinander in die Luft, halb vom Fackelschein, halb von dem trüben Mondlicht beschienen". (S. 260) So mietet er sich in dem Haus ein, in dem ihm seinerzeit der Golem gegenübergetreten war. Dort entdeckt er sein Ebenbild auf der Türschwelle, ein Brand bricht aus, er verfehlt das rettende Seil am Fenster, stürzt ab, erwacht aus dem Traum und entdeckt beim Durchwandern des Ghettos, daß die Hahnpaßgasse inzwischen ein völlig verändertes Aussehen erhalten hat.

25. Alter jüdischer Friedhof (Židovský hřbitov)

Zu den Neubauten, die im Zusammenhang mit der Sanierung in der Hahnpaßgasse entstanden, gehört die 1911 errichtete Zeremonienhalle *(Nr. 3a/243)*, an deren linker Seite ein Gittertor den Zugang zum Alten jüdischen Friedhof ermöglicht. Mit seinen annähernd 12 000 Grabsteinen ist er der größte und bedeutendste, der sich erhalten hat. Er wurde im 15. Jahrhundert angelegt und war bis 1787 in Gebrauch. Da der jüdische Glaube die Auflösung der Gräber verbietet, mußten wegen der herrschenden Raumnot im Lauf der Jahrhunderte mehrere Schichten übereinander angelegt werden. Heute ergibt sich das verwirrende, aber ungemein beeindruckende Bild eines formenreichen Gewimmels meist schrägstehender, zum Teil in der Erde versunkener Grabmäler. Rudolf Pannwitz (1881–1969) hat mit seinem Gedicht „Der Judenfriedhof" die besondere Stimmung des Ortes eingefangen:

Schutthauf alter tafeln grau und kahl
Überblüht von üppigem holunder /
Abgebröckelt / kantig oder runder /
Schräg sich stützend / aufrecht / mal bei mal.

Plumpe schriften ausgewischt und fahl
Traube krug und hände[1] – dumpfe wunder
Wulstger anmut – scherben lieber plunder –
Schierling wuchert durch den gartensaal.

Der von häusermassen eingeschlossen
All die drunten hütet ungeklagt
Und von duft und sonne übergossen

In den blauen himmel düster fragt
Wann der wilde saft sich müd geflossen
Der den tod zu überschäumen wagt.
(Rudolf Pannwitz, Wasser wird sich ballen, S. 86 f.)

---

[1] Symbolzeichen auf den Grabsteinen; so sind die im Gestus des Segnens erhobenen Hände dem Priestergeschlecht der Kohanim (Kohn) zugehörig.

Der alte jüdische Friedhof am Ende des 19. Jahrhunderts

Das berühmteste Grab auf dem Friedhof ist natürlich das des Rabbi Löw. Es befindet sich, vom Eingang aus gesehen, rechter Hand nahe der Mauer, die den Friedhof gegen die *17. listopadu* abschließt. An diesem Monument lokalisiert Wilhelm Raabe Teile seiner Erzählung „Holunderblüte" aus dem Jahr 1863, die zugleich realistische Einblicke in das Alltagsleben des Prager Ghettos gibt. Raabe (1831–1910) hatte von April bis Juli 1859 von Wolfenbüttel aus eine größere Reise unternommen. In der böhmischen Metropole hielt er sich zwischen dem 12. und 19. Mai auf.

Anläßlich eines Todesfalls erinnert sich ein Berliner Arzt eines vierzig Jahre zurückliegenden Jugenderlebnisses. Als Student hatte er sich zunächst in Wien aufgehalten, war dann aber nach Prag übersiedelt, weil die dortige medizinische Fakultät hohes Ansehen genoß. Er beginnt sein neues Leben mit einer Stadtbesichtigung und gelangt nach mühseliger Suche auf den Alten jüdischen Friedhof. Dort trifft er das kleine Judenmädchen wieder, das ihn zunächst in die Irre geführt hatte:

Ich sah die unzähligen aneinandergeschichteten Steintafeln und die uralten Holunder, welche ihre knorrigen Äste drumschlingen und drüberbreiten. Ich wandelte in den engen Gängen und sah die Krüge von Levi, die Hände Aarons und die Trauben Israels. Zum Zeichen meiner Achtung legte ich, wie die andern, ein Steinchen auf das Grab des Hohen Rabbi Jehuda Löw bar Bezalel. Dann saß ich nieder auf einem schwarzen Steine aus dem vierzehnten Jahrhundert, und der Schauer des Ortes kam in vollstem Maße über mich.

Seit tausend Jahren hatten sie hier die Toten des Volkes Gottes zusammengedrängt, wie sie die Lebenden eingeschlossen hatten in die engen Mauern des Ghetto. Die Sonne schien wohl, und es war Frühling, und von Zeit zu Zeit bewegte ein frischer Windhauch die Holunderzweige und -blüten, daß sie leise über den Gräbern rauschten und die Luft mit süßem Duft füllten; aber das Atmen wurde mir doch immer schwerer, und sie nennen diesen Ort Beth-Chaim, das *Haus des Lebens?!*

Aus dem schwarzen, feuchten, modrigen Boden, der so viele arggeplagte, mißhandelte, verachtete, angstgeschlagene Generationen lebendiger Wesen verschlungen hatte, in welchem Leben auf Leben versunken war wie in einem grundlosen, gefräßigen Sumpf, – aus diesem Boden stieg ein Hauch der Verwesung auf, erstickender als von einer unbeerdigten Walstatt, gespenstisch genug, um allen Sonnenglanz und allen Frühlingshauch und allen Blütenduft zunichte zu machen.

Ich habe schon erzählt, daß ich in dieser Zeit meines Lebens ein toller, wilder Geselle war; aber das Gefühl, welches mich an dieser Stelle erfaßte, enthielt die Bürgschaft dafür, daß ich noch ernst genug werden könne.

Immer tiefer sank mir die Stirn herab, als ich plötzlich dicht neben mir – über mir ein kindlich helles Lachen hörte, welches ich schon einmal vernommen hatte. Dieses Mal erschreckte es mich fast, und als ich schnell aufsah, erblickte ich ein liebliches Bild.

In dem Gezweig eines der niedern Holunderbüsche, die, wie schon gesagt, das ganze Totenfeld überziehen, – mitten in den Blüten, auf einem der wunderlichen, knorrigen Äste, welche die Pracht und Kraft des Frühlings so reich mit Grün und Blumen umwunden hatte, saß das neckische Kind, welches mir vorhin so schlecht den Weg hierher gewiesen hatte, und schelmisch lächelte es herab auf den deutschen Studenten.

Als ich aber die Hand nach dem Spuk ausstreckte, da war er blitzschnell verschwunden, und einen Augenblick später sah das lachende bräunliche Gesicht, umgeben von schwarzem Gelock, um das Grab des Hohen Rabbi, als wolle es mich von neuem verlocken, und zwar zu einer Jagd über den alten Totenort. Aber dieses Mal ließ ich mich nicht verleiten; denn ich wußte klar, daß es mir doch nichts nutzen würde, wenn ich dem Ding nachspränge. In die Erde, in den schwarzen Boden hätte es sich verloren, oder, noch wahrscheinlicher, in die Holunderblüten über den Gräbern wäre es verschwunden. Wie angewurzelt stand ich auf meinen Füßen und traute dem hellen Tag, der glänzenden Mittagsstunde nicht im mindesten: wer konnte sagen, ob an dieser geisterhaften Stelle nicht andere Regeln der Geisterwelt galten als anderwärts?

Still stand ich und hütete mich wohl, mich zu rühren, und als nun das Ding sah, daß sein lockendes Lachen, Blicken und Winken ihm nichts half, da fing's den Zauber auf eine andere Art an. Sein Gesichtchen wurde ernst, sein Köpfchen neigte sich, und schüchtern schlich's heran, neigte sich wiederum sittsam und stand vor mir und sagte: „Schöner Herr, verzeih, ich will nicht wieder böse sein." [. . .]

Schon längst hatte ich Freundschaft geschlossen mit dem Pförtner des berühmten Kirchhofes, und schon längst bezahlte ich nicht mehr jedesmal, wenn ich Einlaß in das Reich des Todes verlangte, die sechs Kreuzer, welche die kaiserlich-königliche Polizeibehörde dem Pförtner bewilligt hat aus dem Geldbeutel, der Reisekasse der neugierigen Fremden.

Recht schnell hatte ich die Zuneigung des Graubarts gewonnen, denn ich verstand es, auf seine Anschauungen von dem Wert und der Geschichte des jüdischen Volkes einzugehen, und so wandelten wir unter den Gräbern, und manche Biographie und manche Sage habe ich mir erzählen lassen – wahrlich, vieles konnte man lernen unter diesen grauen Steinen, diesen Monumenten, welche so sehr denen gleichen, die im Tal Josaphat zerstreut liegen.

Jemima Löw aber war die Verwandte des Pförtners, seine Enkelin, Urenkelin, Großnichte oder dergleichen – die langen Jahre haben mir den Verwandtschaftsgrad aus dem Gedächtnis gewischt. Sie ging oft mit uns, saß neben uns und gab altklug, oft treffend genug, ihr Wort zu unserem Gespräch.

Es waren Tage, es waren Stunden, es waren Augenblicke, deren melancholischen Reiz ich in keiner Weise wahr genug zu schildern vermag. O über diesen uralten Totenacker und seine Holunder! Nun war die Luft an diesem Ort nicht mehr unatembar für mich, und keine Gespenster traten mehr in das Sonnenlicht, welches durch die Blätter schoß und über den Gräbern tanzte. Immer vertrauter wurde ich mit den grauen Steinen. Noch besser als der Alte machte mich Jemima damit bekannt. Wenn der Pförtner in seinem Lehnstuhl eingeschlafen oder zu tief in die unergründlichen Spitzfindigkeiten des Talmuds geraten war, so hüteten wir uns wohl, ihn aufzustören. Hand in Hand schlüpften wir in das Beth-Chaim und waren uns selbst genug in diesen seltsamen Sommertagen, welche die Welt lange nicht so lieblich gesehen hatte.

Ja, Beth-Chaim! Wohl wurde mir dieser Kirchhof zu einem „Haus des Lebens!" Wenn mir dieses junge Mädchen die wunderlichen Hieroglyphen der hebräischen Grabtafeln deutete, so beschwor es dadurch ein Leben herauf, von welchem ich bis dahin keinen Begriff gehabt hatte. Weise, tugendhafte, fromme Männer und Frauen, edle Dulder und Dulderinnen, schöne Mädchen und Jünglinge erwachten aus einem Schlummer, der Jahrhunderte hindurch gewährt hatte, und ihre Schatten gewannen lebendigstes Leben. Bald stand ich mit allen diesen Leuten aus einer unbekannten Welt, aus der doch noch so viele Bezüge in die Gegenwart herüberliefen, auf Du und Du und glaubte an sie wie an die Gestalten der Geschichte und Sage meines eigenen Volkes.

Gewöhnlich saßen wir neben der Tumba des Hohen Rabbi Löw, aus dessen Geschlecht meine kleine Lehrerin abzustammen glaubte und auf den sie sehr stolz war. Viel erzählte sie mir von dem weisen Mann: wie er mit dem Kaiser Rudolf dem Zweiten verkehrte und ihm die Geister der Patriarchen erscheinen ließ, wie er Bescheid wußte im Talmud und in der Kabbala, wie er einen Golem, das heißt, einen Diener aus der Geisterwelt hatte, wie er seine Frau, die schöne Perl, die Tochter Samuels gewann, wie er vierhundert Schüler hatte und wie er sein Leben auf hundertundvierzig Jahre brachte.

Ich aber glaubte an alles und hing an dem Munde der Erzählerin, wie keiner der vierhundert Schüler an dem Munde des Hohen Rabbi in der Schule „Zu den drei Klausen".

Von Liebe sprachen wir nicht; ich liebte auch dieses Mädchen gar nicht; aber einen Namen für die Gefühle zu finden, welche mich gegen es bewegten, war und ist unmöglich. Sie wechselten wie die Launen des Mädchens selbst, wie das Wetter an einem Apriltage, wie die leichten Sommerwölkchen, die über der Stadt Prag und den Fliederbüschen von Beth-Chaim zogen. Bald hielt ich diese Jemima, die in gerader Linie von Chajim, dem ältesten Bruder des hohen Rabbi Jehuda Löw, abstammte, für ein kleines, schmutziges, boshaftes Ding, mit dem

man wohl des Spaßes wegen eine Viertelstunde verschwatzen konnte; bald hielt ich sie für eine Fee, ausgerüstet mit großer Macht, die Menschen zu quälen, und dem besten Willen, diese Macht zu mißbrauchen. Dann war sie wieder nur ein armes, schönes, holdseliges, melancholisches Kind der Menschen, für welches man sein Herzblut hätte lassen mögen, für welches man hätte sterben mögen. Krank zum Sterben war ich damals, ein schleichendes Fieber verzehrte mich, und nur im Fiebertraum gehen solche wechselnde Gestalten und Empfindungen durch des Menschen Seele.
(Wilhelm Raabe, Erzählungen, S. 70–72, 75–77)

Als sich die kranke Jemima, von Todesgedanken erfüllt, fürchtet, „weil ihre Seele zu stolz war, um äußerlich zu zeigen, was sie duldete um ihr Volk" (S. 79), flieht der von Schuldgefühlen gepeinigte Student nach Berlin. Als er im darauffolgenden Frühjahr ahnungsvoll zurückkehrt, erfährt er, daß das Mädchen, das durch seine Zuneigung die bisher verschlossene Welt des Lebendigen kennengelernt hatte, vor wenigen Tagen verstorben ist.

Mariánské náměstí (Marienplatz)

Wenn man den Friedhof verlassen hat, wendet man sich nach links und geht auf der *U starého hřbitova* bis zur Einmündung in die *Břehová*. Man biegt nach links in die *17. listopadu* ein, passiert das auf dem Areal des Alten jüdischen Friedhofs errichtete Kunstgewerbemuseum *(Nr. 2/2),* dessen Zeitschriftenbestände Kafka gelegentlich lockten, sowie das diesem rechter Hand gegenüberliegende, 1882 eröffnete Künstlerhaus „Rudolfinum", in dem er Vorträge hörte und Ausstellungen besuchte. Über das *náměstí Jana Palacha,* das einen schönen Ausblick auf das linke Moldauufer gewährt, und durch *Kaprova* und *Valentinská* weitergehend, erreicht man das *Mariánské náměstí.*
An der Südseite des Marienplatzes findet sich an einer schon zum Palais Clam-Gallas gehörenden Wand die Kopie einer 1812 von Václav Prachner (1784–1832) geschaffenen Statue, die als Allegorie der Moldau zu verstehen ist.
Dem jungen Jaroslav Seifert (Näheres S. 19) hat ihr anmutiger Anblick erste Ahnungen von der Liebe vermittelt, wie folgende Strophen belegen:

Fingerabdrücke

Die Statue der Moldau von Wenzel Prachner
in der Wand des Clam-Gallas-Palais
leert ihren Krug,
der Wasserstrahl
ist mit vielen Sternen durchwirkt.
Von Anfang an bezauberte sie meine Augen
durch ihre anmutige Nacktheit.

Lange schweifte mein verwirrter Blick
über ihren Körper,
wußte nicht, wo zuerst innehalten.
Auf ihrem lieblichen Gesicht
oder auf der jungfräulichen Zartheit
ihrer Maiglöckchenbrüste.
Brüste sind oft Krone
all der Schönheiten des Frauenkörpers
auf allen Kontinenten.

Ich war vierzehn,
vielleicht ein Jahr älter,
als ich dort zu stehen pflegte, verlegen.
darauf wartend,
daß sie mir das Gesicht zuwenden
und lächeln würde.

In einem Augenblick, da ich dachte,
mir sehe niemand zu,
bekam ich vom oberen Brunnenrand
ihr Bein zu fassen.
Höher reichte ich nicht.
Das Bein war rauh, aus Sandstein,
es war kalt.
Schnee fiel.
Eine Welle Verlangen schoß
wie ein Elektroschock
in mein Blut.

Wenn die Liebe ein bißchen mehr ist
als bloße Berührung,
und das ist sie,
genügt ihr der Tautropfen,
der vom Blütenblatt
in die Handfläche rinnt.
Heftig dreht sich der Kopf,
als hätten die durstigen Lippen
dickflüssigen Wein genossen.
(Jaroslav Seifert, Der Regenschirm vom Picadilly, S. 19 f.)

Husova (Husgasse)

Am Südende des *Mariánské náměstí* öffnet sich eine schmale Gasse, die *Husova,* deren linke Seite von einem Adelspalast beherrscht wird.

26. Nr. 20/158: Palais Clam-Gallas (palác Clam-Gallasův)
Das aus dem Anfang des 18. Jahrhunderts stammende Palais wurde von Johann Bernhard Fischer von Erlach (1656–1723) erbaut, die berühmten vollplastischen Giganten am Portal stammen von Matthias Braun (1684–1738). Hier war früher das Staatswissenschaftliche Institut der Prager deutschen Universität untergebracht, in dem Kafka während seiner zweiten Studienhälfte Lehrveranstaltungen zu absolvieren hatte.

27. Nr. 4/352: Leihbibliothek „Cassinelli"
In diesem Gebäude (ganz links) befand sich zu Kafkas Zeit unter anderem die Leihbibliothek „Cassinelli". Hier waren regelmäßig literarische Novitäten ausgestellt, deren Titel Kafka, wie er einmal Max Brod gestand, „mit besonderem Heißhunger" in sich aufzunehmen pflegte. (Franz Kafka, Beschreibung eines Kampfes, S. 352) Unter einer Reihe von Betrachtungen, die 1920 entstanden und teils den Charakter von Aphorismen haben, teils erlebte Situationen gestalten, findet sich auch eine kleine Anekdote, die vor den Schaufenstern dieser Firma spielt:

Vor der Auslage von Casinelli drückten sich zwei Kinder herum, ein etwa sechs Jahre alter Junge, ein sieben Jahre altes Mädchen, reich angezogen, sprachen von Gott und von Sünden. Ich blieb hinter ihnen stehen. Das Mädchen, vielleicht katholisch, hielt nur das Belügen Gottes für eine eigentliche Sünde. Kindlich hartnäckig fragte der Junge, vielleicht ein Protestant, was das Belügen der Menschen oder das Stehlen sei. „Auch eine sehr große Sünde", sagte das Mädchen, „aber nicht die größte, nur die Sünden an Gott sind die größten, für die Sünden an Menschen haben wir die Beichte. Wenn ich beichte, steht gleich wieder der Engel hinter mir, wenn ich nämlich eine Sünde begehe, kommt der Teufel hinter mich, nur sieht man ihn nicht." Und des halben Ernstes müde, drehte sie sich zum Spaße auf den Hacken um und sagte: „Siehst du, niemand ist hinter mir." Ebenso drehte sich der Junge um und sah dort mich. „Siehst du", sagte er ohne Rücksicht darauf, daß ich es hören müßte, oder auch ohne daran zu denken, „hinter mir steht der Teufel." „Den sehe ich auch", sagte das Mädchen, „aber den meine ich nicht."

(Franz Kafka, Beschreibung eines Kampfes, S. 296)

Skořepka (Schalengasse)

Wenn sich die schmale Straße an ihrem Ende platzartig erweitert, zweigt linker Hand die *Skořepka* ab. Besondere Beachtung verdient das Eckhaus links mit seiner reich dekorierten Fassade.

28. Nr. 1/527: Wohnung der Familie Brod

Im obersten Stockwerk dieses Bürgerhauses lebte Kafkas Freund Max Brod bis zu seiner Heirat Anfang 1913. Hier sah Kafka am 13. August 1912 zum erstenmal seine spätere Verlobte Felice Bauer. Die mit dieser Begegnung verbundene Erschütterung führte im September dieses Jahres zur Niederschrift der Erzählung „Das Urteil", das einen literarischen Durchbruch bedeutete, an dem Kafka sein weiteres Schreiben zu messen pflegte. Im gleichen Monat eröffnete er mit Felice einen umfangreichen Briefwechsel, der mit unterschiedlicher Intensität bis Ende 1917 fortgeführt wurde, als die Tuberkulose den endgültigen Abbruch der Beziehung erzwang. Über *Uhelný trh* und *Rytířská* gelangt man zurück in die Na můstku, wo der Spaziergang begonnen hatte.

Vierter Spaziergang:
Franz Werfel und seine Welt –
Durch das Stadtparkviertel

Die Route führt durch den Teil der Prager Neustadt, der früher Mittelpunkt des jüdischen Geschäftslebens und das bevorzugte Wohnviertel des wohlsituierten deutschen Mittelstandes war. Hier ist Franz Werfel aufgewachsen und zur Schule gegangen, hier hat er sein lyrisches Frühwerk geschrieben und im Café „Arco" seinen Freunden vorgetragen. In diesem Viertel liegt schließlich auch der Stadtpark, über den er verschiedene Gedichte geschrieben hat. Texte von Alfred und Rudolf Fuchs, Bohumil Hrabal, Franz Kafka, Vítězslav Nezval und Rainer Maria Rilke ergänzen diesen Spaziergang ebenso wie ein Auszug aus den Lebenserinnerungen von Karl Hans Strobl, in dem die Bedeutung sichtbar wird, welche dem Wenzelsplatz im öffentlichen Leben der Stadt seit jeher zukam.

Václavské náměstí (Wenzelsplatz)

Der frühere Roßmarkt ist mit seinen knapp siebenhundert Metern Länge und sechzig Metern Breite einer der größten Plätze Europas. Sein heutiges Gepräge erhielt er erst mit dem 1891 vollendeten Bau des Nationalmuseums *(Národní muzeum)* an seinem oberen Ende und dem davorstehenden Wenzelsmonument, das 1912 aufgestellt wurde.

Der Platz war wegen seiner zentralen Lage und Größe bis in die Gegenwart hinein Ort von Massenaufmärschen und Demonstrationen – hier entschied sich im November 1989 das Schicksal der ČSSR. Auch die politischen Unruhen, die Ende November und Anfang Dezember 1897 die Stadt erschütterten, hatten hier einen Schwerpunkt. Der österreichische Ministerpräsident Kasimir Badeni (1846–1909) hatte Sprachenverordnungen für Böhmen erlassen, die für alle Behörden Doppelsprachigkeit und damit für Staatsbeamte die Kenntnis beider Landessprachen vorschrieben. Ein Entrüstungssturm des deutschen Bevölkerungsteils, der das Tschechische viel weniger beherrschte als die Tschechen das Deutsche, war die Antwort. Die deutschen Abgeordneten betrieben im Reichstag Obstruktion, so daß der Kaiser Badeni fallenlassen mußte. Aber während die Prager Deutschen diesen Vorgang als nationalen Sieg feierten, brach sich die Enttäuschung der tschechischen Bevölkerung in antideutschen Ausschreitungen Bahn, die schnell den Charakter antisemitischer Exzesse annahmen: Fenster

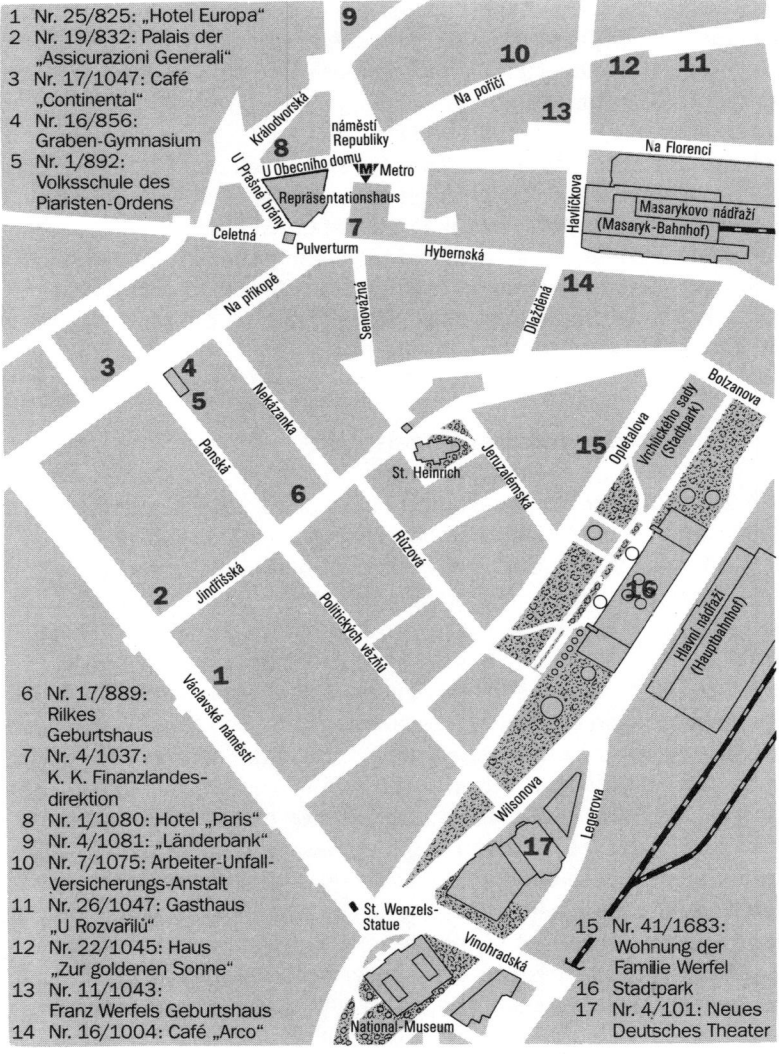

1 Nr. 25/825: „Hotel Europa"
2 Nr. 19/832: Palais der „Assicurazioni Generali"
3 Nr. 17/1047: Café „Continental"
4 Nr. 16/856: Graben-Gymnasium
5 Nr. 1/892: Volksschule des Piaristen-Ordens

6 Nr. 17/889: Rilkes Geburtshaus
7 Nr. 4/1037: K. K. Finanzlandes-direktion
8 Nr. 1/1080: Hotel „Paris"
9 Nr. 4/1081: „Länderbank"
10 Nr. 7/1075: Arbeiter-Unfall-Versicherungs-Anstalt
11 Nr. 26/1047: Gasthaus „U Rozvařilů"
12 Nr. 22/1045: Haus „Zur goldenen Sonne"
13 Nr. 11/1043: Franz Werfels Geburtshaus
14 Nr. 16/1004: Café „Arco"

15 Nr. 41/1683: Wohnung der Familie Werfel
16 Stadtpark
17 Nr. 4/101: Neues Deutsches Theater

wurden eingeschlagen, Läden geplündert, Juden beraubt und mißhandelt. Das Geschäft Hermann Kafkas soll damals verschont geblieben sein, weil man seinen Inhaber für einen Tschechen hielt. Ein besonderes Ziel des nationalen Zorns bildeten die farbentragenden deutschen Studenten, zu denen der Schriftsteller Karl Hans Strobl gehörte.

Karl Hans Strobl wurde am 18. Januar 1877 in Iglau (Jihlava) geboren und studierte vom Herbst 1894 bis zum Sommer 1898 an der Prager Karl-Ferdinands-Universität Jura. Er trat der konservativ-deutschnationalen, farbentragenden Studentenverbindung „Austria" bei und hatte dort Funktionsstellen inne. In seinen in Prag spielenden Romanen „Die Vaclavbude" (1902), „Der Schipkapaß" (1908) und „Das Wirtshaus ‚Zum König Przemysl'" (1913) hat er das Leben deutscher Studenten auf dem Hintergrund eigener Erfahrung beschrieben.

Andere Prosaarbeiten, die zwischen 1901 und 1907 erschienen, zeigen ihn als frühen Vertreter der modernen phantastischen Erzählung. In der Folgezeit (er wurde wegen eines „Bierherzens" vom Militärdienst zurückgestellt) war er Mitarbeiter am „Tagesboten aus Mähren und Schlesien", seit 1918 lebte er als freier Schriftsteller in Perchtoldsdorf bei Wien, wo er 1946 starb. Im Lauf der Jahre wandelte sich seine Position vom völkisch orientierten Konservativen zu einem militanten Faschisten, so daß beispielsweise sein Stück „Die Mühlen Gottes. Ein deutsches Schicksalsspiel" (1931) und sein Roman „Kamerad Viktoria" (1933) wegen ihrer antitschechischen Tendenzen von den tschechoslowakischen Behörden verboten wurden.

Die im Gefolge der Badeni-Krise auftretenden Prager Ausschreitungen bilden den Hintergrund des Romans „Die Vaclavbude". Wie der Vergleich mit zeitgenössischen Prager Zeitungsberichten zeigt, hat Strobl hier mit gleichsam dokumentarischer Genauigkeit gearbeitet. Noch stärker tragen die auf Prag bezüglichen Teile seiner Lebenserinnerungen den Charakter eines Zeitdokuments, das auszugsweise angeführt sei.

Die Studenten des Korps „Austria", aufgeschreckt von der Nachricht, es habe in der Stadt Zusammenrottungen und Übergriffe auf deutsche Studenten gegeben, verlassen als geschlossene Gruppe das Deutsche Haus am Graben (vgl. S. 214), wo sie den Sturz Badenis gefeiert hatten, und begeben sich zum Wenzelsplatz, um von dort aus in ihre Wohnungen in der Nähe des Hauptbahnhofs zu gelangen:

Vierzehn Mann, zwei und zwei, in festem Tritt, bogen wir auf den Wenzelsplatz ein, der seit jeher der beliebteste Ort für alle Zusammenrottungen und Wutausbrüche war. Was uns antrieb, unseren Weg hierher zu nehmen und nicht irgendwie hinten herum durch stillere Gassen in den Stadtteil Königliche Weinberge zu marschieren, weiß ich nicht. Wir wohnten damals alle irgendwo in diesem von dem älteren Kern der Stadt abgerückten neuen Viertel – auch ich schon seit längerer Zeit in der Rubeschgasse, nahe dem Franz Josephs-Bahnhof – aber es gab noch andere und sicherere Straßen dahin, nicht eben über den Tummelplatz der empörten Volksseele. Schlugen wir etwa deshalb unseren Weg hier ein, weil wir zeigen wollten, daß wir durch Gebrüll nicht einzuschüchtern waren? Zuerst ging es ganz gut, auch der untere Wenzelsplatz war leer, weiter oben qualmten große dunkle Menschenwolken aus den Straßenmündungen, schreiende, tobende Wolken, die sich ausbreiteten und wieder zusammenballten, wie von einem in ihrem Innern hausenden Sturmwind bewegt.

Als wir etwa auf der Höhe der Wassergasse waren, bemerkte man uns. Pfiffe gellten aus den nächsten Schwärmen, wir sahen Gesichter herumfahren . . . und schon rannten sie hinter uns drein, da waren sie heran wie Wölfe, auf unseren Fersen, rannten voran, höhnisch bellendes Gelächter: Salamander! Aschanti![1] Bumm! –

„Nicht reagieren!"

Es war leicht zu sagen: nicht reagieren, wenn man vor Zorn kochte. Kopf hoch und im Gleichmaß weiter, ohne Beschleunigung, wie hatte Wessely Barbarossa auf dem Fechtboden gesagt: „Rotieren wirst du? Saufuchs rotieren? Wart, ich werde dir das Rotieren austreiben." Jetzt bewährte sich die Mensurerziehung. Ziegelsteine flogen, ich und der Fuchs Siegl aus Gießhübl bildeten den Beschluß, knapp sauste es an unseren Köpfen vorbei. Oh, nur einmal die Zähne zeigen, hineinfahren in den Haufen. Kostenpunkt Nebensache! Da war es aus mit dem Weiterkommen, wir Vierzehn standen eingekeilt in einer Menge von Hunderten. Hände streckten sich nach meiner Kappe, die

---

1 beleidigende Anspielung auf die schwarzen Kappen der „Austria", die auf ein tschechisches Hetzlied der Zeit zurückgeht, das folgenden Wortlaut hatte:
Aschanti, jenes schwarze Volk aus Afrika
Fressen Deutsche anstatt Paprika.
Haut's die – haut's die –
Haut's die Deutschen fort.

Ehre der Farben . . . Himmelherrgott . . . ein Steinwurf schlug mir die
Mütze ab . . . da war sich jeder selbst der Nächste . . . ich hob den kurzen Ebenholzbummler den schweren, Krach in das Zähnefletschen
hinein. Hände griffen nach meinem Hals, sie sprangen mir an die
Brust, in meinem Schädel sang etwas wie zerklirrendes Glas, Kampf-
getümmel, immer zuckte mein Bummler keulenmäßig auf Köpfe und
Schultern. Neben mir sah ich den Fuchsen Siegl aus Deutsch-Gieß-
hübl bei Iglau, bärenmäßig, bärtig, wild geworden, sah ihn wie durch
die Fransen eines Vorhanges aus roten Glasperlen, wie er je zwei aus
dem Haufen griff, schüttelte, zusammenstieß, hinschmiß. Die Andern? . . . Es war keine Zeit zu taktischen Erwägungen, das Handge-
menge wurde zu wütendem Ringen Brust an Brust.

Da . . . ins Gebrüll und Gekreisch klapperte es hart . . . Luft ward
um mich, die Gegner ließen ab, erstaunt sah ich mich um. Reitende
Polizei war eingedrungen, hatte den verbissenen Knäuel gesprengt,
warf die Angreifer nach der einen Seite, uns nach der anderen. Eine
Reihe von Reitern zog eine Schranke quer über die Straßenmündung,
Mannschaften zu Fuß dazwischen. Ein Polizeiinspektor hatte mich
am Arm gefaßt, zerrte mich unsanft hinter die Sperre. Dort sammelte
sich unser zerzaustes Häuflein, kragenlos, mit ausgerissenen Ärmeln,
zwischen ausklingendem furor teutonicus und einem schon wieder
keimenden Lachen.

Die Polizei hatte uns gerettet, ungern, wie wohl zu merken war,
es war ihr Befehls- aber nicht Herzenssache gewesen. Mit ihren innersten Neigungen stand sie drüben, wo man johlend unsere Ausliefe-
rung forderte. „Weil S' immer die verfluchten Mitzln tragen müssen
S'!" sagte der Polizeiinspektor im schönsten Prager Deutsch, als welches, wie bereits erwähnt, das reinste und mundartfreieste Deutsch
ist, das es gibt. Klingt halt nur ein bisserl hart. So sagte der Polizeiinspektor, und somit war erwiesen, daß wir wieder einmal das Provo-
katzerl gemacht hatten. Und sagte noch: „Und jetzt schauen S', daß
zaus kommen S'".

(Karl Hans Strobl, Heimat im frühen Licht, S. 370–372)

1. Nr. 25/825: „Hotel Europa"

Das Hotel „Europa" liegt, wenn man in Richtung Nationalmuseum schaut, linker Hand in der oberen Hälfte des Platzes. Das Gebäude gehört zu den schönsten und am besten erhaltenen Jugendstilbauten der Stadt. Neben der Fassade und dem eigentlichen Kaffeehaus im Erdgeschoß ist besonders das Treppenhaus mit seinen Geländern, Wandlampen und den grünen Stuckelementen sehenswert, die als Zierat der Decken dienen. Im Mezzanin links hinter der schmiedeeisernen Gittertür liegt gegenüber der Hotel-Bar der sogenannte Spiegelsaal *(Zrcadlový sál)*, der sich bis auf ein zwischenzeitlich zerstörtes Deckenfresko in seiner ursprünglichen Gestalt erhalten hat. (Wegen möglicher Besichtigung frage man an der Rezeption.)

In diesem Spiegelsaal hat Kafka zum ersten und einzigen Mal in Prag ein eigenes Werk (halb)öffentlich zu Gehör gebracht. Ende November 1912 erhielt er von Willy Haas, einem Schulfreund Franz Werfels, die Einladung, auf einem Prager Autorenabend vorzutragen, den die von Haas geleitete Johann-Gottfried-Herder-Vereinigung veranstaltete. Kafka nahm an und brachte seine Erzählung „Das Urteil" zu Gehör, die im September des Jahres entstanden war.

Auf der gegenüberliegenden Seite des Wenzelsplatzes, in dem Vorgängerbau des Hauses, das heute die obere Ecke *Václavské náměstí/Ve Smečkách* bildet *(Nr. 56/802)*, wohnte die Familie Kafka von Mitte Mai bis Ende November 1885.

2. Nr. 19/832: Palais der „Assicurazioni Generali"

Den Wenzelsplatz abwärtsgehend, erreicht man an der unteren Ecke der Kreuzung zur *Jindřišská* das Palais der „Assicurazioni Generali", einer heute noch bestehenden Triestiner Versicherungsgesellschaft, bei der Kafka von Herbst 1907 bis zum Sommer 1908 angestellt war. Wenn man vor dem prächtigen Portal steht, dessen Säulen noch die Initialen der ehemals hier residierenden Institution zeigen, denkt man an einen Brief, den Kafka gleich nach Dienstantritt im Oktober 1907 an seine damalige Freundin Hedwig Weiler schrieb:

Liebe, Liebe, mein Nachhauseweg aus dem Bureau ist erzählenswert, besonders, da er das einzige von mir Erzählenswerte ist. Ich komme im Sprunge um 6 ¼ Uhr aus dem großen Portal, bereue die verschwendete Viertelstunde, wende mich nach rechts und gehe den Wenzelsplatz hinunter [. . .]

Mein Leben ist jetzt ganz ungeordnet. Ich habe allerdings einen Posten mit winzigen 80 K[ronen] Gehalt und unermeßlichen 8−9 Arbeitsstunden, aber die Stunden außerhalb des Bureaus fresse ich wie ein wildes Tier. Da ich bisher gar nicht gewohnt war, mein Tagesleben auf 6 Stunden einzuschränken, und ich außerdem noch Italienisch lerne und die Abende dieser so schönen Tage im Freien verbingen will, komme ich aus dem Gedränge der freien Stunden wenig erholt heraus.
(Franz Kafka, Briefe 1902−1924, S. 48 f.)

Na příkopě (Am Graben)

Nachdem man das Hotel „Goldene Gans" passiert hat *(Nr. 5/ 839)*, erreicht man das untere Ende des Wenzelsplatzes, wo man nach rechts in den Graben einbiegt. Der Graben, seit 1988 teilweise Fußgängerzone, war früher die Flanierstraße der deutschen Minorität und zugleich die Hauptverkehrsader Prags, an der sich Banken, elegante Geschäfte, vornehme Hotels und große Kaffeehäuser angesiedelt hatten.

3. Nr. 17/1047: Café „Continental"

Im ersten Stock des 1883 errichteten Palais Kolowrat, das sich als Gebäude erhalten hat, befand sich bis zum Ende des Zweiten Weltkriegs das Café „Continental". Dieses Kaffeehaus diente der sonst kastenstrengen Prager deutschen Gesellschaft als demokratische Oase, ein Ort, wo das Unterhaltungsbedürfnis der in der Stadt lebenden deutschen Minorität Befriedigung fand. Um die Jahrhundertwende gehörte es zu den Stammlokalen Gustav Meyrinks (vgl. S. 94), später verkehrten hier Kafka und seine Freunde, und nach der Machtergreifung Hitlers war es Anlaufstelle für die aus Berlin einströmenden jüdischen Emigranten, die hier auf eine Änderung der politischen Verhältnisse warteten.

4. Nr. 16/856: Graben-Gymnasium

Schräg gegenüber liegt das ehemalige K. k. deutsche Staatsgymnasium in Prag-Neustadt, Graben, in dem Gustav Meyrink ein Jahr zur Schule ging, Franz Werfel die ersten vier, Leo Perutz die ersten sechs Gymnasialjahre verbrachte und Johannes Urzidil 1914 sein Abitur ablegte.

Im Jahr 1890 hatte Oskar Kraus (1872–1942), der gerade seine höhere Schulbildung abgeschlossen hatte, für die Maturakneipe seines Jahrgangs eine in homerischen Hexametern einhergehende „Ilias"-Travestie geschrieben, die ihren Reiz aus der Diskrepanz zwischen der in Voßscher Manier einhergehenden Sprachgestalt und den verhandelten trivialen Gegenständen des Schulalltags zieht. Das Werkchen erregte Aufsehen und erschien ein Jahr später unter dem Titel „Meyriade" in einer preiswerten Reclamausgabe, die weite Verbreitung fand.

Hier der Beginn des „Ersten Gesangs":

Singe o Muse den Zorn des edlen lehrenden Meyer
Ihn, der entbrannt den Sextanern unnennbaren Jubel erregte,
Lehre die Thaten mich auch des leidenerduldenden Lehrers,
Welcher so viel erlitt, durch der Schüler arge Gesinnung.
Wer von den Helden hat ihn erregt zu feindlichem Grimme?
Chlapetz der tapfere Held; denn jetzo erhub von der Bank sich
Er, der treffliche Rufer im Streit und schleudert die Kapsel
Künstlich verfertigt aus weichlichem Wachs der emsigen Bienen.
Jene in mächtigem Bogen erreichet die rötliche Nase,
Welche in feurigem Glanz dem strahlenden Himmelslicht ähnelt.
Schnell von den Höhn des Katheders enteilt jener zürnenden
Herzens
Haltend die spitzige Feder und das berüchtigte Büchlein;
Laut erscholl das Gelächter zugleich mit des Zürnenden Rufen.
Jener stellte sich fern den Bänken und tauchte die Feder
Rasch in die bläuliche Tinte und rief die geflügelten Worte:
„In das Klassenbuch schreib' ich euch ein, und so werd' ich's
machen!"
Also rief der Greis und ergriff die rötliche Dose
Bergend das schwärzliche feine, das niesenerregende Pulver,
Nahm eine duftende Prise und schneuzte gewaltig; es dröhnte
Rings im schattigen Saal der Schall einer kräftigen Nase.
Hinten die wackern Helden jedoch bereiteten hurtig
Alle zusammen mit Hast aus der großen Scheibe des Wachses
Klebrige Kugeln, kneteten sie mit nervigen Händen;
Und bald weichte das Wachs vom starken Drucke bezwungen.
Und sie erhoben die Hände und schleuderten alle auf einmal
In das Antlitz des Lehrers die Kugeln mit zischendem Sausen

Plötzlich; es zuckte zusammen das Herz in der zottigen Brust
ihm,
Aber er redete nichts und blickte sich finster im Saal um:
„Jeiteles, Chlapetz steeren den Unterricht!" also begann er,
Packte sofort die Feder und trug sie beide ins Buch ein.
Löschpapier legte er drauf, mit runzliger Hand, es zu trocknen,
Schloß mit grimmiger Miene das Buch und setzte sich nieder.
Schrecken erfüllte die Helden, und sie überlegten im Zwerchfell,
Ob er's denn wirklich vollbracht und ins Klassenbuch jene ver-
zeichnet,
Oder in heilsamen Schreck sie versetzen wollt, wie er's zu thun
pflegt.
Und sie fürchteten sehr im Herzen ein nahendes Unheil:
Denn das Klassenbuch ist den Schülern allen ein Abscheu.
Wehe! dem sterblichen Mann, des Name darinnen verzeichnet!
Nimmer erfreut das Licht der Sonne ihn, nimmer die Freiheit,
Ach! und der schreckliche Carcer empfängt den jammernden
Jüngling.
(Oskar Kraus, Die Meyriade, S. 7f.)

Panská (Herrengasse)

Vor der mit dem ehemaligen Graben-Gymnasium zusammenge-
bauten Heiligkreuzkirche biegt man rechter Hand in die *Panská* ein.
Gleich links das ehemalige Kloster der Piaristen.

5. Nr. 1/892: Volksschule des Piaristen-Ordens
Weil die private Volksschule des Piaristen-Ordens als beste Vorbereitung für das Gymnasium galt, schickten die in der Prager Neustadt
lebenden wohlhabenden Geschäftsleute, auch wenn sie sich zum jüdischen Glauben bekannten, ihre Kinder vorzugsweise in diese Anstalt.
Hier sind beispielsweise Max Brod, Egon Erwin Kisch, Leo Perutz, Rainer Maria Rilke und Franz Werfel zur Schule gegangen.
In seinem Gedicht „Erster Schultag" hat Franz Werfel die atmo-
sphärische Besonderheit der Schule wie die psychischen Befindlich-
keiten eines kleinen Jungen eindrucksvoll festgehalten:

Portal des Piaristenklosters
(um 1915)

In das Haus der Piaristen
Zogen wir als große Schar,
Im gewölbten Raum zu nisten
Manches lange Kinderjahr.
Ehrenvoll den Schultornister
Trug ich heut zum ersten Mal
Und zum Neide der Geschwister
Klappert drinnen ein Pennal.

Oben stand auf dem Katheder
Groß und grau der Kuttenmann,
Mit dem Finger droht er: jeder
Zeigt mir seinen Namen an.
Wenn auch rauh die Stimme knarrte,
Seine Hand war lieb und weich.
Hinter ihm auf bunter Karte
Dehnte stolz sich Österreich.

Doch im grünen Schulgebänke
Wurde plötzlich mir so schwer,
Als ob hilflos ich versänke,
Ausgesetzt im Knabenmeer.
Unter Härteren und Kältern
Weint' ich etwas, ohne Mut,
Bei den anderen Herrn Eltern
Stand Papa und winkte gut.

Als die Stunde ging zur Neige,
Merkt' ich gar nicht, daß er schied,
Denn zu Lehrers Winselgeige
Plärrten wir das Kaiserlied.
Mancher schien mir nichts zu taugen,
Grinst' mich tückisch an und schwieg
Und in wilden Bubenaugen
Wetterleuchtete schon Krieg.

Wenn ich mir die Kindheit hole
Wunderlich und unversehrt,
Glaub ich nicht, sie sei wie Kohle
Längst verglommen, längst verzehrt.
Wo die Kindgespenster nisten
Geh ich als mein Widerhall
Ewig zu den Piaristen
Irgendwo in Gottes All.
(Franz Werfel, Das lyrische Werk, S. 426 f.)

Jindřišská (Heinrichsgasse)

Am Ende der *Panská* rechts das „Palace-Hotel". Wenn man jetzt nach links in die *Jindřišská* einbiegt, sieht man rechts über den Dächern den Turm der St. Heinrichs-Kirche, in der Rainer Maria Rilke am 19. Dezember 1875 getauft wurde.

6. Nr. 17/889: Rilkes Geburtshaus

Rainer Maria Rilke ist am 4. Dezember 1875 in dem Haus geboren worden, das dem heute an dieser Stelle befindlichen vorausging. Nachdem er die Grundschule bei den Piaristen durchlaufen hatte, trat er, weil er Offizier werden sollte, im September 1886 in die Militärunterrealschule in St. Pölten ein, im September 1890 in die Militäroberrealschule in Mährisch-Weißkirchen, wo er es aber nur bis zum Sommer des darauffolgenden Jahres ausgehalten hat. Anschließend besuchte er die Handelsakademie in Linz, kehrte jedoch, auch davon unbefriedigt, schon im Mai 1892 nach Prag zurück, wo er sich mit Hilfe eines intensiven Privatstudiums auf die Reifeprüfung vorbereitete. 1894 erschien unter dem Titel „Leben und Lieder" sein erster Lyrikband. Nachdem er im Juli 1895 die Reifeprüfung an der Realschule in der *Mikulandská* bestanden hatte (vgl. S. 236), begann er im darauffolgenden Wintersemester an der Prager deutschen Universität mit einem Studium der Literaturwissenschaft und Kunstgeschichte. Ende des Jahres erschien die lyrische Sammlung „Larenopfer", die vor allem Prager Baulichkeiten, bedeutenden Persönlichkeiten und geschichtlichen Ereignissen gewidmet ist. Im Sommersemester 1896 wechselte er zur Juristerei über, ohne sich nachhaltig für dieses Fach erwärmen zu können.

Ende September 1896 verließ Rilke Prag und übersiedelte nach München, wo er bis Oktober 1897 blieb. In der Folgezeit begann mit Reisen nach Italien, Rußland und Paris ein unruhiges Wanderleben. Unter der dichterischen Produktion sind die „Zwei Prager Geschichten" (1899) und „Die Weise von Liebe und Tod des Cornets Christoph Rilke" hervorzuheben, die aber erst in der Fassung von 1912 ihren bis heute anhaltenden Siegeszug durch die Welt antrat. Als Ergebnis eines weiteren, 1905 beginnenden Aufenthalts in Paris entstanden „Die Aufzeichnungen des Malte Laurids Brigge" (1910). 1911 und 1912 schrieb Rilke auf Schloß Duino bei Triest die ersten „Duineser Elegien", die er 1922 auf Schloß Muzot (Wallis) abschloß. Zusammen mit den 1923 erschienenen „Sonetten an Orpheus" haben sie der deutschen Lyrik neue Bereiche des Sagbaren erschlossen. Rilke starb am 29. Dezember 1926 in Val Mont bei Montreux an Leukämie.

In dem folgenden, den „Larenopfern" entstammenden Gedicht hat er seiner Kindheit ein Denkmal gesetzt. Bei dem erwähnten Grafenhaus handelt es sich um das dem Geburtshaus gegenüberliegende Harrachsche Palais *(palác Harrachovský) (Nr. 20/939):*

R. M. Rilke (1896)
Federzeichnung
von Emil Orlik

Mein Geburtshaus

Der Erinnrung ist das traute
Heim der Kindheit nicht entflohn,
wo ich Bilderbogen schaute
im blauseidenen Salon.

Wo ein Puppenkleid, mit Strähnen
dicken Silbers reich betreßt,
Glück mir war; wo heiße Tränen
mir das ,Rechnen' ausgepreßt.

Wo ich, einem dunklen Rufe
folgend, nach Gedichten griff,
und auf einer Fensterstufe
Tramway spielte oder Schiff.

Wo ein Mädchen stets mir winkte
drüben in dem Grafenhaus . . .
Der Palast, der damals blinkte,
sieht heut so verschlafen aus.

Und das blonde Kind, das lachte,
wenn der Knab ihm Küsse warf,
ist nun fort; fern ruht es sachte,
wo es nie mehr lächeln darf.
(Rainer Maria Rilke, Die Gedichte, S. 41 f.)

náměstí Republiky (Josefsplatz)

Nachdem man über die *Nekázanka* wieder in den Graben zurückgekehrt ist, folgt man diesem nach rechts. Rechter Hand das ehemalige Deutsche Haus *(Nr. 22/859)* mit seinem durch den Toreingang rechts zugänglichen Gartenrestaurant, in dem man unter Platanen sitzen kann. Die Vorträge und Feste, die hier stattfanden, wurden natürlich auch von den Vertretern der Prager deutschen Literatur besucht. Links daneben befand sich früher das Hotel „Zum schwarzen Roß", in dem Kafka Ende 1913 mit Grete Bloch, einer Freundin seiner Verlobten Felice Bauer, seine Beziehungsprobleme erörterte. Und an der Ecke zur *Hybernská* lag das Nobelhotel „Zum blauen Stern" in dem Felice wohnte, als sie 1912 in Prag war. Beide Gebäude mußten dem Monumentalbau der *Státní banka československá* Platz machen, der sich heute an dieser Stelle erhebt.

7. Nr. 4/1037: K. k. Finanzlandesdirektion

Das 1808 bis 1811 erbaute Gebäude an der Ecke *Hybernská/náměstí Republiky* beherbergte am Ende der Donaumonarchie unter anderem die Finanzlandesdirektion. Damals wurden die Regierungsgebäude und Adelspaläste, die meist auf der Kleinseite angesiedelt waren, von uniformierten Türhütern bewacht, die mehrfach Gegenstand literarischer Darstellung geworden sind, so in Rilkes Erzählung „König Bohusch" (vgl. S. 103), in Kafkas 1914 entstandenem Prosastück „Vor dem Gesetz" (vgl. S. 127) und in einem Gedicht Werfels aus dem Jahr 1913. Nach den Erinnerungen von Willy Haas wurde Werfel durch den Türhüter der Finanzlandesdirektion, die ganz in der Nähe der damaligen Wohnung Werfels gelegen war, zu seiner Gestaltung angeregt. (Franz Werfel, Kleine Verhältnisse, S. 64 f.)

Der göttliche Portier

Da ich an dir vorüberlief als Knabe,
Wuchst du ins Tor unendlich aufgehoben.
Dein Dreispitz rührte Wappensterne oben.
Allmächtig sank dein Bart, Mann mit dem Stabe!

Wie ich mich kindlich auch vergangen habe,
Gestickter Greis, du tratst herein zu loben,

Warst sänftlich grausem Kindertraum verwoben,
Wo ich mich gelb einstürzen sah im Grabe.

Nun wieder, Bibelgott, erscheint dein Bild!
Aus Kindernächten wallt dein breitgelockter
Erzväterbart, der goldne Brust umquillt.

Die winterlichen Tressen klingeln mild,
Und tief beruhigt mich dein weißbeflockter
Allgütiger Pelz, der durch die Sphäre schwillt.
(Franz Werfel, Das lyrische Werk, S. 103 f.)

U Obecního domu (Gemeindehofgasse)

Man durchschreitet, wie Kafka, wenn er von der Arbeiter-Unfall-Versicherungs-Anstalt nach Hause ging (vgl. S. 219), den Pulverturm neben dem 1911 als Jugendstilbau fertiggestellten Repräsentationshaus mit Restaurationsbetrieb und Konzertsälen und biegt dann rechts in die kleine Straße U Prašné brány ein, der man bis zur Einmündung der U Obecního domu folgt.

8. Nr. 1/1080: Hotel „Paris" (Hotel „Paříž")
In diesem unversehrt erhaltenen Jugendstil-Hotel, dessen Portal besondere Beachtung verdient, spielt das dritte Kapitel von Bohumil Hrabals Roman „Ich habe den englischen König bedient".
Bohumil Hrabal wurde am 28. März 1914 in Brno (Brünn) geboren, machte in Nimburg (Nymburk) an der Elbe Abitur und studierte Jura an der Prager Karls-Universität. Während der Hitlerzeit war er Fahrdienstleiter bei der Eisenbahn, ab 1949 Zwangsarbeiter in einem Verhüttungsbetrieb in Kladno. Nach einem Betriebsunfall, den er 1954 erlitt, arbeitete er als Packer in einer Altpapierhandlung, später als Bühnenarbeiter und Statist an einer Vorstadtbühne. Hrabal schrieb seit 1938 Erzählungen, konnte aber erst während des Prager Frühlings (1963–1968) publizieren. Sein Roman „Ich habe den englischen König bedient" spielt in den Jahren 1925 bis 1955 und entstand 1971. Erzählt wird die Lebensgeschichte eines tschechischen Kollaborateurs in der Zeit der Nazi-Okkupation, eines kleinen Piccolos, der es zwar bis zum Hotelier bringt, aber als Zwangsarbeiter beim Holzfällen

Café im Hotel „Paris" (um 1910)

endet. Im dritten Kapitel ist der Ich-Erzähler, zu dessen literarischen Ahnen Thomas Manns „Felix Krull", aber vor allem Jaroslav Hašeks Schwejk-Figur gehören, als Platzkellner angestellt. Er wird zum Vertrauten der Damen, die im Café des Hauses warten, bis sich die Börsianer mit ihnen ins Chambre séparée begeben:

> In der internen Abteilung oder im sogenannten Visitationspavillon ging es immer nur fröhlich zu. Die Mädchen, denen die Aufgabe zufiel, die Gäste zu animieren, waren stets darauf bedacht, dies gut zu tun; wie ich sah, machten sie am meisten Gewinn, und die alten Börsenjobber lachten und scherzten immerfort, sie betrachteten das Ausziehen der Damen als kollektives Pfänderspiel. Ohne aufzuhören, an den geschliffenen Champagnerkelchen zu nippen und zu schnuppern, zogen sie das Fräulein nach und nach auf dem Tisch aus, auf den es sich selbst hingelegt hatte, und rings um ihren Leib stellten die Börsianer die Gläser und Schüsseln mit Kaviar und Salat und ungarischen Salamischeiben ab, setzten sich die Brillen auf und betrachteten jede Falte dieses schönen Frauenleibes und baten das Mädchen, wie auf einer Modenschau oder wie im Atelier einer Malerakademie, sich hin-

zustellen, aufzurichten, sich hinzuknien, die Beine vom Tisch hängen zu lassen und mit den bloßen Füßchen zu baumeln, als bade sie die Füße in einem Bach, und nie gerieten die Börsenleute in Streit, weil ihnen dieses oder jenes Glied hingestreckt wurde oder welcher Körperteil auch immer. Mit heller Begeisterung waren sie bei der Sache, mit der Begeisterung eines Landschaftsmalers, eines Zeichners, der auf die Leinwand überträgt, was ihn an der Landschaft erregt. Mit unverminderter Begeisterung beschauten sich die Greise aus der Nähe und durch die Brille hindurch hier einen angewinkelten Ellenbogen, dort von unten her die gelöste Haarfülle, da einen Spann und einen Knöchel, dann wieder den Bauch, ein anderer wieder schob sanft die schönen Gesäßbacken auseinander und betrachtete voll kindlicher Bewunderung, was sich seinen Augen darbot, ein anderer wieder schrie vor Begeisterung auf und blickte zur Zimmerdecke hinauf, als wolle er Gott selber dafür danken, daß er zwischen die gespreizten Beine des Fäuleins sehen und mit Fingern oder Lippen berühren durfte, was ihm ganz besonders gefiel . . .

So erstrahlte das Chambre séparée nicht allein im scharfen Licht, das durch den Trichter des pergamentenen Lüsters an der Decke herabschoß, sondern auch vom Hin und Her der Gläser und vor allem vom Glitzern der vier Paar Brillengläser, die sich gleich Schleierschwänzen in einem erleuchteten Aquarium bewegten. Und hatten sich die Börsenleute satt gesehen, beendeten sie die Leibesvisitation, schenkten dem Fräulein, das auf dem Tisch saß, Champagner ein, stießen mit ihr an und nannten sie beim Vornamen, während sie sich vom Tisch nahm, worauf sie Lust hatte, und die Börsenleute scherzten und waren galant, während aus den anderen Chambres séparées fröhliches Gelächter herüberklang, das immer wieder abgelöst wurde von Totenstille, so daß ich oft glaubte hineinstürzen zu müssen, weil ich schon eine Leiche daliegen sah oder einen sterbenden Börsenmann . . . Dann zogen meine alten Herren das Fräulein wieder an, das Ganze verlief wie in einem zunächst vorwärts, dann rückwärts laufenden Film, und bei alledem war keine Spur von Gleichgültigkeit, die für gewöhnlich danach einzusetzen pflegt, nein, bis zum Schluß vollzog sich alles mit der gleichen Höflichkeit wie zu Beginn . . . Hatten sie dann bezahlt – immer zahlte nur einer der Börsenmänner, der Kellner bekam ein Trinkgeld und ich jedesmal einen Hunderter –, entfernten sie sich, strahlend, versöhnt, voll schöner Bilder, von denen sie stets eine Woche lang zehrten, und schon ab Montag freuten sie sich darauf, am

Donnerstag die Visitation eines anderen Fräuleins vorzunehmen, denn diese Gäste visitierten niemals ein und dasselbe Fräulein, sondern immer ein anderes, vielleicht um in der Halbwelt der Prager Prostituierten Renommee zu gewinnen.

(Bohumil Hrabal, Ich habe den englischen König bedient, S. 125–127)

Revoluční třída (Elisabethstraße)

Durch die *Králodvorská* gelangt man zum nördlichen Ende des *náměstí Republiky* und von dort weiter in die *Revoluční třída*. Im zweiten Haus rechter Hand, dessen Mittelachse durch Erker und Zwiebeltürmchen betont ist, war die ehemalige „Länderbank" untergebracht.

9. Nr. 4/1081: „Länderbank"

Während eines Spaziergangs, den Kafka als etwa Sechzehnjähriger zusammen mit seinen Eltern unternahm, kam es in der Nähe dieses Gebäudes zu einem Gespräch mit dem Vater, das seine weitere Persönlichkeitsentwicklung schwer beeinträchtigte. Er schreibt darüber in seinem „Brief an den Vater" (1919):

Ich erinnere mich, ich ging einmal abend mit Dir und der Mutter spazieren, es war auf dem Josephsplatz in der Nähe der heutigen Länderbank, und fing dumm großtuerisch, überlegen, stolz, kühl (das war unwahr), kalt (das war echt) und stotternd, wie ich eben meistens mit Dir sprach, von den interessanten Sachen zu reden an, machte Euch Vorwürfe, daß ich unbelehrt gelassen worden bin, daß sich erst die Mitschüler meiner hatten annehmen müssen, daß ich in der Nähe großer Gefahren gewesen bin (hier log ich meiner Art nach unverschämt, um mich mutig zu zeigen, denn infolge meiner Ängstlichkeit hatte ich keine genauere Vorstellung von den ‚großen Gefahren'), deutete aber zum Schluß an, daß ich jetzt schon glücklicherweise alles wisse, keinen Rat mehr brauche und alles in Ordnung sei. Hauptsächlich hatte ich davon jedenfalls zu reden angefangen, weil es mir Lust machte, davon wenigstens zu reden, dann auch aus Neugierde und schließlich auch, um mich irgendwie für irgend etwas an Euch zu rächen. Du nahmst es entsprechend Deinem Wesen sehr einfach, Du sagtest nur etwa, Du könntest mir einen Rat geben, wie ich ohne Gefahr diese Dinge werde betreiben können. Vielleicht hatte ich gerade eine solche Antwort hervorlocken wollen, die entsprach ja der Lüsternheit des mit Fleisch und allen guten Dingen überfütterten, körperlich untätigen, mit sich ewig beschäftigten Kindes, aber doch war meine äußerliche Scham dadurch so verletzt oder ich glaubte, sie müsse so verletzt sein, daß ich gegen meinen Willen nicht mehr mit Dir darüber sprechen konnte und hochmütig frech das Gespräch abbrach.

(Franz Kafka, Hochzeitsvorbereitungen auf dem Lande, S. 210 f.)

Kafka fühlte sich gedemütigt, weil ihm sein Vater den Besuch von Bordellen empfohlen hatte, obwohl er für seine eigene Person derartige sexuelle Betätigung als schmutzig und verwerflich abgelehnt hätte.

Na poříčí (Am Poritsch)

Man geht in Richtung der alten Finanzlandesdirektion auf das *náměstí Republiky* zurück und dann nach links in die Straße *Na poříčí.*

10. Nr. 7/1075: Arbeiter-Unfall-Versicherungs-Anstalt

In diesem 1896 errichteten Gebäude arbeitete Kafka von Herbst 1908 bis zum Sommer 1922 als Versicherungsangestellter. Sein Büro lag in den Anfangsjahren im obersten, am Ende seiner Dienstzeit im ersten, durch einen schmiedeeisernen Balkon ausgezeichneten Stock, hinter dem das Zimmer des Präsidenten Dr. Otto Přibram gelegen war. Nachdem Kafka im April 1910 zum Konzipisten der Anstalt befördert worden war, hatte er sich hier einzufinden, um sich für den neuen Titel zu bedanken, der zugleich mit einer Gehaltsaufbesserung verbunden war. Die Beschreibung dieses Besuchs, die er im Januar 1913 in einem an Felice Bauer gerichteten Brief gegeben hat, gehört zu den aufschlußreichsten lebensgeschichtlichen Zeugnissen, die sich erhalten haben. Sie offenbart eine Seite seines Wesens, die angesichts seiner vielfach bedrückenden Tagebucheintragungen und düster gefärbten Werke oft übersehen wird. Zum besseren Verständnis des Berichts sei noch erwähnt, daß Otto Přibram der Vater des mit Kafka befreundeten Ewald Felix Přibram war, dessen Protektion überhaupt erst dazu geführt hatte, daß der Jude Kafka eine Anstellung im österreichischen Staatsdienst erhielt:

Arbeiter-Unfall-
Versicherungs-Anstalt
(1915)

Wir – zwei Kollegen und ich – waren damals gerade zu einem hö-
hern Rang erhoben worden und hatten uns in feierlichem schwarzen
Anzug beim Präsidenten zu bedanken, wobei ich nicht zu sagen vergessen darf, daß ich aus besonderem Grunde dem Präsidenten von
vornherein zu besonderem Dank verpflichtet bin. Der würdigste von
uns dreien – ich war der jüngste – hielt die Dankrede, kurz, vernünf-
tig, schneidig, wie das seinem Wesen entsprach. Der Präsident hörte in
seiner gewöhnlichen, bei feierlicher Gelegenheit gewählten, ein wenig
an die Audienzhaltung unseres Kaisers erinnernden, tatsächlich (wenn
man will und nicht anders kann) urkomischen Stellung zu. Die Beine
leicht gekreuzt, die linke Hand zur Faust geballt auf die äußerste Tisch-
ecke gelegt, den Kopf gesenkt, so daß sich der weiße Vollbart auf der
Brust einbiegt und zu alledem den nicht allzu großen aber immerhin
vortretenden Bauch ein wenig schaukelnd. Ich muß damals in einer
sehr unbeherrschbaren Laune gewesen sein, denn diese Stellung
kannte ich schon zur Genüge und es war gar nicht nötig, daß ich, allerdings mit Unterbrechungen, kleine Lachanfälle bekam, die sich aber
noch leicht als Hustenreiz erklären ließen, zumal der Präsident nicht

aufsah. Auch hielt mich die klare Stimme meines Kollegen, der nur
vorwärts blickte und meinen Zustand wohl bemerkte, ohne sich aber
von ihm beeinflussen zu lassen, noch genug im Zaum. Da hob aber der
Präsident nach Beendigung der Rede meines Kollegen das Gesicht und
nun packte mich für einen Augenblick ein Schrecken ohne Lachen, denn
nun konnte er ja auch meine Mienen sehn und leicht feststellen, daß
das Lachen, das mir zu meinem Leidwesen aus dem Munde kam,
durchaus kein Husten war. Als er aber seine Rede anfing, wieder diese
übliche, längst vorher bekannte, kaiserlich schematische, von schweren Brusttönen begleitete, ganz und gar sinnlose und unbegründete
Rede, als mein Kollege durch Seitenblicke mich, der ich mich ja gerade
zu beherrschen suchte, warnen wollte und mich gerade dadurch lebhaft
an den Genuß des frühern Lachens erinnerte, konnte ich mich nicht
mehr halten und alle Hoffnung schwand mir, daß ich mich jemals
würde halten können. Zuerst lachte ich nur zu den kleinen hie und da
eingestreuten zarten Späßchen des Präsidenten; während es aber Gesetz ist, daß man zu solchen Späßchen nur gerade in Respekt das Gesicht verzieht, lachte ich schon aus vollem Halse, ich sah, wie meine
Kollegen aus Furcht vor Ansteckung erschraken, ich hatte mit ihnen
mehr Mitleid als mit mir, aber ich konnte mir nicht helfen, dabei
suchte ich mich nicht etwa abzuwenden oder die Hand vorzuhalten,
sondern starrte immerzu dem Präsidenten in meiner Hilflosigkeit ins
Gesicht, unfähig das Gesicht wegzuwenden, wahrscheinlich in einer
gefühlsmäßigen Annahme, daß nichts besser, alles nur schlechter werden könne und daß es daher am besten sei, jede Veränderung zu vermeiden. Natürlich lachte ich dann, da ich nun schon einmal im Gange
war, nicht mehr bloß über die gegenwärtigen Späßchen, sondern auch
über die vergangenen und die zukünftigen und über alle zusammen,
und kein Mensch wußte mehr, worüber ich eigentlich lache; eine allgemeine Verlegenheit fing an, nur der Präsident war noch verhältnismäßig unbeteiligt, als großer Mann, der an vielerlei in der Welt gewöhnt
ist, und dem übrigens die Möglichkeit der Respektlosigkeit vor seiner
Person gar nicht eingehn kann. Wenn wir in diesem Zeitpunkt heraus-
geschlüpft wären, der Präsident kürzte auch vielleicht seine Rede ein
wenig ab, wäre noch alles ziemlich gut abgelaufen, mein Benehmen
wäre zwar zweifellos unanständig gewesen, diese Unanständigkeit
wäre aber nicht offen zur Sprache gekommen und die Angelegenheit
wäre, wie dies mit solchen scheinbar unmöglichen Dingen öfters geschieht, durch stillschweigendes Übereinkommen unserer vier, die wir

beteiligt waren, erledigt gewesen. Nun fing aber zum Unglück der bisher nicht erwähnte Kollege (ein fast 40jähriger Mann mit rundem kindischen aber bärtigen Gesicht, dabei ein fester Biertrinker) eine kleine, ganz unerwartete Rede an. Im Augenblick war es mir vollständig unbegreiflich, er war ja schon durch mein Lachen ganz aus der Fassung gebracht gewesen, hatte mit vor verhaltenem Lachen aufgeblähten Wangen dagestanden und – jetzt fing er eine ernste Rede an. Nun war das aber bei ihm gut verständlich. Er hat ein so leeres, hitziges Temperament, ist imstande, von allen anerkannte Behauptungen leidenschaftlich endlos zu vertreten, und die Langweile dieser Reden wäre ohne das Lächerliche und Sympathische ihrer Leidenschaft unerträglich. Nun hatte der Präsident in aller Harmlosigkeit irgendetwas gesagt, was diesem Kollegen nicht ganz paßte, außerdem hatte er, vielleicht durch den Anblick meines schon ununterbrochenen Lachens beeinflußt, ein wenig daran vergessen, wo er sich befand, kurz er glaubte, es sei der richtige Augenblick gekommen, mit seinen besondern Ansichten hervorzutreten und den (gegen alles, was andere reden, natürlich zum Tode gleichgültigen) Präsidenten zu überzeugen. Als er also jetzt mit schwingenden Handbewegungen etwas (schon im allgemeinen und hier insbesondere) Läppisches daherredete, wurde es mir zu viel, die Welt, die ich bisher immerhin im Schein vor den Augen gehabt hatte, verging mir völlig und ich stimmte ein so lautes, rücksichtsloses Lachen an, wie es vielleicht in dieser Herzlichkeit nur Volksschülern in ihren Schulbänken gegeben ist. Alles verstummte und nun war ich endlich mit meinem Lachen anerkannter Mittelpunkt. Dabei schlotterten mir natürlich vor Angst die Knie während ich lachte, und meine Kollegen konnten nun ihrerseits nach Belieben mitlachen, die Gräßlichkeit meines so lange vorbereiteten und geübten Lachens erreichten sie ja doch nicht und blieben vergleichsweise unbemerkt. Mit der rechten Hand meine Brust schlagend, zum Teil im Bewußtsein meiner Sünde (in Erinnerung an den Versöhnungstag), zum Teil, um das viele verhaltene Lachen aus der Brust herauszutreiben, brachte ich vielerlei Entschuldigungen für mein Lachen vor, die vielleicht alle sehr überzeugend waren, aber infolge neuen, immer dazwischenfahrenden Lachens gänzlich unverstanden blieben. Nun war natürlich selbst der Präsident beirrt, und nur in dem solchen Leuten schon mit allen seinen Hilfsmitteln eingeborenen Gefühl alles möglichst abzurunden, fand er irgendeine Phrase, die meinem Heulen irgendeine menschliche Erklärung gab, ich glaube eine Beziehung zu

einem Spaß, den er vor langer Zeit gemacht hatte. Dann entließ er uns eilig. Unbesiegt, mit großem Lachen, aber todunglücklich stolperte ich als erster aus dem Saal. – Die Sache ist ja durch einen Brief, den ich dem Präsidenten gleich danach schrieb, sowie durch Vermittlung eines Sohnes des Präsidenten, den ich gut kenne, endlich auch durch den Zeitverlauf zum größten Teil besänftigt worden, gänzliche Verzeihung habe ich natürlich nicht erlangt und werde sie auch nie erlangen. Aber daran liegt nicht viel, vielleicht habe ich es damals nur getan, um Dir später einmal beweisen zu können, daß ich lachen kann.
(Franz Kafka, Briefe an Felice, S. 237–240)

11. Nr. 26/1047: Gasthaus „U Rozvařilů"

Wenn man weitergeht, noch über die rechts einmündende *Havlíčkova* hinaus, sieht man auf der rechten Straßenseite in einem häßlichen Neubau den Schnellimbiß *„U Rozvařilů"* vor sich. Weil in Guillaume Apollinaires Erzählung „Der Passant von Prag" davon die Rede ist, der Ich-Erzähler habe ein Hotel am Poritsch empfohlen bekommen, in dem ein Kabarett untergebracht war, und sich dort eingemietet, läßt sich schließen, daß der Franzose während seines zweitägigen Pragaufenthalts Anfang März 1902 hier gewohnt hat. (Vladimír Diviš, Apollinaire, S. 26) Die besondere Wertschätzung, die er zu Beginn dieses Jahrhunderts bei der tschechischen Avantgarde genoß, führte schnell zu einer Art Mystifizierung und Glorifizierung seiner Person und damit auch seines Besuchs im Jahr 1902, die in vielen Werken dieser Schriftsteller-Generation zu spüren ist (vgl. S. 20). So ist auch das folgende, dem russischen Linguisten Roman Jacobson gewidmete Gedicht von Vítězslav Nezval (1900–1958) aus dem Jahr 1936 eine einzige Huldigung an Apollinaire:

Der Porschitsch

Heute gleicht Prag einer gepreßten Blume
Und allen Städten
Allen Städten die du besucht hast allen Städten die du besuchen
willst
Du kommst dir hier vor wie ein Fremder der gerade angekommen
ist und ein Hotel sucht
Er sucht ein Hotel auf dem Porschitsch wo es Reste von Tingel-
tangeln gibt

Entgeistert sitzest du in einer Bierhalle als ob du tschechisch nicht
verstündest
Worüber reden wohl diese zwei Trunkenbolde ohne Alter
Sie reden von dir
Aus welchem Land du gekommen bist
Sie reden
Als lerntest du eben ein interessantes ziemlich eigenartiges Volk
kennen
Wie ein Blinder lernst du seine Sitten kennen
Ein wunderlicher Reisender der sich nach einer ausländischen
Frau sehnt
Nach dieser einigermaßen ohne Geschmack gekleideten Frau
oder Arbeiterin
Nostalgisch berührt vom Duft des unbekannten Rauchfleischs
Ein wunderlicher Reisender der die Reise unterbricht ohne zu
wissen wo und warum
Ein wunderlicher Reisender der niemals Überfluß hat
Und vor dem sich anscheinend die Zeit gar nicht entsetzt
Der weiß Gott woher gekommen ist und plötzlich mit dem Regen
davonfährt

(Vítězslav Nezval, Ausgewählte Gedichte, S. 119)

12. Nr. 22/1045: Haus „Zur goldenen Sonne" (dům „U zlatého slunce")

Das aus dem Ende des 18. Jahrhunderts stammende kleine Palais mit dem Hauszeichen am Giebel und den die Fassade bekrönenden Skulpturen hat Rudolf Fuchs (Näheres S. 163) zu folgendem, im Londoner Exil entstandenen Gedicht angeregt:

Das Haus „Zur Sonne"

Ich habe zu lang in der Fremde geweilt,
da ist manches Bild mir vorübergeeilt,
hat mit sich genommen, was in mir geruht;
nur selten noch zeigt mir's im Traume mein Blut.
Süß duftet der Flieder, ich wart auf der Bank,
und gehe Schlag elf jene Straße entlang,
da eilt aus dem Hause „Zur Sonne" ein Kind.
ist selber nur Sonne und Flieder und Wind . . .

Oft, wenn mich der Weg dort vorübergeführt,
hab ich eine Qual in der Seele verspürt.
Ich ging auf den Zehen und sah nicht zurück,
damit nicht erwache das schmerzliche Glück.
Doch hätt' ich gestampft mit dem Fuß wie ein Pferd,
es hätte die Straße gewiß nicht gestört.
Und käm mir mein Mädchen entgegengerannt,
ich hätt' die Verwandelte nicht gleich erkannt.

Ich blieb, der ich war. Doch die Schläfen sind grau.
Ich hab eine liebe und herrliche Frau.
Viel hat sich ereignet, wir nahmen es hin.
Vielleicht komm ich heim und der Flieder wird blühn.
Dann lauf ich hinauf und hinab durch die Stadt
und seh mich nach Jahren an Prag wieder satt;
geh bis nach der Vorstadt, von Hemmung nicht frei,
am Hause „Zur Sonne" ganz leise vorbei.
(Rudolf Fuchs, Die Prager Aposteluhr, S. 127)

Havlíčkova (Reitergasse)

Man geht bis zur Einmündung der *Havlíčkova* zurück und biegt
nach links in diese ein.

13. Nr. 11/1043: Franz Werfels Geburtshaus

An dem Gebäude wurde am 3. September 1990 eine bronzene
Gedenktafel in tschechischer Sprache angebracht, auf der unter Werfels vollplastisch ausgeführtem Kopf zu lesen ist: „In diesem Haus hat
der Dichter und Schriftsteller Franz Werfel am 10. September 1890
das Licht der Welt erblickt."

Franz Werfel wurde als Sohn des Handschuhfabrikanten Rudolf
Werfel geboren. Nachdem er wegen schlechter Leistungen die dritte
Klasse des Graben-Gymnasiums hatte wiederholen müssen, wech-
selte er im Herbst 1904 an das ebenfalls in der Neustadt gelegene
Stephans-Gymnasium über, wo er 1909 Abitur machte (vgl. S. 259).
Während der ersten Jahre, die er an der neuen Anstalt verbrachte, war
um ihn ein Freundeskreis entstanden, der seit 1907 den Kern der lite-
rarischen Tischgesellschaft bildete, die sich regelmäßig im Café „Arco"

zu treffen pflegte. 1911 erschien seine erste Gedichtsammlung „Der Weltfreund", die ihn auf einen Schlag im ganzen deutschen Sprachgebiet bekannt und zu einer Führergestalt der eben erwachenden expressionistischen Bewegung machte. Im Herbst 1912 übersiedelte er nach Leipzig, wo er maßgeblich am Aufbau der im Kurt-Wolff-Verlag erscheinenden Reihe „Der jüngste Tag" beteiligt war, in der die jungen expressionistischen Autoren ihr wichtigstes Forum fanden.

Nachdem er im Frühjahr 1915 eingezogen und an die Front versetzt worden war, erfolgte im darauffolgenden Jahr die Überstellung an das Wiener Kriegspressequartier. Noch im gleichen Jahr begegnete er Alma Mahler-Gropius, in der er die große Liebe seines Lebens fand (Heirat 1929). Unter ihrem Einfluß wandte er sich von der literarischen Avantgarde ab, deren Wortführer er vor dem Krieg gewesen war. Mit „Spiegelmensch" und „Bocksgesang" entstanden Anfang der zwanziger Jahre Theaterstücke, mit denen er seine Erfolge fortsetzte. Mit dem „Verdi" von 1924, in dem Werfel erstmals ein historisches Thema gestaltet, beginnt die Reihe seiner Romane, die ihm auch in den breiteren Schichten literarisches Ansehen brachten.

Im Jahr 1938 emigrierte Werfel nach Südfrankreich, von wo aus im Herbst 1940 über Spanien und Portugal die Flucht nach New York gelang. 1941 übersiedelte er nach Beverly Hills, einem Villenvorort von Los Angeles, wo er am 26. August 1945 starb. In Kalifornien schrieb er den Roman „Das Lied von Bernadette" (1941), der auch als Film ein Welterfolg wurde. Im März 1944 wurde sein Stück „Jacobowsky und der Oberst" uraufgeführt, das Erlebnisse des französischen Exils aufgreift. 1946 erschien postum der utopische Roman „Stern der Ungeborenen", in dem zahlreiche Erinnerungen an die Prager Jahre verarbeitet sind.

Hybernská (Hibernergasse)

Man geht die *Havlíčkova* weiter in südlicher Richtung, wobei man den linker Hand liegenden *Masarykovo nádraží* (Bahnhof Prag-Mitte) passiert. Hier stieg Kafka in den Zug, wenn er in den ersten Berufsjahren nach Nordböhmen fahren mußte, um Industrieunternehmen versicherungstechnisch zu klassifizieren oder um seine Dienststelle bei gerichtlichen Auseinandersetzungen mit Arbeitgebern zu vertreten.

14. Nr. 16/1004: Café „Arco" (kavarna „Arco")

An der Stelle, wo die *Havlíčkova* in die *Hybernská* einmündet, liegt an der gegenüberliegenden Straßenecke das im Herbst 1907 eröffnete Café „Arco", das bis zum Ende des Ersten Weltkriegs Treffpunkt der literarischen Avantgarde war. Zunächst hatten der Gymnasiast Franz Werfel und seine Freunde hier einen Stammtisch. Zu diesem gehörten seine Klassenkameraden Willy Haas (später Journalist und Herausgeber der Berliner Zeitschrift „Die literarische Welt") und Paul Kornfeld, der später als expressionistischer Dramatiker von sich reden machte. Außerdem der Schauspieler Ernst Deutsch und der Bankbeamte Ernst Polak, der 1917 Milena Jesenská heiratete.

Durch Willy Haas wurde eine Verbindung zu Max Brod (Näheres S. 100) hergestellt, der, sechs Jahre älter als Werfel, schon einige Bücher veröffentlicht hatte und dessen literarisches Debüt erwirkte. Auf diese Weise gliederten sich Brod und seine Freunde Franz Kafka und der blinde Schriftsteller Oskar Baum dem Zirkel an, die ihrerseits wieder andere Autoren wie Otto Pick, Egon Erwin Kisch oder Rudolf Fuchs nachzogen.

Mit dem Weggang Werfels (1912), Kischs (1913) und Kornfelds (1914) und dem Ausbruch des Ersten Weltkriegs, der die Tauglichen zu den Waffen rief, schrumpfte der Kreis. Zurück blieben von den älteren Kafka, der von seinem Dienstvorgesetzten als unabkömmlich reklamiert worden war, sowie Brod, Baum und Polak, die wegen körperlicher Gebrechen nicht eingezogen werden konnten. Dazu kamen die nachwachsenden Autoren wie etwa Johannes Urzidil (Näheres S. 92), der seine Erzählung „Eine Schreckensnacht" im Café „Arco" ansiedelt.

Der tschechische Schriftsteller Alfred Fuchs, der während des Ersten Weltkriegs im „Arco" verkehrte, hat den dortigen Literatenkreis in einem autobiographischen Roman Gestalt werden lassen. Im folgenden Textauszug erlebt die Hauptfigur einen Auftritt Franz Werfels:

Ein berühmter deutscher Lyriker, ein wirklich großer, mit einem riesigen Namen, war zu Besuch. Weil er berühmt war, diente er nicht beim Train und auch nicht beim Vorratskorps, auch nicht bei der Protektionsschwadron, dem 73. Infanterieregiment, sondern er gelangte ins Wiener Kriegspressequartier, und nach Prag kam er nur im Urlaub. Als er das Kaffeehaus betrat, eilte ihm der Oberkellner wie ein Ansager voraus, um zu melden, daß der berühmte Herr Lyriker hereinkomme. Darin lag nichts Ironisches. Herr Lyriker war ein Fachausdruck im Munde des Herrn Ober, vergleichbar der Tatsache, daß er niemals Herrn Arnold mit den Worten willkommen zu heißen vergaß: „Habe die Ehre, Herr Mystiker, Verbeugung."

Im literarischen Kaffee war es gewöhnlich, jeden mit einer literarischen Etikette zu bezeichnen. Oft war zu hören, wie der Ober bedauerte, daß ein Tisch besetzt sei, weil hier immer die Herren Pragmatisten säßen, oder daß der Herr Konstruktivist sich heute zu den Herren Urchristen gesetzt habe. Das alles war den Stammgästen ganz geläufig und überhaupt nicht lächerlich.

Nachdem der berühmte Lyriker den Tisch erreicht hatte, machte er sich mit allen bekannt, die er noch nicht kannte, und man unterhielt sich über zwei Themen: Einerseits über abstrakte Probleme, andererseits über die Praktiken, die es erlaubten, sich vom Kriegsdienst zu drücken. Alle Teilnehmer des geselligen Zirkels erlebten eigentlich den gleichen Prozeß: Sie waren gestört in ihren rein papierenen Vorstellungen, in denen sie bisher gelebt hatten, waren konfrontiert mit einem wirklichen Leben, das während des Krieges in der blutigen Form des Soldatendaseins Gestalt gewann, und reagierten auf diesen Gegensatz mit Zynismen und Paradoxa.

(Alfred Fuchs, Oltář a rotačka, S. 120 f.)

Opletalova (Mariengasse)

Man geht die *Hybernská* in westlicher Richtung bis zu ihrem Ende und biegt dann rechts in die *Opletalova* ein.

15. Nr. 41/1683: Wohnung der Familie Werfel

An der gelbgestrichenen Fassade dieses Gebäudes ist eine zweisprachige Gedenktafel angebracht. In der im ersten Stock gelegenen elterlichen Wohnung hatte Werfel ein Hofzimmer inne, in dem die meisten seiner erinnerungstrunken auf die Welt der Kindheit fixierten Gedichte entstanden sind, die in den lyrischen Sammlungen „Der Weltfreund" (1911) und „Wir sind" (1913) gedruckt wurden. Der Stadtpark, der im folgenden Gedicht erwähnt wird, bildete ein Stück Kindheitsparadies für Werfel. Schon als Kleinkind wurde er dort im Kinderwagen ausgefahren, und später führte ihn seine Kinderfrau regelmäßig dort spazieren.

Erster Frühling

Geht man heut' durch den Stadtpark, ist das Stroh
von den Beeten weg,
Und schon schwillt stellenweise aus dem Braun des Rasens
ein grüner Fleck.

Auf dem noch unüberkieselten Weg liegt Laub,
Spreu und anderes Zeug verstreut.
Ihr starken Luftgeräusche! Woran erinnere ich mich heut'?

An mein Kinderzimmer, wenn jemand an der Nähmaschine saß.
Vergessenes Duett: Nähmaschine und fistelndes Gas!

Lagen da nicht auch, wie heute, Laub, Spreu und anderes mehr, –
Bunte Streifen, Flicken, Bänder, Volants und Seidenreste umher?
(Franz Werfel, Das lyrische Werk, S. 15 f.)

16. Stadtpark (Vrchlického sady)

Linker Hand erstreckt sich der 1880 eröffnete Stadtpark, der durch die *Bolzanova* im Norden und die *Washingtonova* im Süden begrenzt wird. Wenn man in der eingeschlagenen Richtung auf der *Opletalova* weitergeht und dann hinter dem an der linken Straßenseite befindlichen Kiosk die Anlagen betritt, steht man vor dem Eingang zum Prager Hauptbahnhof *(Hlavní nádraží)*. Es handelt sich um ein in den siebziger Jahren entstandenes modernes Empfangsgebäude, das auf dem Gelände des Stadtparks errichtet und mit dem dahinterliegenden, 1901–1909 erbauten Franz-Josefs-Bahnhof mit seinen beiden Jugendstil-Türmen verbunden ist.

Die mit Baumgruppen, Grasflächen und Blumenbeeten ausgestattete Parkanlage war ursprünglich in ihrer Längsrichtung von drei Alleen durchzogen. Die mittlere, die gerade geführt und bekiest war, hat sich in dem heutigen, von Sitzbänken flankierten Spazierweg erhalten. An der Stelle, an der man jetzt den Hauptbahnhof betritt, lag ehemals ein Teich mit einer Insel, in den sich über mächtige Felsbrocken ein Wasserfall ergoß. An seinen Ufern wurden Brezeln und Luftballone verkauft. (Egon Erwin Kisch, Aus Prager Gassen und Nächten, S. 365) Werfel hat diese Szenerie in seinem Gedicht „Schwäne" gestaltet:

Schwäne

Aus tiefster Kindheit singt mir ein blasses Rinnseln
Ein mattes Wasser heran.
Der Parkteich klingt uferan,
Der Wellchen werfende See
Mit falschen Fällen, Grotten, Buchten und Inseln.

Die Schwäne schweiften um künstliche Klipp und Felsen.
Ihr Leib, verwoben dem Wasser-Sang,
Zog langsam dahin und lang:
Mit Schnäbeln nelkenrot
Fünf weiße Schwäne und zwei mit ganz schwarzen Hälsen.

Sie ritzten schön dem Spiegel der Weiher-Lagunen
Schleifen, Achter und Zeichen ein.
Im Kielwasser hinterdrein
Schwankte rotblättriger Herbst,
Wiegten sich zart weißwolkige Flocken und Dunen.

Ein Kind belauschte die Fahrt mit sinkenden Sinnen.
Ein anderes hat die Weißen gelockt.
Doch sie verschmähten das Brotgebrock
Mit herrlich hinschwebendem Hals.
Am Uferweg ratschten die Brezelhökerinnen.

Einst in nebliger Frühe zog eine Frauenleiche
Triefend der Wächter ins morsche Boot.
Und auf einmal war Tod,
Graus, Geheimnis, Fischaas-Geruch
In dem selig gekräuselten, leichten, dem Kinderteiche.

Das Wasser ging trüb. Mir im Traum noch. Kein Ufergelächter.
Die Schwäne umzogen immerfort
In fernstem Bogen den Toten-Ort.
Fürsten begreifen den Abgrund nicht.
Weiße Hasser der Tiefe und Todes-Verächter
Kreisen die Reinen noch immer im Licht.
(Franz Werfel, Das lyrische Werk, S. 348 f.)

17. Wilsonova Nr. 4/101: Neues deutsches Theater (Smetanovo divadlo)

Man geht den Fußweg nach rechts bis zu seinem Ende und dann weiter in die in gleicher Richtung verlaufende *Washingtonova*. An der Stelle, an der die *Politických vězňů* kreuzt, wird links im Hintergrund das Smetana-Theater sichtbar (mit Skulpturenschmuck auf dem Dach), das ehemalige Neue deutsche Theater, das eine entscheidende Rolle in Werfels Persönlichkeitsentwicklung gespielt hat. Hier sah er im Mai 1904 innerhalb der von Angelo Neumann, dem berühmten Prager Theaterdirektor, veranstalteten Maifestspiele Verdis „Rigoletto" mit Enrico Caruso in der Rolle des Herzogs, eine Aufführung, die den Halbwüchsigen beeindruckte wie kein anderes Theaterereignis. Damals entflammte seine schon bestehende Neigung für die Bühne zu einer monomanischen Leidenschaft, die ihn während der folgenden Jahre ganz erfüllte. So nannten ihn die Mädchen im „Salon Goldschmied" (vgl. S. 151) Caruso, weil er Arien aus italienischen Opern herunterschmetterte, wenn der Klavierspieler des Hauses entsprechend intonierte. Die Liebe zur Oper bestimmte die Musikalität seiner Verse und führte später zur Konzeption seines „Verdi"-Romans.

Wenn man die *Washingtonova* hinuntergeht, kommt man nach kurzer Zeit zum oberen Ende des Wenzelsplatzes und damit zum Ausgangspunkt des Rundgangs zurück.

Fünfter Spaziergang:
Beim braven Soldaten Schwejk –
Über die Sofieninsel durch die obere Neustadt

Der Spaziergang führt durch Wohngebiete der Prager Neustadt, die weniger reich an hervorragenden Baulichkeiten sind als die geschichtsträchtigen Teile Prags, die bisher durchwandert wurden. Dabei wird das Vorstellungsvermögen des Betrachters gefordert, weil einige literarisch bedeutsamen Örtlichkeiten inzwischen dem Zahn

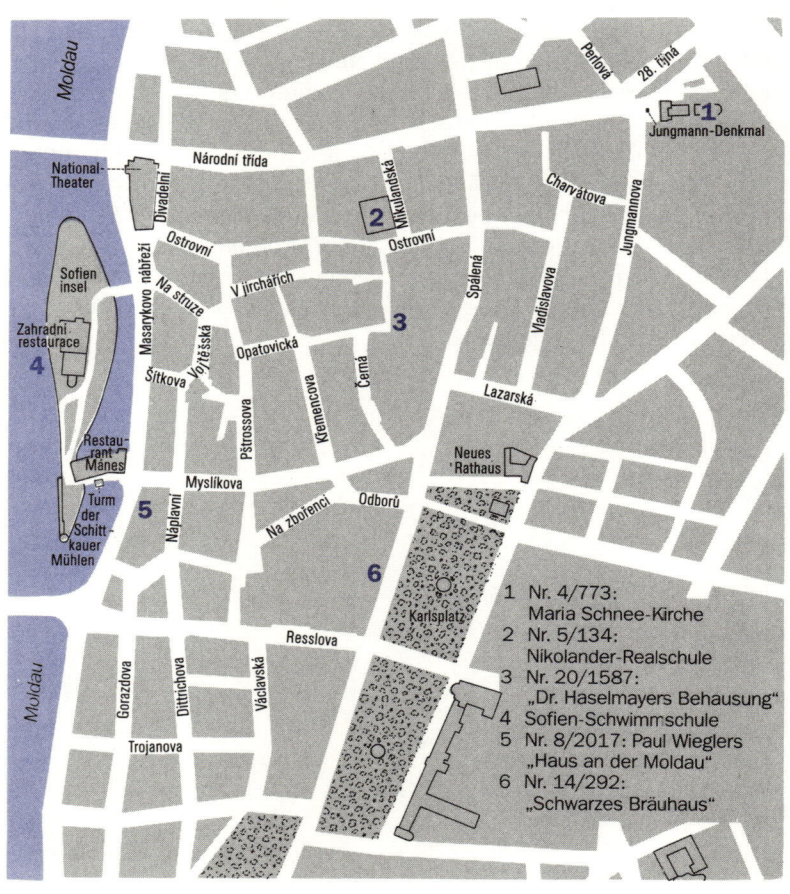

1 Nr. 4/773:
  Maria Schnee-Kirche
2 Nr. 5/134:
  Nikolander-Realschule
3 Nr. 20/1587:
  „Dr. Haselmayers Behausung"
4 Sofien-Schwimmschule
5 Nr. 8/2017: Paul Wieglers
  „Haus an der Moldau"
6 Nr. 14/292:
  „Schwarzes Bräuhaus"

der Zeit zum Opfer gefallen sind, so daß man sich in diesen Fällen mit der Besichtigung des Geländes zu begnügen hat, auf dem sie sich einst erhoben.

Auf dem Rundgang werden die folgenden literarischen Schauplätze berührt: die Maria Schnee-Kirche und der Karlshof, die Detlev von Liliencron und Rilke zu Gedichten anregten; die von Kafka besonders geschätzte Sofieninsel; das Haus an der Moldau, das Paul Wiegler in seinem einzigen Roman festgehalten hat; das Gymnasium, in dem Werfel Teile seines „Abituriententags" spielen läßt, sowie bedeutsame Privathäuser und Gaststätten, von denen eine durch den „Schwejk"-Roman Jaroslav Hašeks besondere Berühmtheit erlangt hat.

Jungmannovo náměstí (Jungmannsplatz)

Vom unteren Ende des Wenzelsplatzes aus betritt man über die Passage im Haus *Nr. 2/773* d. *Jungmannovo náměstí.* Linker Hand öffnet sich neben einer Skulpturengruppe ein Barockportal zum Kreuzgang des ehemaligen Franziskaner-Klosters, welcher der sehenswerten Maria Schnee-Kirche vorgelagert ist.

1. Nr. 4/773: Maria Schnee-Kirche
(chrám Panny Marie Sněžné)

Als Detlev von Liliencron, der schon 1898 eigene Werke vorgetragen hatte, im April 1904 neuerlich zu einem Rezitationsabend nach Prag kam, führte ihn der Schriftsteller Oskar Wiener zu der von Kaiser Karl IV. in Auftrag gegebenen und unter seinem Nachfolger Wenzel IV. (1378–1419) fortgesetzten Maria Schnee-Kirche, die als Wahrzeichen der Prager Neustadt in den Ausmaßen den Veitsdom hätte übertreffen sollen, aber bis heute Fragment geblieben ist. Die Bautätigkeit kam während der Hussitenkriege zum Erliegen, in deren Verlauf Turm und vorderer Teil des ursprünglichen Kirchenschiffs durch Kampfhandlungen zerstört wurden. Während dieser Religionswirren, so erzählte Wiener seinem aus Norddeutschland angereisten Gast, zog einmal eine Prozession böhmischer Protestanten mit Kreuz und Fahne an der Kirche vorbei. In diesem Augenblick löste sich ein Stein vom Dachgebälk und fiel in die Menge, die sich darüber so sehr erregte, daß Fanatiker in das Kloster eindrangen, die Mönche totschlugen und damit gleich-

Kirche Maria Schnee
(um 1910)

sam ein Vorspiel zum Dreißigjährigen Krieg lieferten. (Oskar Wiener, Alt-Prager Guckkasten, S. 63 f.) Das blutige Geschehen ereignete sich knapp vor dem Prager Fenstersturz des Jahres 1618. Liliencron hat sich von der Erzählung seines Freundes anregen lassen und für die letzte Fassung seines „Poggfred" (1908) die folgende Passage geschrieben:

In Prag bin ich entschieden mal geboren,
Vielleicht vor tausend Jahren, wer kanns wissen,
So ist mein Herz der alten Stadt verschworen;
Dort möcht ich immer meine Fahnen hissen.
Palerm und Ripen gehn mir nicht verloren,
Die waren auch von je mir Leckerbissen.
In Prag aß ich auch mal im Blauen Stern
Mit Oskar Wiener, einem Dichterherrn.

Du mußt es sehn, wenn sich der volle Mond
In seinen Gassen, Gäßchen eingefangen,
Wenn im Barock er auf den Kirchen thront,
Wenn seine Lichter den Hradschin umprangen,
Den silbernen Sarg Sankt Nepomuks[1] umfangen,
Wenn er in Waldsteins großer Halle[2] wohnt.
Viel hundert Sagen singen und Geschichten,
Ganz Praha ist ein Goldnetz von Gedichten.

Vorm Rathaus fand ich eine See von Blut:[3]
Dreihunderteinundfünfzig Edelleute
Mit jedem ersten Sohn von ihrer Brut
Verstummten hier, dem Rachebeil zur Beute.
Versickert längst, versunken ist die Flut,
Doch sah mein geistig Auge sie noch heute.
Der Winterkönig floh, futsch, futsch, futsch, floh,
Bis er im Haag beim Brettspiel saß heilfroh.

Ich sah ein Kirchlein auch: „Marie im Schnee"
(Die Heilige Jungfrau, nordisch, tiefverschneit):
In einem Prozessionszug fällt, o weh,
Ein Stein. Tumult, Ade Besonnenheit.
Bautz: Martinez und Slavata. Herrje!
Der dreißigjährige Krieg steht schlachtbereit.
Ein Steinwurf nur, ein einziger Steinwurf nur.
Praha, na zdar![4] Dir gilt mein Liebesschwur.
(Detlev von Liliencron, Poggfred, S. 188 f.)

---

1 das Silbergrabmal des Heiligen im Veitsdom, vgl. S. 126.
2 die „sala terrena" im Waldstein-Palais auf der Kleinseite, vgl. S. 93.
3 die 1621 erfolgte Hinrichtung der gegen den Kaiser rebellierenden böhmischen Adligen auf dem Altstädter Ringplatz, vgl. S. 156.
4 (tschechisch) Prag, Heil!

Mikulandská (Nikolandergasse)

Man folgt der vom *Jungmannovo náměstí* in südlicher Richtung verlaufenden *Jungmannovo* (Jungmannsgasse).
Über die nach rechts abzweigende *Charvátova* erreicht man einen freien Platz mit Brunnenanlage und Metro-Station, von dem aus man, die *Spálená* überquerend, in die *Ostrovní* gelangt, der man entlanggeht, bis rechts die *Mikulandská* einmündet.

2. Nr. 5/134: Nikolander-Realschule

In dem mächtigen Gebäude, dessen von Gelb- und Ockertönen beherrschte Fassade den Mittelteil der linken Straßenfront einnimmt, war früher eine deutsche Realschule untergebracht.
Zu den Absolventen der Nikolander-Realschule gehörten Rainer Maria Rilke (Näheres S. 212), Egon Erwin Kisch (Näheres S. 149), der dieser Anstalt in seinen Feuilletons „Ode an die Nikolander" und „Maturaschwindel" liebevoll gedacht hat, und Rudolf Fuchs (Näheres S. 163), der sich auf diese Weise erinnerte:

Das erste große Schulerlebnis hatte ich in der „Böhmischstunde". (Böhmisch klang damals wie eine Besänftigung.) Professor Houžvička war ein Landsmann meines Vaters. Von ihm erhoffte ich mir in dieser beängstigend fremden Stadt besondere Förderung. War es die innere Aufregung, war es Zufall, kurz, als der Professor mit langem Havelock, rotem Gelehrtenbart und mit in die Stirn herabhängenden Haaren eintrat, fiel mir der Holzfederhalter krachend zu Boden. Ungeachtet des Umstandes, daß es die erste Klasse war, in der er sich befand, wo er überdies die erste Böhmischstunde abhielt, ich also, ein an allen Gliedern zitternder zehnjähriger Knabe vom Lande, doch wohl kaum noch zu seinen geschworenen Feinden gehören konnte, stürzte er auf mich zu, fragte mich nach meinem Namen und schrie immer wieder, das sei ein „allmählicher Mord". Unser Verhältnis hat sich aber bald gebessert, und manche seiner Regeln kann ich noch heute auswendig, wie beispielsweise:
l-,t-,n-
Partizipien
haben kurze, kurze, kurze
kurze Endungen,
so wie „ten".

Professor Houžvička war eine geradezu russische Figur. Und wie alle russischen Figuren trank er gern. Er vertrug viel, aber das viele vertrug er schlecht. Namentlich montags war er schwank auf den Füßen, und einmal fiel er richtig von der Kathederstufe. Durch die Klasse ging ein Johlen, er aber sagte kleinmütig: „Sie lachen, wenn Ihr Professor krank ist?" Der Naturgeschichtsprofessor war wegen seiner konfusen Denkart und gestörten Redeweise weit und breit berühmt. (Es ist mir beispielsweise bekannt, daß Absolventen der Schule, die einander nach Jahren in New York trafen, vom Tiesel zu reden begannen.) „Was nimmt Linné?" war eine seiner Fragen. Antwort: „Linné nimmt Rücksicht auf die Zahl und Beschaffenheit der Staubgefäße." Sagte jemand beispielsweise „auf die Beschaffenheit und Zahl der Staubgefäße", erwiderte Tiesel indigniert: „No, das haben wir anders." (Tiesel hatte seine Bildung in Deutschland genossen; infolgedessen sagte er bis in sein hohes Alter: „Bei uns in Deutschland.") Zum Beispiel: „Man findet dieses Mineral bei uns in Deutschland, in Kanada und bei Granada." – „In Kenede!" verbesserte jemand vorlaut. „No, meinswegen", wandte sich Tiesel an den Zwischenrufer, „ich kann doch nicht französisch, also in Kenede und bei Grenede."
(Rudolf Fuchs, Die Prager Aposteluhr, S. 204 f.)

Opatovická (Opatowitzergasse)

Die *Mikulandská* setzt sich, nach Westen versetzt, in südlicher Richtung in der *Opatovická* fort, der man bis zu der Stelle folgt, an der sie rechtwinklig nach rechts abbiegt.

3. Nr. 20/1587: „Dr. Haselmayers Behausung"
Gustav Meyrink (Näheres S. 94) wurde durch das steinerne Wappen, das sich über dem Portal des Hauses befindet, zu seiner Erzählung „Dr. Haselmayers weißer Kakadu" angeregt. Das Wappen zeigt unter einer Papstkrone einen Eberkopf und den vorderen Teil eines Einhorns, deren Profile einander spiegelbildlich zugeordnet sind:

Jeder Gebildete weiß, daß Doktor Sacrobosco Haselmayer, der vor einigen Jahren am Morgen seines achtzigsten Geburtstages angeblich tot in seiner Bibliothek zu Prag aufgefunden wurde, die uralte Theorie versunkener Zeitläufte zu neuem Leben erweckte, der

Mensch sei im symbolischen Sinne nur ein Ei, das, richtig bebrütet, auf geheimnisvolle Weise, einem – sagen wir kurz: „himmlischen" Vogel das Leben gäbe.

Allgemein bekannt ist: Doktor Haselmayer war einer der merkwürdigsten Sonderlinge des jetzigen und vorigen Jahrhunderts. Eine Straße ist nach ihm benannt. Er hielt sich ein Menschenleben lang einsiedlergleich in seinem Barockpalais in der Opatowitzer Gasse verschlossen, das, einst um 1780 Stammsitz eines Grafen Sporck gewesen, in einer Flucht von Zimmern und Sälen die heute so berühmte Haselmayersche Bibliothek birgt.

Ich schätze mich glücklich, einer der wenigen Lebenden zu sein, die den seltsamen Gelehrten jemals zu Gesicht bekommen haben: vielleicht können sich dessen außer mir nur noch zwei Personen rühmen: der greise Maler Sedlacek und eine bucklige böhmische Gemüsefrau, bei der Doktor Sacrobosco Haselmayer täglich bei Morgengrauen eine Tüte Sonnenblumenkerne kaufte – wie sie mir sagte, hat er nur von solchen Früchten – wie ein Papagei – gelebt.

Das steinerne Wappenschild, das über dem Portal in der Mauer eingelassen ist, zeigt in zahlreichen Feldern die Symbole und Pantakel eines alten asiatischen Ordens, die „Sat Bhais", von dem berichtet steht, er sei vor Jahrhunderten erloschen: ein Eber, sieben krummschnablige Vögel und vieles mehr. Eine später zu oberst des Schildes angebrachte Papstkrone verhüllt das eigentliche Geheimnis der Herkunft.

Sieben Vögel! Sat Bhais! – so heißt eine asiatische Papageienart, die die Gewohnheit hat, zu siebent zu fliegen. – Der Sage nach wurde einst Prag von sieben arabischen Wanderern gegründet! Ob sie Sat Bhais waren? Ob Doktor Haselmayer ein Sat Bhai war? Sind es die Überlieferungen jenes Ordens gewesen, aus denen er sein oft so phantastisch anmutendes Wissen schöpfte? In seinem schriftlichen Nachlaß wurde nichts gefunden, was darauf hingewiesen hätte! – – Phantastisch?!: lieber möchte ich sagen: teuflisch. Klingt es denn nicht teuflisch, wenn man hie und da als Marginalien von seiner Hand in Pergamentbänden aus der Bibliothek liest: „Froschlaich brüten sie aus, die Menschen! Selten einer unter ihnen, der da weiß: ich trage das Ei eines freien Vogels des Äthers in meiner Brust. Kennte ich nur einen einzigen, der gleich mir um das Geheimnis, es zu bebrüten, weiß, ich wäre nicht mehr einsam." – –

(Gustav Meyrink: Das Haus zur letzten Latern, S. 175 f.)

Slovanský ostrov (Sofieninsel)

Wenn man die *Opatovická* nach Westen weiterschreitet, kreuzt die *Křemencová*. Links in dieser Straße eine gelbe Fassade, aus der eine aufwendig gestaltete Uhr vorspringt, die von einem schmiedeeisernen, von einem goldenen Bären bekrönten Behältnis umgeben ist. Sie gehört zu einem der bekanntesten Prager Lokale, dem *„U Fleků"* („Zum Flek"). Über *Pštrossova* und *Na struze* erreicht man das *Masarykovo nábřeží* an der Moldau und die Sofieninsel.

4. Sofien-Schwimmschule
Nachdem man die zur Insel führende Steinbrücke überquert hat, wendet man sich nach links und geht vor dem an dieser Stelle sich erhebenden großen Gebäude entlang. Dabei hat man einen schönen Blick auf die linker Hand sichtbare Häuserfassade der Uferstraße. In dem dritten Gebäude von links, von der Einmündung der *Na struze* aus gerechnet, ein 1904/1905 errichtetes prächtiges Jugendstilhaus, dessen mit Rankenwerk überzogener Giebel links und rechts von Putten flankiert ist. Hier wohnte der Schriftsteller Paul Wiegler, der uns gleich wiederbegegnen wird, von Ende 1910 bis Ende 1912.

Nachdem man den Biergarten *(Zahradní restaurace)* und den zum Lokal gehörenden Musikpavillon passiert hat, wendet man sich rechts zum Ufer. Rechter Hand, vor dem großen Gebäude, war zu Kafkas Zeiten eine sogenannte Schwimmschule gelegen. Bei diesen Flußbadeanstalten handelte es sich um Holzkonstruktionen, die jedes Frühjahr in die Moldau gebracht und im Herbst wieder daraus entfernt wurden, weil sie sonst in der schlechten Jahreszeit durch Hochwasser und Treibeis zerstört worden wären. Sie wurden von der Prager Mittelschicht aus hygienischen Gründen gemieden. Das Moldauwasser, so pflegte man im Hinblick auf die regelmäßig in den Zeitungen veröffentlichten alarmierenden Sanitätsberichte zu sagen, wirke sofort und zuverlässig, nämlich absolut tödlich.

Kafka, der ein gewandter Schwimmer und Ruderer war, hat jedoch seit frühester Jugend diese und andere Schwimmschulen häufig besucht. Im Sommer 1920 hatte er auf der Sofieninsel ein Erlebnis, das er wenig später in einem Brief an die tschechische Journalistin Milena Jesenská erzählt. Zum besseren Verständnis sei noch erwähnt, daß er sehr mager war und ein ausgesprochen ephebenhaftes Aussehen hatte:

Nicht immer war mir in der letzten Zeit so schlecht, es war auch schon zeitweilig sehr gut, mein Hauptehrentag war aber etwa vor einer Woche. Ich mache in meiner ganzen Ohnmacht den endlosen Bassin-Rundspaziergang auf der Schwimmschule, es war schon gegen Abend, viele Leute waren nicht mehr dort, aber immerhin noch genug, da kommt der zweite Schwimmeister, der mich nicht kennt, mir entgegen, sieht sich um als ob er jemanden sucht, bemerkt dann mich, *wählt* mich offenbar und fragt: Chtěl byste si zajezdit?[1] Es war da nämlich ein Herr, der von der Sophieninsel heruntergekommen war und sich auf die Judeninsel hinüberfahren lassen wollte, irgendein *großer* Bauunternehmer glaube ich; auf der Judeninsel werden große Bauten gemacht. Nun muß man ja die ganze Sache nicht übertreiben, der Schwimmeister sah mich armen Jungen und wollte mir die Freude einer geschenkten Bootsfahrt machen, aber immerhin mußte er doch mit Rücksicht auf den *großen* Bauunternehmer einen Jungen aussuchen, der genügend zuverlässig war sowohl hinsichtlich seiner Kraft, als auch seiner Geschicklichkeit, als auch hinsichtlich dessen, daß er nach Erledigung des Auftrages das Boot nicht zu unerlaubten Spazierfahrten benützt, sondern gleich zurückkommt. Das alles also glaubte er in mir zu finden. Der große Trnka (der Besitzer der Schwimmschule, von dem ich Dir noch erzählen muß) kam hinzu und fragte ob der Junge schwimmen könne. Der Schwimmeister, der mir wahrscheinlich alles ansah, beruhigte ihn. Ich hatte überhaupt kaum ein Wort gesprochen. Nun kam der Passagier und wir fuhren ab. Als artiger Junge sprach ich kaum. Er sagte, daß es ein schöner Abend sei, ich antwortete: ano[2], dann sagte er, daß es aber schon kühl sei, ich sagte: ano, schließlich sagte er, daß ich sehr rasch fahre, da konnte ich vor Dankbarkeit nichts mehr sagen. Natürlich fuhr ich im besten Stil bei der Judeninsel vor, er stieg aus, dankte schön, aber zu meiner Enttäuschung hatte er das Trinkgeld vergessen (ja, wenn man kein Mädchen ist). Ich fuhr schnurgerade zurück. Der große Trnka war erstaunt, daß ich so bald zurück war. – Nun, so aufgebläht vor Stolz war ich schon lange nicht wie an diesem Abend, ich kam mir Deiner um ein ganz winziges Stückchen, aber doch um ein Stückchen mehr wert vor als sonst. Seitdem wartete ich jeden Abend auf der Schwimmschule ob nicht wieder ein Passagier kommt, aber es kommt keiner mehr.

(Franz Kafka, Briefe an Milena, S. 204–206)

---

1 Möchten Sie fahren?   2 (tschechisch) ja.

Masarykovo nábřeží (Riegerquai)

Man geht weiter am Ufer entlang bis zu dem weißen Gebäudekomplex links, an dessen Südseite Treppen nach oben und zurück auf
das *Masarykovo nábřeží* führen.

5. Nr. 8/2017: Paul Wieglers „Haus an der Moldau"

In diesem Haus wohnte von Ende 1908 bis Ende 1910 der
Schriftsteller Paul Wiegler (1878–1949). Er hat das Gebäude, das als
einziges der Straßenfront ein neugotisches Gepräge zeigt, im Titel und
Text seines Romans „Das Haus an der Moldau" (1934) verewigt. Er
war von 1908 bis 1912 als Literaturkritiker bei der deutschen Tageszeitung „Bohemia" in Prag angestellt und anschließend im Berliner Ull-
stein-Verlag als Lektor und Journalist tätig. In seinem Roman, an dessen Ende sich der Protagonist Schandara aus seiner im obersten
Stockwerk des Hauses liegenden Wohnung stürzt, wird ein detailrei-
ches Bild von der vor dem Ersten Weltkrieg in der Stadt herrschenden
Atmosphäre entwickelt. Die Hauptfigur genießt beim Blick aus dem
Fenster ein prächtiges Panorama.

Riegerquai mit tschechischem Nationaltheater (um 1910)

Wieglers „Haus an der Moldau"

Die neue Wohnung war am Riegerkai, in einem Haus an der Mys-
likgasse. Sechs Männer in blauem Schurz schleppten ihre Lasten durch
das eiserne und gläserne Tor, das mit den Rippen seines schmalen Bo-
gens der Gotik des Wladislaw-Saales nachgebildet war, bis ins oberste,
das fünfte Stockwerk, das vierte über dem Mezzanin. Die weiten Moldauufer sah man dort. Ganz zur Linken, im Rauch die Westbahn-
brücke zwischen Smichow und Wyschehrad und die Hügel über
Koschiř, zur Rechten die Karlsbrücke und jenseits des Stroms die
Hradschinstadt, geradeaus den Kinskypark und den Petřin mit dem
Eiffelturm. Dicht am Kai die Zwiebelkuppe des braunen Schitkauer
Turms, die Mühleninsel, die in das vereiste Strombett vorsprang, bis
zu den Planken und Stämmen des Wehrs. Zuweilen kamen Arbeiter,
die sich unter den knorrigen Baum der Inselbastion stellten und über
den Fluß hinüberschauten; oder Mehlsäcke wurden verladen. Drunten, den Kai säumend, harrten Eistransporte in dichten Kolonnen.
Die zertrümmerten weißen Flächen schwammen, mit Haken gestoßen, heran. Immer schoben sich Wagen die schräge Uferstraße hinauf,
denen entgegen, die leer zurückfuhren. Schwindelnd maß der Blick

die Tiefe. Frost drang in die großen, hohen Zimmer von dem Balkon, der dem mittleren der Räume vorgebaut war. Wasserspeier leiteten die Nässe von ihm ab. Rohre mit Figuren von grauem Stuck, gespenstische Fratzen, ähnlich den Teufeln und Basilisken der Notre Dame.
(Paul Wiegler, Das Haus an der Moldau, S. 78f.)

Karlovo náměstí (Karlsplatz)

Über *Myslíkova* und *Odborů* erreicht man die Nordseite des Karlsplatzes, auf dem Kafka im Sommer 1920 seiner zweiten Verlobten Julie Wohryzek seine Liebe zu Milena Jesenská gestand (vgl. S. 145). Als die Angelegenheit zur Sprache kam (so erzählt Kafka am 5. Juli seiner neuen Freundin), zitterte Julie minutenlang am ganzen Körper: Der Bräutigam hatte erklärt, im Vergleich zu Milena sei alles andere bedeutungslos geworden. Und als sie abschließend fragte: „Schickst Du mich fort?" erhielt sie ein Ja zur Antwort, das sie aber nicht bereit war zu akzeptieren.

6. Nr. 14/292: „Schwarzes Bräuhaus" („Černý pivovar")

Das weithin bekannte Lokal aus der Zeit der Donaumonarchie hat sich nur dem Namen nach, nicht aber als Bauwerk und in seiner ursprünglichen Zweckbestimmung erhalten. Es präsentiert sich heute als Schnellbüfett in einem häßlichen Neubau.

In Prag gab es im 19. Jahrhundert zahlreiche in Familienbesitz befindliche Brauereien, die nach alten Firmenschildern oder längst verstorbenen Eigentümern benannt und allgemein bekannt waren. Sie hatten Schankstuben, in denen auch Besucher aus der Provinz einzukehren pflegten, wenn sie in Prag zu tun hatten. Anwohner holten das Bier in offenen Krügen zum Hausgebrauch, eine Sitte, die sich teilweise bis heute erhalten hat.

Das „Schwarze Bräuhaus" ist Gegenstand einer Humoreske geworden, die den Satiriker Eduard Bass zum Urheber hat. Bass (1888–1946) war ein Freund Jaroslav Hašeks und zunächst Liedertexter, Rezitator und Sänger an Prager Kabaretts. Nach dem Ende des Ersten Weltkriegs arbeitete er als Journalist an Prager tschechischen Zeitungen. Die Erzählung nimmt ihren Ausgangspunkt in der nahe gelegenen Hopfenstockgasse *(Navrátilova)* und führt bis zum Pulverturm am Ende des Grabens:

Ein Prager Sherlock Holmes

Mařena kam nach Prag in Stellung. Am Morgen führte sie der Dienstherr aus dem Hause in der Hopfenstockgasse, zeigte ihr, wo der Kaufmann ist, wo der Metzger, wo der Bäcker, führte sie auf den Karlsplatz, ging mit ihr durch den Park und zeigte ihr das Schwarze Bräuhaus, wo sie immer das Bier holen soll.

Mařena nickte, sie werde sich alles merken, kaufte glücklich am Morgen ein und fand auch glücklich mittags ins Schwarze Bräuhaus. Aber kaum nahm sie den Krug mit dem Bier auf, schmetterte draußen auf dem Platz Musik los. Mařena durchzuckte es. Sie rannte aufs Trottoir hinaus und war wie vom Donner gerührt.

Von oben wälzten sich Ströme von Menschen, die Musik spielte, daß es ihr in die Beine fuhr. Und all die Massen marschierten schön im Takt, das schwang nur so und wiegte sich. Mařena war wie betäubt. Ihr Leben lang hatte sie so etwas Schönes nicht gehört. Aber schon war dieser ganze Schwall von Soldaten und Zivilisten bis vors Schwarze Bräuhaus gelangt. Und auf einmal nahm jemand Mařena untern Arm. „Mařenka, kommen Sie mit!" rief der Unbekannte, und weil die Musik spielte und weil Mařenas Füße schon tanzten und weil sie der junge Mann kannte, obwohl sie sich um nichts in der Welt erinnern konnte, woher, gab sie sich dem mitreißenden Strom hin, drückte fest den Krug an sich und ging mit.

Und die Trompeten lachten, die Tschinellen klirrten, und die Trommel schien jeden Schritt zu loben; und der ganze freudige Rhythmus trug Mařena wie auf Traumesflügeln. Erst als das dritte Stück zu Ende gespielt war, flog es ihr durch den Sinn: Die Herrschaften warten auf das Bier! Sie erschauerte, entriß sich ihrem Begleiter, quetschte sich aus dem Gedränge heraus und wartete, bis der ganze Zug vorbei war. Langsam schaute sie sich um, aber da wurde ihr bange. Vor ihr ragte ein hoher Turm auf, ringsum waren lauter riesige Paläste, angestaute Reihen von Straßenbahnen fuhren in alle Richtungen los, sie donnerten über die Geleise und bimmelten, Automobile hupten, pfiffen, kreischten, Droschkenkutscher schrien, die Leute drängten sich hierhin und dorthin, alles eilte und fuhr und hastete, nur Mařena stand hier allein mit ihrem Krug, verlassen, namenlos fremd unter Fremden. Plötzlich fiel von all der Hast und von den großen Gebäuden eine furchtbare Beklemmung auf sie. Sie wandte sich nach rechts, sie wandte sich nach links, aber wo sie hergekommen war, wußte sie nicht. Sie fühlte nur immer mehr, daß sie gleich in Tränen ausbrechen würde, in ein fürchterliches Geheul, damit sich die Leute ihrer erbarmten und sie zu ihrer Herrschaft führten. Und als sie schon das Gesicht zum Weinen verzog, da sprach jemand sie von hinten an: „Was sucht Sie denn hier, Jungfer, was denn?" Sie schaute sich um, hinter ihr stand ein Polizist. Groß, stark, mit roten Backen.

„Ich . . . ich kann nicht nach Hause finden", stammelte Mařena, „bin nur ein Stückchen mitgegangen, ein ganz kleines Stückchen mit der Musik, und jetzt kenn ich mich hier nicht aus."

„Und wo wohnt Sie?"

„Ich . . . ich weiß nicht, wie das heißt."

„Wie lang ist Sie in Prag?"

„Den ersten Tag."

„Und wie heißt Ihr Herr?"

„Ich weiß nicht."

„Und wo hat Sie das Bier geholt?"

„Ich weiß nicht."

Mařena kullerten schon die Tränen über die Wangen. Der Polizist betrachtete sie nachdenklich. Das war ein schwerer Fall.

Plötzlich kam ihm ein Einfall.

„Reich Sie mir das Bier!"

Er nahm den Krug, blies den Schaum weg, schaute hinein, schnupperte bedächtig, setzte den Krug an den Mund und nahm einen tiefen Schluck. Dann rieb er sich mit der Zunge den Gaumen, um fachmännisch den Geschmack zu prüfen, und plötzlich wandte er sich an Mařena:

„Bei Primas?"

Mařena schüttelte den Kopf. Nein, so hatte das Bräuhaus nicht geheißen. Der Wachmann nahm einen neuen Schluck, kostete wieder das Bier.

„Bei Schönflocks, was?"

„Nein, anders."

„Sapperlot, das ist komisch", bemerkte der Wachmann und trank wieder. „Es wird doch nicht von Fleck sein?"

„Nein, das hieß anders."

Jetzt war auch der Wachmann mit seinem genialen Einfall am Ende. Er hob zum vierten Mal den Krug, aber da schnauzte jemand empört:

„Schämen Sie sich nicht?! Am hellichten Tag Bier auf der Straße zu trinken! Sie sind doch im Dienst, oder? Können Sie nicht in ein Haus gehen?"

Der Polizist erschrak, knallte die Hacken zusammen, legte die Linke mit dem Krug an die Hosennaht und salutierte mit der Rechten. Der Herr Revierinspektor!

„Melde gehorsamst, Herr Revierinspektor, das ist nicht wegen dem Durst. Das Mädel hat sich verirrt, und wir wissen nicht, woher sie ist. Vielleicht kann man nach dem Bier . . ."

Der Revierinspektor durchbohrte zuerst den Wachmann mit Blikken, dann Mařena, dann den Krug. Sie erklärten ihm beide, was passiert war. Er brummte und knurrte, blitzte mit den Augen nach den Leuten, die sich bereits ringsum scharten, aber da half alles nichts – etwas mußte geschehen!

„Geben Sie den Krug her!" herrschte er schließlich den Wachmann an.

Dieser reichte ihm respektvoll den Krug, und der Herr Revierinspektor hob ihn, die Neugierigen nicht achtend, an den Mund und tat einen tüchtigen Zug. Dann ließ er den Krug sinken, schaute eine Weile hinter den Pulverturm in die Ferne, leckte sich die Lippen, strich sich den Schnurrbart und sagte bieder:

„Machen Sie kein langes Gerede, Mann, und zeigen Sie dem Mädel den Weg. Das ist Schwarzes Bräuhaus."

(Eduard Bass, Ein Prager Sherlock Holmes, S. 93–96)

Na slupi (Slupergasse)

Über die an der Südwestecke des Karlsplatzes abwärts verlaufende *Vyšehradská* geht man in südlicher Richtung weiter. Rechter Hand die von Kaiser Karl IV. gegründete Benediktiner-Abtei Emaus, gegenüber die Kirche zum Heiligen Johannes von Nepomuk am Felsen aus dem Jahr 1730. Kafka hat diese Straße oft als Spaziergänger durchschritten, besonders im Frühjahr 1913, als er einer bestehenden Nervenschwäche durch körperliche Betätigung beikommen wollte. Zu diesem Zweck pflegte er nachmittags eine Gärtnerei in der *Na slupi* aufzusuchen, die beim Botanischen Garten in südlicher Richtung von der *Vyšehradská* abgeht.

7 Nr. 19/1445: Gärtnerei Dvorský
8 Nr. 6/445: „Gifthütte"
9 Karlshof
10 Nr. 14/1732: Gasthaus „Zum Kelch"
11 Nr. 16/1325: Geburtshaus Jaroslav Hašeks
12 Nr. 22/614: Stephans-Gymnasium

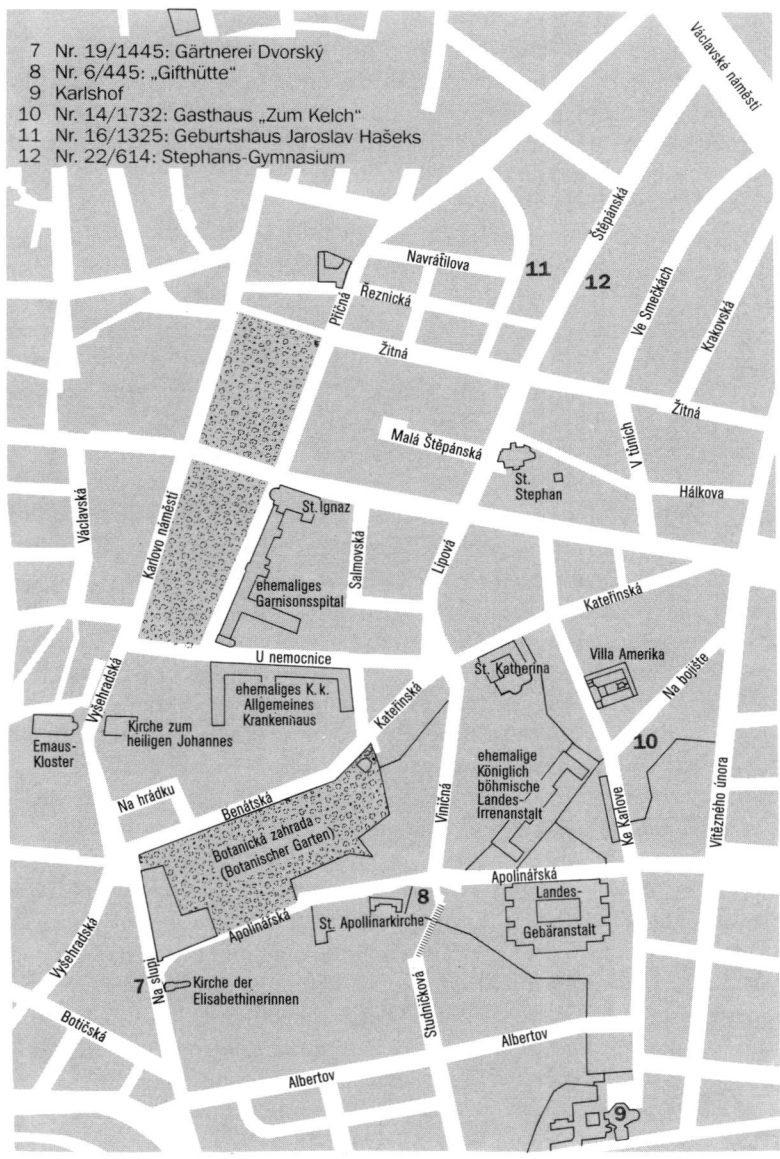

7. Nr. 19/1445: Gärtnerei Dvorský

Nichts an dem heute unbebauten, durch eine hohe Mauer den Blicken des Betrachters entzogenen Gelände gegenüber Kirche, Kloster und Spital der Elisabethinerinnen erinnert mehr daran, daß hier ehemals eine Gärtnerei lag, in der Kafka, als Ausgleich zu der Bürotätigkeit, sich körperlich betätigte:

Merkst Du an meiner Schrift, daß ich heute schon schwere Arbeit geleistet habe und der Federhalter für mich schon eine zu leichte Sache ist? Ja, ich habe heute zum erstenmal beim Gärtner draußen in Nusle, einer Vorstadt, gearbeitet, im kühlen Regen nur in Hemd und Hosen. Es hat mir gut getan. Und es war nicht ganz leicht, eine Stelle zu finden. Dort in der Gegend gibt es zwar viele Gemüsegärten, aber sie stehn ganz frei, ohne Umzäunung, zwischen Häusern, und gerade abend nach Arbeitsschluß, also gerade wenn ich arbeiten will, ist dort ringsherum viel Verkehr, amerikanische Schaukeln, Karussells, Musik; wie hübsch das auch sonst ist, als Arbeitsplatz hat mir das nicht sehr gefallen, besonders auch, da in diesen Gemüsegärten, die meist ganz klein sind und armen Leuten gehören, der Anbau sehr einförmig ist und man deshalb nicht viel erlernen kann. Nun wollte ich ja eigentlich nichts erlernen. Mein Hauptzweck war, mich für ein paar Stunden von der Selbstquälerei zu befreien, im Gegensatz zu der gespensterhaften Arbeit im Bureau, die mir förmlich davonfliegt, wenn ich sie fassen will – dort im Bureau ist die wahre Hölle, eine andere fürchte ich nicht mehr –, eine stumpfsinnige, ehrliche, nützliche, schweigsame, einsame, gesunde, anstrengende Arbeit zu leisten. Ganz ehrlich ist ja schon diese Begründung nicht, denn ich halte die Selbstquälerei, die ich immerfort ausführe, durchaus nicht für überflüssig, sondern sogar für höchst notwendig und im Verhältnis zu Dir, Liebste, sollte mich diese Quälerei eigentlich durchbohren zu Deinem Glück. Aber für 2 Stunden wollte ich die Qual los sein und ruhig und glücklich an Dich denken dürfen und schließlich vielleicht mir für die Nacht einen ein wenig besseren Schlaf verdienen. Aber mit solchen Erklärungen hätte ich die Leute stutzig gemacht und es hätte mich vielleicht niemand aufgenommen, deshalb sagte ich, ich werde in absehbarer Zeit einen eigenen Garten haben und wolle deshalb ein wenig Gärtnerei erlernen.

(Franz Kafka, Briefe an Felice, S. 358 f.)

Apolinářská (Apollinargasse)

Geht man etwas zurück, erreicht man rechts hinter der Kirche der Elisabethinerinnen die steil zum Windberg ansteigende *Apolinářská*.

8. Nr. 6/445: „Gifthütte"

Im Vorgängerbau dieses Gebäudes befand sich früher ein Medizinerbeisel, das den Namen „Gifthütte" führte und bis zur Teilung der Prager Universität im Jahre 1882 von Studenten beider Nationalitäten besucht wurde. Die zum Lokal gehörige Kegelbahn lag unmittelbar neben dem Chor der aus dem 14. Jahrhundert stammenden St. Apollinaris-Kirche *(kostel svatého Apolináře na Větrově)*. Vom Wirtshaus-Garten konnte man in südlicher Richtung ins Tal der *Botič*, auf die dort sich erstreckende Vorstadt Nusle und zu den dahinter liegenden Felsenhöhen und Basteien des Wischehrad sehen, die vom Doppelturm der Kollegiatskirche St. Peter und Paul beherrscht werden. (Vgl. S. 265) Weiter links erhebt sich heute der nach dem Zweiten Weltkrieg errichtete Monumentalbau des Kulturpalastes *(Palác kultury)*.

In der „Gifthütte" gab es Wurstfeste, Kegelabende und medizinische Dauersitzungen, die erst beendet wurden, wenn die Wirtin nichts mehr anschreiben wollte; außerdem einen Beduinenknaben, der von einem Afrikareisenden seinem im Haus wohnenden Bruder zur Pflege übergeben worden war und bald als Liebling der Apollinargasse galt. Berühmt waren die sogenannten Jodoform-Kränzchen, zu denen sich die Ärzte des Garnisonshospitals, des diesem gegenüberliegenden Allgemeinen Krankenhauses und der nahen Königlich böhmischen Landes-Irrenanstalt mit den dienstfreien Wärterinnen der medizinischen Institute, den Dienstmädchen des Lehrpersonals und den Hörerinnen der Hebammenkurse zusammenfanden, die im nahen Gebärhaus abgehalten wurden. (E. E. Kisch, Aus Prager Gassen und Nächten, S. 150 f.)

Hier entstand 1853, zu der Glanzzeit der Prager medizinischen Schule, die viele auswärtige Studenten anzog, ein dem genius loci huldigendes Studentenlied, das solchen Anklang fand, daß es in die Kommersbücher überging. Einige Strophen seien hier in einer Fassung von 1885 wiedergegeben, wobei zu erwähnen wäre, daß in der betreffenden Ausgabe die dritte Strophe in griechischen Buchstaben gedruckt worden ist:

Das Prager Lied

Hin nach Pragien,
hin nach Pragien,
sollst du Musengaul mich tragien,
wo die Gulden flöten gehn,
wo mit Deutschlands blonden Söhnen
sich des Slavenstammes Schönen
nur in einem Punkt verstehn!

Zum Spital, dem allgemeinigen,
soll ich meinen Fuß beschleunigen,
wo der Jüngling arzten lernt,
wo auch ohne venae sectio
die entzündliche affectio
aus der pleura sich entfernt.

Auf den Windberg,
auf den steiligen,
möcht ich zu den Jungfraun eiligen,
mit geräumigem Utero,
drin am Nabelstrang, dem keuschen,
nach den Plazentargeräuschen
lächelnd hüpft der Embryo.

Zu Appoligen, zu Appoligen,
will ich auch im Geist mich trolligen,
wo der Tischgast attrophiert,
wo zum Tanz die Heska Holka[1]
nach dem Klang der muntern Polka
den Primär' am Bändchen führt.

Zur Bastei möcht' ich hinanigen,
wo der Herbstwind mit Kastanigen
nach dem Haupt des Wandrers zielt,
dort wo unter Samtmantillen
für den Lustwandlör im Stillen
menschlich die Chlorose fühlt.
(Paul Nettl, Prag im Studentenlied, S. 26f.)

---

1 (tschechisch) schönes Mädchen.

Albertov (Albertsgasse)

Um das Panorama vor Augen zu haben, das sich den Besuchern der „Gifthütte" einst darbot, geht man den schmalen Weg zwischen den Häusern *Nr. 8/444* und *12/442* hindurch, der an einer ins Tal führenden Treppe endet. Wenn man sie hinuntergeht, kommt man über *Studničkova* und *Albertov* zum Karlshof.

9. Karlshof (Karlov)

Das bis 1787 bestehende Augustiner-Kloster wurde von Karl IV. gegründet, der hier Karl dem Großen ein Andenken stiften wollte. Die 1377 eingeweihte Kirche, ein Werk Peter Parlers, gehört mit ihrer architektonisch kühnen Sterngewölbekuppel zu den bemerkenswertesten spätgotischen Baudenkmälern. Rilke (Näheres S. 212) erwähnt das Bauwerk in einem Gedicht aus den „Larenopfern" (1895):

Unser Abendgang

Gedenkst du noch, wie guter Dinge
wir wallten durch das Nusler Tal;
zwei kleine, blaue Schmetterlinge
verflatterten im Abendstrahl.

Am Häuschen lehnte die Melone
dort – wie auf einem Bilde Dows,
und herrlich mit der Kuppelkrone
hob sich das Haupt des Karlshofs.

Im West war noch der Weizen golden
blaugrün verdämmerte der Kohl;
die ersten weißen Sternendolden
umzitterten den Himmelspol.
(Rainer Maria Rilke, Die Gedichte, S. 38)

Na bojišti (Walstatt)

Über die *Ke Karlovu*, deren linke Häuserfront nördlich der *Apolinářská* von der ehemaligen Landes-Irrenanstalt beherrscht wird, gelangt man in die *Na bojišti*.

10. Nr. 14/1732: Gasthaus „Zum Kelch" (hostinec „U kalicha")

Dieses Lokal war eine der Kneipen, die Jaroslav Hašek zu besuchen pflegte. Es ist durch seinen Roman „Die Abenteuer des braven Soldaten Schwejk während des Weltkriegs" berühmt geworden, dessen erstes Kapitel teilweise hier spielt. Der Geheimpolizist Bretschneider, zunächst der einzige Gast im Lokal, versucht mit wenig Erfolg, den Wirt zu staatsfeindlichen Äußerungen zu verleiten:

Der Zivilpolizist Bretschneider verstummte endgültig, und sein betrübter Ausdruck heiterte sich erst bei der Ankunft Schwejks auf, der bei seinem Eintritt in das Wirtshaus ein schwarzes Bier mit folgender Bemerkung bestellte:

„In Wien ham sie heut auch Trauer."

Bretschneiders Augen leuchteten voller Hoffnung auf. Er sagte kurz:

„Auf Konopischt[1] hängen zehn schwarze Fahnen."

„Es sollten zwölf dort sein", sagte Schwejk nach einem Schluck.

„Warum meinen Sie zwölf?" fragte Bretschneider.

„Damits eine runde Zahl gibt. Aufs Dutzend rechnet sichs besser, und im Dutzend kommt auch alles billiger", antwortete Schwejk. Es trat Stille ein, die Schwejk selbst durch folgenden Stoßseufzer unterbrach:

„Also er ruht schon in Gottes Schoß. Gott geb ihm ewigen Frieden. Er hats nicht mal erlebt, daß er Kaiser worden is. Wie ich beim Militär gedient hab, is einmal ein General vom Pferd gefalln und hat sich in aller Seelenruh erschlagen. Man wollte ihm wieder aufs Pferd helfen, ihn hinaufheben, da sieht man, daß er mausetot is. Und er hat auch zum Feldmarschall avancieren solln. Das is bei einer Parade geschehn. Diese Paraden führen nie zu was Gutem. In Sarajewo war

---

1 (Konopiště, Kreis Benešov) Lieblingssitz des österreichischen Thronfolgers Franz Ferdinand d'Este.

auch so eine Parade. Ich erinner mich, daß mir bei so einer Parade einmal zwanzig Knöpfe bei der Montur gefehlt ham und daß ich dafür
vierzehn Tage Einzel gefaßt hab. Zwei Tage bin ich krummgeschlossen
gelegen wie Lazarus. Aber Disziplin muß beim Militär sein. Sonst
möcht sich niemand aus jemanden was machen. Unser Oberlajtnant
Makovec hat uns immer gesagt: ‚Disziplin, ihr Heuochsen, muß sein,
sonst möchtet ihr wie die Affen auf den Bäumen klettern. Aber das
Militär wird aus euch Menschen machen, ihr Trotteln.‘ Und is das
nicht wahr? Stellen Sie sich einen Park vor, sag mr aufn Karlsplatz,
und auf jedem Baum einen Soldaten ohne Disziplin. Davor hab ich immer die größte Angst gehabt.“ „Das in Sarajewo“, knüpfte Bretschneider an, „haben die Serben gemacht.“

„Da irren Sie sich aber sehr“, antwortete Schwejk. „Das ham die
Türken gemacht, wegen Bosnien und Herzegowina.“

Und Schwejk legte seine Ansichten über die internationale Politik
Österreichs auf dem Balkan dar. Die Türken hätten im Jahre 1912 den
Krieg mit Serbien, Bulgarien und Griechenland verloren. Sie hatten
damals wollen, Österreich solle ihnen helfen, und als dies nicht geschah, schossen sie Ferdinand nieder.

„Hast du die Türken gern?“ wandte sich Schwejk an Palivec.

„Hast du diese heidnischen Hunde gern? Nicht wahr, das nicht.“

„Ein Gast wie der andere“, sagte Palivec, „und wenns auch ein
Türke is. Für uns Gewerbetreibende gibts keine Politik. Bezahl dein
Bier und setz dich hin und quatsch, was du willst. Das is mein Grund-
satz. Ob unsern Ferdinand ein Türke oder ein Serbe, ein Katholik
oder Mohammedaner, ein Anarchist oder Jungtscheche umgebracht
hat, ist mir ganz powidel.“

„Gut, Herr Wirt“, ließ sich Bretschneider vernehmen, der wiederum die Hoffnung aufgab, einen von den beiden in die Enge treiben
zu können. „Aber Sie werden zugeben, daß das ein großer Verlust für
Österreich ist.“

Statt des Wirtes antwortete Schwejk:

„Ein Verlust is es, das läßt sich nicht leugnen. Ein furchtbarer Verlust. Der Ferdinand läßt sich nicht durch jeden beliebigen Trottel
ersetzen. Nur noch dicker hätt er sein solln.“

„Wie meinen Sie das?“ warf Bretschneider ein.

„Wie ich das mein?“ antwortete Schwejk heiter, „no, nur so:
wenn er dicker gewesen wär, dann hätt ihn sicher schon früher der
Schlag getroffen, wie er die alten Weiber in Konopischt gejagt hat,

Schwejk-Illustration
von Josef Lada

wenn sie in seinem Revier Reisig und Schwämme gesammelt ham, und
er hätt nicht eines so schmählichen Todes sterben müssen. Wenn ich
mir das so überleg, ein Onkel Seiner Majestät des Kaisers, und sie er-
schießen ihn! Das ist ja ein Schkandal, die ganzen Zeitungen sind voll
damit. Bei uns in Budweis hat man vor Jahren auf dem Markt bei irgendeinem kleinen Streit einen Viehhändler erstochen, einen gewissen
Bratislav Ludwig, der hatte einen Sohn namens Bohuslav, und wenn
der seine Schweine verkaufen kam, wollte niemand was von ihm kaufen, und jeder hat gesagt: ‚Das ist der Sohn von diesem Erstochenen.
Das wird gewiß auch ein feiner Lump sein.' Er hat in Krummau von
der Brücke in die Moldau springen müssen, und man hat ihn wieder
zu Bewußtsein bringen müssen, und man hat aus ihm das Wasser her-
auspumpen müssen, und er hat in den Armen des Arztes seinen Geist
aufgeben müssen, wie der ihm irgendeine Injektion gemacht hat."

   „Sie ziehen aber merkwürdige Vergleiche", sagte Bretschneider
bedeutungsvoll, „zuerst sprechen sie von Ferdinand und dann von
einem Viehhändler."

   „I wo", verteidigte sich Schwejk. „Gott bewahre, daß ich jemand mit jemandem vergleichen möcht. Der Herr Wirt kennt mich. Nicht wahr, ich hab nie jemanden mit jemandem verglichen? Ich möcht nur nicht in der Haut der Frau Erzherzog stecken. Was wird die jetzt machen? Die Kinder sind Waisen, die Herrschaft in Konopischt ohne Herrn. Soll sie sich wieder mit irgendeinem Erzherzog verheiraten? Was hätt sie davon? Sie wird mit ihm wieder nach Sarajewo fahren und zum zweitenmal Witwe wern. Da hat vor Jahren in Zliw bei Hluboká[2] ein Heger gelebt, der hat den häßlichen Namen Pinscher gehabt. Die Wilddiebe ham ihn erschossen, und er hat eine Witwe mit zwei Kindern hinterlassen, und sie hat sich nach einem Jahr wieder einen Heger genommen, den Pepi Schawlovic aus Mydlowař. Und den ham sie ihr auch erschossen. Dann hat sie sich zum drittenmal verheiratet und hat wieder einen Heger genommen und hat gesagt: ‚Aller guten Dinge sind drei. Wenns diesmal nicht glückt, dann weiß ich schon nicht, was ich machen soll.' Natürlich hat man ihr ihn wieder erschossen, und da hat sie mit diesen Hegern zusammen schon sechs Kinder gehabt. Sie is bis in die Kanzlei vom Herrn Fürsten im Hluboká gegangen und hat sich beschwert, daß sie mit diesen Hegern so ein Malör hat. Dort hat man ihr den Teichwächter Jarosch vom Ražitzer Teich empfohlen. Und was sagen Sie dazu: den ham sie ihr wieder beim Fischfang im Teich ertränkt, und dabei hat sie mit ihm schon zwei Kinder gehabt. Da hat sie sich einen Schweinschneider aus Vodňan genommen, und er hat sie eines Abends mit der Hacke erschlagen und is sich dann freiwillig anzeigen gegangen. Wie man ihn dann beim Kreisgericht in Pisek gehängt hat, hat er dem Priester die Nase abgebissen und hat gesagt, daß er überhaupt nichts bereut, und hat auch noch was sehr Häßliches über unsern Kaiser gesagt."

„Und wissen Sie nicht, was er gesagt hat?" fragte mit hoffnungsvoller Stimme Bretschneider.

„Das kann ich Ihnen nicht sagen, weil sich niemand getraut hat, es zu wiederholen. Aber es war herich etwas so Furchtbares und Schreckliches, daß ein Rat vom Gericht, der dabei war, davon verrückt geworn is, und noch heut hält man ihn in der Isolierzelle, damit nix ans Licht kommt. Es war nicht nur eine gewöhnliche Beleidigung, wie man sie begeht, wenn man betrunken is."

„Und welche Majestätsbeleidigungen begeht man denn da?" fragte Bretschneider.

---

2 Hluboká an der Moldau, unweit von Budweis, Zliv liegt in der Nähe.

„Meine Herren, ich bitt Sie, sprechen Sie von was andrem", ließ sich der Wirt Palivec vernehmen. „Wissen Sie, ich hab so was nicht gern. Man läßt was fallen, und das kann einen manchmal verdrießen."

„Welche Majestätsbeleidigungen man begeht, wenn man betrunken is?" wiederholte Schwejk. „Verschiedene. Betrinken Sie sich, lassen Sie sich die österreichische Hymne aufspielen, und Sie wern sehn, was Sie anfangen wern zu sprechen. Sie wern sich so viel über Seine Majestät ausdenken, daß es, wenn nur die Hälfte davon wahr wär, genügen möcht, um ihn für sein ganzes Leben unmöglich zu machen. Aber der alte Herr verdient sichs wirklich nicht. Bedenken Sie: Seinen Sohn Rudolf hat er im zarten Alter in voller Manneskraft verloren. Seine Gemahlin Elisabeth hat man mit einem Dolch durchbohrt, dann is ihm der Johann Ort verlorengegangen; seinen Bruder, den Kaiser von Mexiko, hat man ihm in irgendeiner Festung, an irgendeiner Mauer erschossen. Jetzt ham sie ihm wieder auf seine alten Tage den Onkel abgemurkst. Da müßte man wirklich eiserne Nerven haben. Und dann fängt irgendein besoffener Kerl an, ihm aufzuheißen. Wenns heute zum Krieg kommt, geh ich freiwillig und wer unserm Kaiser dienen, bis man mich in Stücke reißt."

Schwejk tat einen tüchtigen Schluck und fuhr fort:

„Sie glauben, unser Kaiser wird das so lassen? Da kennen Sie ihn schlecht. Krieg mit den Türken muß sein. Ihr habt meinen Onkel erschlagen, da habt ihr eins dafür über die Kuschen. Es gibt bestimmt Krieg. Serbien und Rußland wern uns in diesem Krieg helfen. Sakra, wir wern die Feinde dreschen."

Schwejk sah in diesem prophetischen Augenblick herrlich aus. Sein einfältiges Gesicht, das lächelte wie der zunehmende Mond, glänzte vor Begeisterung. Ihm war alles so klar.

„Kann sein", fuhr er in seiner Schilderung der Zukunft Österreichs fort, „daß uns, wenn wir mit den Türken Krieg führen, die Deutschen in den Rücken falln, weil die Deutschen und die Türken zusammenhalten. Wir können uns aber mit Frankreich verbünden, das seit dem Jahr einundsiebzig auf Deutschland schlecht zu sprechen is. Und schon wirds gehn. Es wird Krieg geben, mehr sag ich euch nicht."

Bretschneider stand auf und sagte feierlich:

„Mehr müssen Sie auch nicht sagen. Kommen Sie mit mir auf den Gang, dort werde ich Ihnen etwas sagen."

Schwejk folgte dem Zivilpolizisten auf den Gang, wo seiner eine

kleine Überraschung harrte, als ihm sein Biernachbar den Adler[3]
zeigte und erklärte, daß er ihn vehafte und sofort zur Polizeidirektion
führen werde. Schwejk bemühte sich, ihm klarzumachen, daß er sich
vielleicht irre, er sei vollständig unschuldig und habe nicht ein Wort gesagt, das jemanden beleidigen könne. Bretschneider sagte ihm jedoch, er
habe sich einer Reihe strafbarer Handlungen schuldig gemacht, unter denen auch das Verbrechen des Hochvrrats eine Rolle spiele.

Dann kehrten sie in die Gaststube zurück, und Schwejk sagte zu
Herrn Palivec:

„Ich habe fünf Biere und ein Kipfel mit einem Würstl. Jetzt geben
Sie mir noch einen Sliwowitz und dann muß ich schon gehen, weil ich
verhaftet bin." [. . .]

Und Schwejk verließ das Gasthaus „Zum Kelch" in Begleitung
des Zivilpolizisten, den er mit seinem freundlichen Lächeln fragte, als
sie auf die Straße traten:

„Soll ich vom Trottoir heruntergehn?"

„Warum?"

„Ich denk, wenn ich verhaftet bin, hab ich kein Recht mehr, auf
dem Trottoir zu gehen."

(Jaroslav Hašek, Die Abenteuer des braven Soldaten Schwejk, S. 13–17)

Die unbürgerliche Haltung *Jaroslav Hašeks*, der am 30. April
1883 in Prag geboren wurde, zeigte sich schon früh: Während der Ba-
deni-Unruhen Ende 1897 (vgl. S. 201) entfernte er Wandzettel, in denen
verkündet wurde, daß die Stadt unter Standrecht gestellt war, und flog
deswegen vom Gymnasium. Von 1899 bis 1902 besuchte er die Tschechische Handelsakademie, die in der vom Karlsplatz zur Moldau führenden *Resslova* lag, und wurde anschließend Bankbeamter. Er
konnte sich aber mit dieser geregelten Tätigkeit so wenig befreunden,
daß er diesen Posten schon im darauffolgenden Jahr wieder aufgab.
Hašek wurde Stammgast im Café „Union" (vgl. S. 16), ein autoritäts-
feindlicher Bohemien, der sich zu den Erniedrigten und Verachteten
hingezogen fühlte und vom Ertrag kleiner Geschichten lebte, die er für
Zeitungen schrieb (vgl. S. 83). Um die Einwilligung der Brauteltern zur
Heirat zu erlangen, wurde er 1909 Redakteur einer Zeitschrift für Hun-
deliebhaber und Kleintierzüchter, kündigte aber Anfang 1911, nachdem der Zweck des Unternehmens erreicht war.

---

3 Abzeichen der österreichischen Geheimpolizei.

Kurz darauf gründete er die Partei des mäßigen Fortschritts in den Grenzen der Gesetze, die vor allem die Aufgabe hatte, den Umsatz eines bestimmten, von Hašek favorisierten Gasthauses zu erhöhen. 1912 veröffentlichte er die Erzählsammlung „Der brave Soldat Schwejk und andere sonderbare Geschichten", gleichsam die Urgestalt des späteren Romans. Der Titelheld erscheint hier als formalistischer, phrasenhöriger Tischlergeselle, der durch übereifrige Pflichterfüllung und borniert Loyalität Wirrwarr und Schaden verursacht.

Anfang 1915 mußte Hašek einrücken, lief aber noch im gleichen Jahr zu den Russen über und meldete sich zur Tschechischen Legion, die gegen Österreich kämpfte. Damals entstand das kleine Buch „Der brave Soldat Schwejk in der Gefangenschaft", das 1917 in Kiew veröffentlicht wurde. Schwejk ist jetzt ein urwüchsiger Schuhmacher aus dem Prager Stadtteil *Vinohrady,* der mit seinem Lehrling tiefsinnige Gespräche führt und die politische Lage aus der Sicht der tschechischen Exilpolitiker kommentiert.

Als 1917 die russische Revolution ausbrach, wandelte sich Hašek zum Bolschewiken. Im März 1918 trat er in die Kommunistische Partei ein und wurde noch im gleichen Jahr Leiter einer tschechischen Agitations- und Organisationsgruppe der Roten Armee. Nachdem er im Dezember 1920 nach Prag zurückgekehrt war, nahm er sein unruhiges Bohème-Leben wieder auf und verbrachte die Tage als Spaßmacher trinkend in den Lokalen, in denen er schon vor dem Krieg verkehrt hatte. Infolge übermäßigen Alkoholgenusses gesundheitlich zerrüttet, zog er sich im Sommer dieses Jahres nach Lipnitz (Lipnice) in Südböhmen zurück, wo er am 3. Januar 1923 starb.

Ab März 1921 war in einzelnen Heften eine neue Version der sich um die Gestalt des Schwejk rankenden Geschichten erschienen, die sofort großes Aufsehen erregte und über die 1925/26 erschienene deutsche Fassung Eingang in die Weltliteratur fand. Die Titelgestalt ist jetzt ein Prager Hundehändler, ein Gewerbe, das Hašek vor dem Ersten Weltkrieg selbst eine Zeitlang auf fragwürdige Weise ausgeübt hatte. Ausgehend von der Einsicht, daß der Mensch unter den in der Donaumonarchie herrschenden Verhältnissen nur als Trottel seine innere Freiheit bewahren könne, zeigt er in seinem Roman, wie der destruktive Pfiffikus Josef Schwejk seine Aufträge erwartungsgemäß erfüllt und gerade dadurch die sinnlose Stupidität des bürokratischen Apparates enthüllt.

Školská (Schulgasse)

Man geht in die *Ke Karlovu* zurück und folgt ihr stadteinwärts. Rechter Hand die Villa Amerika (heute Anton Dvořák-Museum), 1717–1720 als Sommerschlößchen errichtet. Über *Ječná, Štěpánská, Žitná, Příčná* und *Navrátilova* erreicht man die *Školská* genau an der Stelle, an der sich das Geburtshaus Jaroslav Hašeks erhebt.

11. Nr. 16/1325: Geburtshaus Jaroslav Hašeks

An der Fassade erinnert eine Gedenktafel mit Bronzebüste und tschechischer Inschrift an den Verfasser des „Schwejk"-Romans: „In diesem Haus wurde der Schriftsteller Jaroslav Hašek geboren."

Štěpánská (Stephansgasse)

Über die *Řeznická* kehrt man in die zum Wenzelsplatz führende *Štěpánská* zurück, die man nach links abwärtsgeht.

12. Nr. 22/614: Stephans-Gymnasium

Dieses Gebäude beherbergte das ehemalige k. k. Staatsgymnasium mit deutscher Unterrichtssprache in Prag in dem Max Brod (Näheres S. 100), Paul Leppin (Näheres S. 25) und Franz Werfel (Näheres S. 225) Abitur machten.

Im „Abituriententag" hat Werfel die in dieser Anstalt verbrachte Zeit literarisch Gestalt werden lassen. Der Untersuchungsrichter Ernst Sebastian, hinter dem sich der Autor selbst verbirgt, glaubt bei der Vernehmung eines Mordverdächtigen seinen Klassenkameraden Franz Adler vor sich zu haben, den er seinerzeit, um seiner eigenen Verweisung von der Schule zu entgehen, dazu überredet hatte, aus Prag zu fliehen. Im Schlußkapitel enthüllt sich dieser Verdacht als falsche, durch Sebastians Schuldgefühle erzeugte Annahme. Diese Rahmenhandlung umschließt eine Binnenerzählung, die mit der Beschreibung eines Klassentreffens einsetzt. Im Verlauf des Abends, während Sebastian und seine Mitschüler das fünfundzwanzigjährige Bestehen ihres Abiturs feiern, erhebt sich Schulhof, den Werfel nach der Gestalt des Schauspielers Ernst Deutsch gezeichnet hat, um den Klassenlehrer Kyovski zu imitieren, der unter seinem Spitznamen Kio in das Werk eingegangen ist:

„Übersetzen Sie, Fischer Robert, so treu wie möglich, so frei wie nötig, ein Beispiel aus dem täglichen Leben: – Der Feldherr erobert die Stadt! –"

Und Fischer erhob sich, um dieses Beispiel gehorsam in Latein zu setzen. Es war schwer zu entscheiden, ob er damit nur auf den Scherz des Schauspielers einging oder sich wie das alte Zirkuspferd benahm, wenn es Blechmusik hört. Daraufhin aber wurden die gesetzten Herren von einem leuchtenden Entzücken befallen, und alle vereinte der vielbedeutende Name: ‚Kio.' Und er, der alte Klassenvorstand, dessen Tugend, Strenge, Milde, Komik nur die Eingeweihten hier verstanden, er, der Dämon, für dessen Beschwörungskult einzig die Schüler von Sankt Nikolaus zuständig waren, er, der böse und liebe Schatten, der mit ihnen über die Kindheit hinausgewachsen war, er schwebte nun über die Versammlung. Nein! Er ging in Schulhofs, in des Selbstverwandlers Gestalt ein.

Und Schulhof trug keinen schwarzglänzenden Scheitel mehr, sondern ein paar graue Härchen schienen sich auf seinem Kopf vor einem geheimnisvollen Luftzug zu sträuben. Nicht mehr sein glänzendes Gebiß zeigte sich, sondern ein gramvoll vorgebauter Oberkiefer. Den blaurasierten Wangen entflammte rechts und links ein meliertes Bakkenbärtchen. Kaum daß Schulhof noch einen Smoking trug, da seine Hüften sich unter dem Gefühl eines scharfgeschnittenen Gehrocks strafften und die Hand mit einer unsichtbaren Uhrkette spielte, an der – ewig unvergeßlich – eine Amethystberloque hing.

Und Kio ging düster von einem zum andern.

Er schritt, umwölkt, durch die unsichtbaren Bankreihen des Schulzimmers, das nun im Adriakeller hauste. Sein Körper, der den Feldzug in Bosnien reichdekoriert überstanden hatte, reckte sich hoch, und seine Stimme war ganz sie selbst:

„Vokabeln sind die Ziegelsteine einer Sprache. Wer keine Vokabeln lernt, ist ein schlechter Maurer. Die Grammatik aber ist der Mörtel einer Sprache. Und der Anfang aller Grammatik ist die Konjugation des Verbums, des Zeitworts."

Heftig aufstampfend blieb er stehn:

„Faltin! Schwätzen Sie nicht! Sie wissen natürlich wieder alles besser . . ."

Neuer Rundgang:

„Nehmen Sie das Verbum ‚mori' zur Hand und konjugieren Sie kurz und schlagfertig!" Faltin: „Ich wäre gestorben!" – Fischer

Robert: „Lasset uns doch gemeinsam sterben!" – Ressl: „Oh würde ich doch gestorben sein!" – „Natürlich, Seine Hochwohlgeboren, der Herr von Ressl, haben wieder einmal keine Ahnung, wie man utinam mit dem Conjunctivus Plusquamperfecti konstruiert. Erlaucht, der Herr Graf, haben sich gestern auf dem glänzenden Parkett einer höheren Geselligkeit bewegen müssen, anstatt sich vorzubereiten. Sagen Sie nichts, Ressl! Ich kenne Ihre glatten Ausflüchte, mit denen Sie mich nur verhöhnen wollen. Als alter Soldat wende ich mich von Ihnen ab . . ."

Sein Blick fiel plötzlich auf einen Unglücklichen:
„Komarek!"
Pause.
„Stehn Sie auf, Komarek, wenn ich Sie anrufe! – Schlag auf Schlag, Komarek: ‚Heil dir, Cäsar, die zu sterben im Begriffe sich Befindenden grüßen dich!'"
Nichts.
„Ich warte, Komarek . . . Ich warte noch immer, Komarek, aber ich bebe schon . . . Sie kennen also nicht einmal diesen allergewöhnlichsten Ausspruch der allgemeinen Bildung, den, ganz zu schweigen von den Unterklassen, jeder Briefträger im Munde führt! . . . Komarek, ich warne Sie zum letztenmal! Der ‚dies ater' zieht sich über Ihrem Haupte zusammen, das Kataklysma naht, zwei Sternkörper stoßen im Raume zusammen, aber der Weltuntergang wird für Sie unangenehmer sein als für mich!"
Empörter Rundgang neuerdings.
„Gestern schon haben Sie in den einfachsten Realien versagt und die Haruspices nicht von den Auguren unterscheiden können . . . Sie sind blaß, Komarek . . . Ich weiß nicht, welchen Leidenschaften Sie frönen. Huldigen Sie, anstatt zu studieren, dem Billardspiel oder besuchen Sie etwa die Offenbachiaden der Vorstadttheater?! Wie dem auch immer sei, ich werde in bezug auf Sie einen invertierten Nebensatz anwenden: Komarek, wenn er es so weiter treiben sollte, wird demnächst wie Jugurtha den Staub Roms von seinen Füßen schütteln müssen!"

(Franz Werfel, Der Abituriententag, S. 38–40)

Sechster Spaziergang:
Ort des Gedenkens und der Entsagung –
Mit von Saar und Stifter auf dem Wischehrad

Der Besuch des sagenumwobenen *Vyšehrad* (Wischehrad) emp-
fiehlt sich aufgrund seiner reichen geschichtlichen und literarischen
Reminiszenzen (u. a. F. von Saar und A. Stifter) und nicht zuletzt wegen der schönen Aussicht auf Prag und die Uferregionen der Moldau.

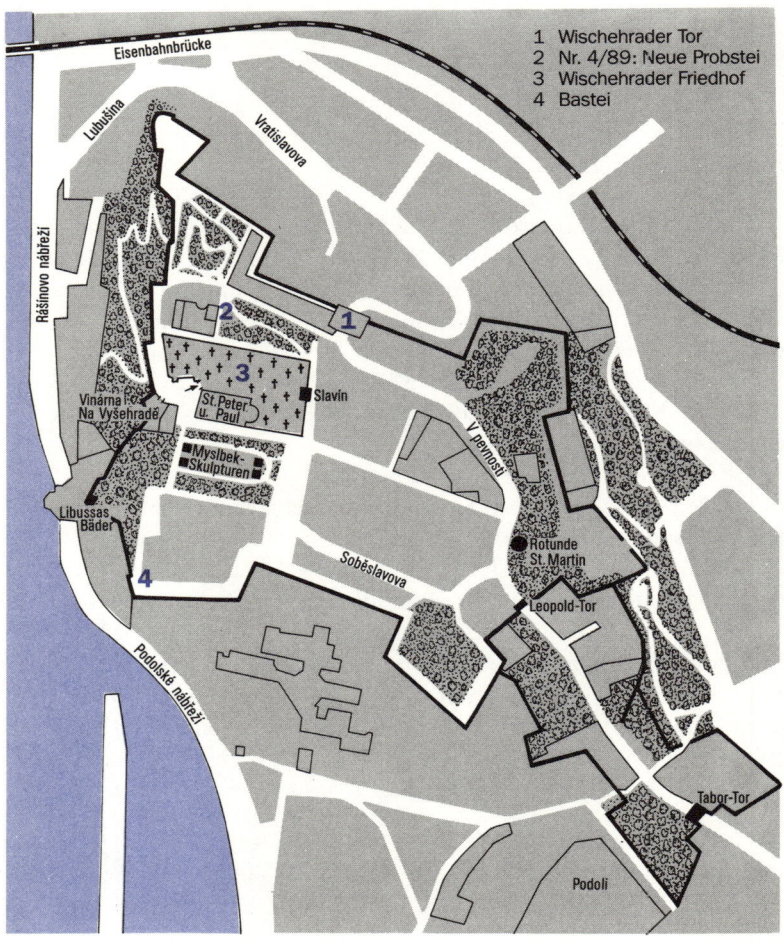

1 Wischehrader Tor
2 Nr. 4/89: Neue Probstei
3 Wischehrader Friedhof
4 Bastei

Anfahrt: mit der Metro-Linie C vom Wenzelsplatz (Haltestelle *Muzeum*) in Richtung *Háje* bis zur Haltestelle *Vyšehrad.* Nach dem Verlassen der U-Bahn geht man Treppen aufwärts und nach rechts auf eine Art Terrasse, die einen eindrucksvollen Blick auf die Stadt gewährt. Ganz rechts im Hintergrund die beiden Türme der am Ende des letzten Jahrhunderts errichteten neugotischen Kirche der hl. Ludmilla *(kostel svaté Ludmily)* im Stadtteil *Vinohrady* (Königliche Weinberge), im Vordergrund in der Mitte die drei Kuppeln des Karlshofes. Links davon die aus dem 14. Jahrhundert stammende Kirche der Jungfrau Maria in der *Na slupi (kostel Zvěstování Panny Marie).* Noch weiter westlich und ganz im Hintergrund die Silhouette des *Hradschin* und der Laurenziberg mit dem Aussichtsturm (vgl. S. 66).

Vyšehrad (Wischehrad)

Man geht an dem sich linker Hand erhebenden Kulturpalast entlang, bis rechts Stufen abwärts in eine kleine Straße führen, die man nach links weiterverfolgt, bis halbrechts die Außenbefestigungen des *Vyšehrad* (wörtlich: „Hochburg") auftauchen. Man geht ihnen, auf gleicher Höhe bleibend, entlang, bis sich rechts das 1655 errichtete Tabor-Tor *(Táborská brána)* öffnet, das die gesamte Anlage nach Süden begrenzt.

Das Gelände auf dem Steilfelsen über der Moldau gehört zu den denkwürdigsten Stätten der böhmischen Geschichte und ist heute ein nationales Kulturdenkmal. In der lateinischen Chronik des Domdechanten Cosmas von Prag (um 1125), dem ältesten Quellenwerk zur Geschichte Böhmens, wird die Herkunft der Přemysliden und die Gründung Prags auf göttliche Vorsehung zurückgeführt. Libussa (tschechisch Libuše), die jüngste Tochter des auf dem *Vyšehrad* residierenden Fürsten Krok, wird vom Volk zur Regentin auserwählt und heiratet den Bauern Přemysl, der ihr schicksalhaft durch ihr weißes Roß zugeführt wird. Auf ihren Rat gründet Přemysl die Stadt Prag, deren große Zukunft sie prophetisch vorausschaut.

Durch ein Versgedicht von Hans Sachs 1537 in die Literatur eingeführt, wurde die Libussa-Sage immer wieder Gegenstand literarischer Bearbeitungen. Durch Herder angeregt, nahm Musäus den Stoff in seine „Volksmärchen der Deutschen" auf (1782—1786). Clemens

Blick auf Wischehrad (um 1910)

Brentano (1778–1842), der sich vom August 1811 bis zum Juli 1813 in Böhmen aufhielt, hat in seinem 1815 erschienenen Drama „Die Gründung Prags" das Thema ebenfalls verarbeitet. Unter dem Eindruck dieses Stücks hat Franz Grillparzer (1791–1872) 1819 mit eigenen Entwürfen zu seinem Trauerspiel „Libussa" begonnen, das freilich erst postum 1872 gedruckt worden ist.

Die Veröffentlichung der „Königinhofer Handschrift" (1817) und der „Grünberger Handschrift" (1818), die zunächst als Sammlungen altböhmischer Gedichte aus dem neunten und zehnten Jahrhundert galten und den *Vyšehrad* als Keimzelle der tschechischen Geschichte beschwören, belebten das Interesse an dem Berg und seinen Baulichkeiten, das sich bald zu romantischer Verehrung und Verklärung steigerte. Unter solchen Voraussetzungen ist die musikalische Bearbeitung des Themas in Bedřich Smetanas sinfonischer Dichtung „Vyšehrad" (1874) zu sehen, dem ersten Stück seines Zyklus „Má vlast" („Mein Vaterland").

Erst um die Jahrhundertwende setzte sich, nicht zuletzt aufgrund von Untersuchungen des späteren tschechoslowakischen Staatspräsidenten Tomáš Garrigue Masaryk, die Einsicht durch, daß die beiden Handschriften Fälschungen waren, die angesichts der als beschämend empfundenen Überlegenheit der deutschen Kultur das Vorhandensein alttschechischer Heldenepik beweisen sollten. Auch die Libussa-Überlieferung hielt der modernen Wissenschaft nicht stand. Nach den Erkenntnissen der Quellenforschung und der Archäologie bestand zwar um die Jahrtausendwende auf dem *Vyšehrad* eine befestigte Anlage. Doch wird angenommen, daß die von Herzog Bořiwoj (ca. 850–895) als Fürstensitz gegründete Burg auf dem *Hradschin* älter war als die Burgstätte am Südende des heutigen Prag. Bořiwoj, mit Ludmilla verheiratet, ließ sich 873 taufen. Nach dem Tod seines Sohnes, des Herzogs Wratislaw (ca. 915–920/21), übernahm dessen Gemahlin Drahomíra die Herrschaft für ihren minderjährigen Sohn Wenzel und ließ ihre einflußreiche, der neuen christlichen Lehre treu ergebene Schwiegermutter Ludmilla 921 ermorden. Wenzel I. (921/22–929) wurde seinerseits von seinem jüngeren Bruder Boleslaw I. (929–967) beseitigt (vgl. S. 124), der später in der Schlacht auf dem Lechfeld zum Sieg über die Magyaren beitragen sollte. Erst Herzog Wratislaw II. (1061–1092) übersiedelte nach 1067 in einen Steinpalast auf dem *Vyšehrad* und erwarb als Parteigänger der deutschen Herrscher 1085 die Königswürde. Nach dem Tod Sobeslaws I. (1140) verlegte sein Nachfolger Herzog Wladislaw II. (1140–1174) die Residenz auf den Hradschin zurück. Die Anlage auf dem *Vyšehrad* büßte allmählich ihre Bedeutung ein und verfiel, als die Přemysliden 1306 ausstarben.

Während der Hussitenkriege wurden fast alle Bauten zerstört. Erhalten blieben nur die St. Martins-Rotunde, die vielleicht noch aus dem 10. Jahrhundert stammt, sowie die Basilika St. Peter und Paul. Sie wurde 1885 durch einen neugotischen Bau mit Doppeltürmen ersetzt, der heute das Wahrzeichen des *Vyšehrad* bildet. Karl IV. machte aus dem *Vyšehrad* eine Zitadelle mit Wällen und Wachtürmen. Die jetzigen Verteidigungsanlagen, aus Backsteinen errichtete Mauerwerke, Schanzen und Bastionen, entstammen dem 17. Jahrhundert. Die Festung wurde erst nach dem preußisch-österreichischen Krieg von 1866 aufgehoben.

1. Wischehrader Tor (brána Vyšehradská)
Vom Tabor-Tor aus gelangt man über die *V pevnosti* zum 1670 errichteten Leopold-Tor *(Leopoldova brána)* und zur St. Martins-Rotunde *(Rotunda svatého Martina).* Man bleibt auf diesem Weg, bis rechter Hand das 1841–1842 erbaute Wischehrader Tor zu sehen ist,

Leopold-Tor auf dem Wischehrad

eine mächtige Wach-Halle aus roten Backsteinen, in der Ferdinand von Saars Erzählung „Innocens" (1865) ihren Anfang nimmt. *Ferdinand von Saar* wurde am 30. September 1833 in Wien geboren. Er hatte früh seinen Vater verloren und trat 1849 auf Anraten seines Vormundes in die österreichische Armee ein. 1854 wurde er Offizier und ein Jahr später mit seinem Infanterie-Regiment an die Prager Garnison versetzt, wo er bis zum Frühjahr 1859 blieb. In dieser Zeit hat er oft auf dem *Vyšehrad* Wache bezogen, auf dem er nach eigenem Bekunden zu seiner Erzählung angeregt wurde. Von Prag aus wurde er nach Italien in Marsch gesetzt, wo er den Krieg Österreichs gegen Piemont mitmachte. Obwohl er nicht ins Feuer kam, litt er unter den Anforderungen des militärischen Dienstes, der auch seine finanziellen Erwartungen nicht erfüllte. So quittierte er 1860 die Soldatenlaufbahn und lebte als freier Schriftsteller. Seine nuancenreichen Schilderungen weisen auf den Wiener Impressionismus voraus. Am 24. Juli 1906 hat er, schwerkrank, seinem Leben in Döbling bei Wien ein Ende gemacht.

Wie Saar ist auch der Ich-Erzähler der Novelle „Innocens" Soldat und bezieht Wache auf der Zitadelle:

Am südlichen Ende Prags, auf einem gegen die Moldau felsig ab-
stürzenden Hügel, erhebt sich ernst und düster die Wyschehrader
Citadelle. Es läßt sich im Umkreise einer großen, volkreichen Stadt
nichts einsam Abgeschiedeneres denken, als dieses alte, ziemlich ausgedehnte Fort. Denn die Besatzung beschränkt sich in Friedenszeiten
auf eine Offizierswache von geringer Stärke, die nur den allernötigsten
Sicherheitsdienst an den Toren und auf den Wällen versieht. Die Kase-
matten und Blockhäuser im Innern stehen leer und verödet, und die
spärlich gefüllten Pulvermagazine scheinen wie die Belagerungsge-
schütze nur da zu sein, um einem invaliden Unteroffizier der Artillerie
zur Sinekure eines Zeugwartes zu verhelfen. Auch die Poststraße, welche durch die Citadelle über den Rücken des Hügels nach Budweis
führt, wird nur wenig benützt. Harmlose Spaziergänger nach dem
nahen anmutigen Dorfe Podol, Landleute aus der Umgegend, welche
Lebensmittel zum Prager Markt bringen, und hin und wieder ein
bestäubter Wanderbursche, sind fast die einzigen Passanten der
Festungstore. So herrscht innerhalb der Wälle gewöhnlich die tiefste
Stille, die nur selten durch das Rollen eines Wagens, regelmäßig aber
am frühen Morgen, mittags und abends durch den Wachetambour mit
rasselnden Trommelsignalen unterbrochen wird.

Zumal im Winter ist es hier oben traurig und ausgestorben. Kalt
und schneidend saust der Wind um die verlassene Höhe, und mißmu-
tig dicht in ihre Mäntel gehüllt gehen die Schildwachen auf den einge-
schneiten, von krächzenden Dohlen beflogenen Wällen auf und nieder. Aber wenn der Schnee ins Schmelzen kommt und die Moldau unten wieder blau und schimmernd vorüberwallt, da entfaltet sich in dieser Abgeschiedenheit ein wunderbarer Lenz. Dichter, glänzender
Graswuchs überkleidet alle Gräben und Böschungen, und um die ein-
gesunkenen Kanonenlafetten sprießen Veilchen und Primeln. Immer
bunter schmückt sich der Rasen, und manche Schießscharte wird
durch einen wilden, in voller Blüte stehenden Rosenbusch verdeckt,
den ein langjähriger Friede hart am Gemäuer wachsen ließ. Selbst aus
den Kugelpyramiden, die der Zeugwart so zierlich zu errichten ver-
steht, sprießt und blüht es: denn der Wind hat Erdreich und Samen in
den Fugen abgelagert, und nun duften und schwanken über den
furchtbaren Geschossen die blaßgelbe Reseda, der dunkelblaue Ritter-
sporn und die rötliche, langgestielte Steinnelke. Bienen und gepan-
zerte Käfer summen und schwirren durch die heiße, zitternde Luft;
zutraulich zwitschernd lassen sich Hänfling und Rotkehlchen auf die

wuchtigen Feuerrohre nieder, und an den Mauerabhängen der Wälle klettert und sonnt sich die goldgrüne, funkelnde Eidechse. –

In solcher Zeit war es, als ich einst in der Citadelle die Wache bezog. Erst vor kurzem mit meinem Regimente in Prag eingerückt und mit der Örtlichkeit nicht vertraut, betrat ich, neugierig und befangen zugleich, an der Spitze meiner Abteilung die weite schattige Torhalle, wo die Mannschaft der alten Wache bereits unter Gewehr stand. Ihr Kommandant, ein mir unbekannter Offizier von junkerhaftem Aussehen, kam, als die Förmlichkeiten der dienstlichen Begrüßung abgetan waren, nachlässig auf mich zugeschritten: „Oberleutnant Baron Hohenblum", sagte er, den Schirm seines Tschakos flüchtig berührend. Er schien meinen Namen, den ich nun auch nannte, zu überhören und fuhr mit leichtem Gähnen fort: „Die vierundzwanzig Stunden werden einem rein zur Ewigkeit in dieser alten, unnützen Kanonenbewahranstalt. Es kann keine langweiligere Wache mehr geben."

Ich warf hin, daß man eben auf keiner besonderen Unterhaltung fände.

„Je nun, nach Umständen", erwiderte er, indem er den feinen blonden Schnurrbart emporstrich. „Zum Beispiel die Hauptwache am Ring ist ganz amüsant. Man setzt sich mit seiner Zigarre vor die Tür und mustert die Vorübergehenden. Es gibt ganz nette Gesichter unter den hiesigen Mädchen. Auch fehlt es nicht an Besuch von Kameraden, und nach der Retraite wird gewöhnlich ein kleines Spiel arrangiert. Hier oben aber ist man von aller Welt abgeschnitten, wie auf einer wüsten Insel. Du hast es übrigens", setzte er nach kurzem Besinnen hinzu, „doch etwas besser getroffen als ich. Denn morgen ist Sonntag, und da kommen wenigstens Leute in die Messe herauf."

„In die Messe? Ist denn hier eine Kirche?" fragte ich überrascht.

„Allerdings. Etwa tausend Schritte von hier, gegen die Moldau zu", sagte er, während ich unwillkürlich nach dem Innern des Forts blickte. Aber die Aussicht war durch eine nahe, ziemlich hohe Schanze benommen, hinter welcher nur die Wetterstangen und spitzen Bedachungen der Pulvermagazine hervorragten. „Um sie zu sehen", fuhr der Baron fort, „müßtest du dort auf die Schanze hinauf. Dazu hast du später Muse genug. Ein kleiner Friedhof ist auch dabei, wo ich mich gleich würde begraben lassen, wenn ich beständig hier oben leben sollte, wie der Pfaff', der ganz allein in einer Art Kloster neben der Kirche wohnt. Ein seltsamer Kauz! Man muß lachen, wenn man ihn mit seinen langen Beinen und der schlenkernden Kutte, beständig ein Buch unter dem Arm, einhersteigen sieht. Dabei schaut er immer ins Blaue und tut, als bemerke er einen gar nicht, wenn man an ihm vorüberkommt."

„Ein so abgeschiedenes, stilles Leben mag auch seinen eigenen Reiz haben", sagte ich nachdenklich, während wir in das düstere Offizierswachtzimmer traten, wo mich mein Vorgänger mit den üblichen Dienstvorschriften bekannt machte. Dann zog er sich den etwas zerknitterten Uniformrock an den Hüften glatt, schnallte die Feldbinde fester und reichte mir mit kühler Freundlichkeit die Hand zum Abschied. Ich verließ mit ihm das Zimmer und trat, während er flüchtig seine Leute musterte und unter lustigem Trommelschall abmarschierte, in die sonnige Stille hinaus, die über dem Fort lagerte. Als ich die Schanze erstiegen hatte, tat sich hinter den Pulvermagazinen ein freier Wiesengrund meinen Blicken auf. Dort erhob sich, ziemlich zurückgezogen, die Kirche, das blinkende Messingkreuz auf dem Giebel von weißen Tauben umflattert. Den Friedhof konnte ich nicht gewahr werden; er mußte durch das angrenzende Priesterhaus verdeckt sein, das ziemlich düster aus einer schattigen Lindenumpflanzung hervorsah. In einiger Entfernung schräg gegenüber stand ein niederes Häuschen. Die gelb angestrichenen Türen und Fensterrahmen kennzeichneten es als militärisches Gebäude; im übrigen sah es ganz wie eine kleine Bauernwirtschaft aus. Schiebkarren, Hauen und Schaufeln lehnten in der Nähe einer Cisterne an der Mauer, und rückwärts war, kunstlos umzäunt, ein Gärtchen angelegt, in welchem rot und weiß die Apfelblüten schimmerten. Zwischen diesem Häuschen und der Kirche schlängelte sich ein breiter Fußpfad hin. Er schien zu den äußersten Werken des Forts zu führen, über welchen, verhüllend, tiefgelber Sonnenduft lag.

Ich verließ die Schanze und ging dem Wiesengrunde zu. Als ich an dem kleinen Hause vorüberkam, stand ein junges Weib in der offenen Tür. Sie hielt ein Kind säugend an der Brust und sah einem kleinen, etwa sechsjährigen Mädchen zu, wie es draußen mit einem munteren Zicklein spielte, dessen Sprünge eine scharrende Hühnerfamilie in Angst und Verwirrung setzten. Bei dem Geräusch meiner Schritte blickte sie auf, und eine dunkle Röte schoß in ihr Antlitz. Dann wandte sie sich rasch und ging hinein, wobei sie mir eine reiche Fülle blonden Haares wies, das ihr in ungekünstelten Flechten weit über den Nacken hinabhing.

Drüben um das Priesterhaus wehte eine melancholische Ruhe.

Das Tor mit dem geistlichen Wappen darüber war zu, und man hätte das ziemlich weitläufige Gebäude für gänzlich unbewohnt gehalten, wären nicht einige Fenster im ersten Stockwerk offen und mit Blumentöpfen bestellt gewesen.

Als ich um die Kirche bog, die gleichfalls geschlossen war, hatte ich den Friedhof voll schattender Weiden und Sebenbäume zur Seite. Die Hügel waren dicht gereiht, aber sorglich gehalten und auf das schönste bepflanzt. Da die Tür des Eisengitters halb offen stand, so trat ich in die duftige Kühle hinein und schritt langsam auf dem schmalen, mit feinem Sande bestreuten Wege zwischen den Gräben hin. Ein einsamer Falter flatterte mir still über den Blumen voran, während ich hier und dort die Inschriften und Namen auf den schlichten Kreuzen las. Unter den Monumenten, deren es hier nur wenige gab, zog mich eines durch edle und ergreifende Einfachheit besonders an. Es war ein kleiner Obelisk aus weißem Marmor und stand, etwas abseits von den übrigen, unter einer breitästigen Tränenweide. Die Inschrift war in römischen Lettern, deren Vergoldung schon etwas gelitten hatte, eingehauen und lautete: Friederike Friedheim, geb: 16ten Januar 1829, gest: 30ten Mai 1846. Vor diesem Grabe stand ich lange. Wer war dieses Mädchen, das der Tod so früh gebrochen, das man vor mehr als einem Jahrzehnt hier bestattet hatte? Lebte ihr Andenken fort im Herzen trauernder Eltern, im Geiste eines Mannes, dessen Jünglingsideal sie gewesen? Oder war sie verweht wie ein Duft, ein Klang im Gewühl und im Lärm des rastlos vorwärts drängenden Lebens, und nannte nurmehr der Marmor ihren Namen?

Solche Gedanken und Empfindungen zitterten noch in mir, als ich schon wieder draußen auf dem Pfade hinschritt und mich einer Bastei näherte, die als äußerster Punkt des Forts in einem stumpfen Winkel gegen den Fluß zu aussprang. Still und verlassen lag sie da, fast ganz von Schleh- und Hagedorn überwuchert. Ein verfallenes Blockhaus erhob sich darin, an dessen rötlich-grauem Mauerwerk einige hohe Fliederbüsche in voller Blüte standen, was sich ebenso lieblich wie überraschend ausnahm. Selbst zwei verkrüppelte Obstbäume hatten sich in dieses entlegene Werk verirrt. Sie wurzelten dicht an der Brustwehr und streckten ihre knorrigen Äste über eine Kanone, die wie vergessen zwischen ihnen stand und die Mündung harmlos in die sonnige Gegend hinausrichtete. Tief unten an den freundlichen Häusern von Podol und an den bröckelnden Mauerresten der Libussaburg vorüber, zog die Moldau schimmernd nach dem braunen, rauchauf-

wirbelnden Häusermeere der alten böhmischen Königsstadt. Von dort
her grüßte mit funkelnden Zinnen der Hradschin, während stromauf-
wärts, über die ansteigenden, wohlbebauten Ufer hinweg, sich eine
weite Landschaft auftat und endlich in dem fernen Dufte der König-
saaler Berge verschwamm.

Ich war von dieser reizenden Einsamkeit zu sehr angemutet, als
daß ich sobald daran gedacht hätte, sie wieder zu verlassen; ich sah
mich vielmehr nach einer schattigen Stelle um, wo ich mich, bequem
hingestreckt, ganz in den eigentümlichen Zauber des Ortes und der
Fernsicht versenken konnte. Eine solche bot sich mir alsbald in der
Nähe des Blockhauses dar, wo sich die Zweige zweier nachbarlichen
Fliederbüsche zu einer Art Laube wölbten. Auch kam mir dort, als ich
mich niederließ, eine muldenförmige Vertiefung im Erdreiche, welches mit kurzem, aber dichtem Grase bewachsen war, vortrefflich zu
statten. So lag ich in der stillen Kühle, sog den Duft des Flieders ein
und lauschte dem Zwitschern eines Vogels über meinem Haupte, als
ich plötzlich in einiger Entfernung hinter mir nahende Schritte ver-
nahm, und bald ging eine hohe Gestalt in geistlicher Ordenstracht,
ohne mich zu bemerken, an mir vorüber. Es mußte, wie mein Vorgänger gesagt hatte, der Pfaffe sein, der neben der Kirche wohnte. Das
waren ja die langen Beine und die schlenkernde Soutane, welche dem
Baron so lächerlich erschienen; selbst das Buch unter dem Arme fehlte
nicht.

Der Priester war an die Brustwehr getreten. Dort nahm er sein
schwarzes Samtkäppchen ab; man wußte nicht, tat er es aus Andacht
vor der Natur, in die er hinausblickte, oder um sein Haupt der Luft
preiszugeben, die über die Bastei strich und mit seinen leicht ergrau-
ten Haaren spielte.

Nach einer Weile wandte er sich und schlug die Richtung gegen
das Blockhaus ein. Er schien mich noch immer nicht zu bemerken, obgleich er gerade auf die Stelle losging, wo ich lag. Ich erinnerte mich
unwillkürlich an die Äußerung des Barons, daß der Priester beständig
ins Blaue sähe, obgleich er gegenwärtig mehr in sich hineinzublicken
schien. Endlich gewahrte er mich. Er schrak leicht zusammen, und
eine feine Röte flog über sein schmales, blasses Gesicht. Aber die Verwirrung dauerte nur einen Augenblick. Gleichgültig, ohne mich nur
mit einem Blicke zu streifen, ging er an mir vorüber, brach sich ein
Zweiglein von dem Flieder und verließ, wie still er gekommen, die
Bastei.

Mich aber überkam jetzt eine eigentümliche Unruhe. Es war mir, als hätte ich den Priester durch meine Anwesenheit von hier vertrieben. Er pflegte gewiß täglich um diese Zeit einige Stunden lesend in der Fliederlaube zuzubringen; deshalb war er auch so unbekümmert und in sich versunken darauf zugegangen. Und nun nahm ich den traulichen Platz ein, der ihm schon aus Gewohnheit lieb sein mußte.

(Ferdinand von Saar, Innocens, S. 11–13)

Als der Offizier einige Zeit später neuerlich auf dem *Vyšehrad* Wache bezieht, findet er Innocens lesend unter den Fliederbüschen der Bastei. Die beiden machen sich miteinander bekannt und freunden sich an. Als die bevorstehende Abreise des Offiziers nach Italien die Trennung erzwingt, erzählt ihm der Priester in der Neuen Probstei aus seinem Leben: Innocens ist vor Jahren ins Haus des alten Zeugwarts gerufen worden, dessen Frau mit einer schweren Krankheit darniederliegt. Während der Nachtwache, die er am Bett der Kranken verbringt, verliebt er sich in Ludmilla, die Tochter des Paars, die schon früher seine Aufmerksamkeit erregt hatte. In seiner Verwirrung flieht er auf die nahegelegene Bastei. Da bemerkt er unten auf der Moldau einen Kahn mit jungen Leuten, die sich in der stillen Mondnacht von Podol in die Stadt zurückrudern lassen. Als einer der Männer ein Lied von Glück und Liebe anstimmt, wird er von wilder Sehnsucht nach den Freuden des Lebens ergriffen, die ihm sein Priestergelübde verwehrt. Kurze Zeit darauf beerdigt er auf dem Wischehrader Friedhof ein siebzehnjähriges Mädchen, dessen Bräutigam sich am Grab vor Schmerz nicht zu fassen weiß. Als er den innerlich Zerrissenen auf die Bastei führt, stellt sich heraus, daß dieser es war, der bei der nächtlichen Kahnfahrt das Liebeslied gesungen hatte. Der Priester tröstet ihn mit dem Hinweis auf das eigene Leid: „Wenn Sie der Schmerz über Ihren Verlust wieder mit seiner ganzen Wucht befällt und Sie zu überwältigen droht, dann denken Sie derer, die an den schönsten Verheißungen, an den holdesten Genüssen dieser Welt bebenden Herzens und mit dem Entsagungsworte auf den Lippen vorüberschreiten müssen." (S. 41) Ludmilla hat nach dem Tod ihres Vaters einen Soldaten geheiratet; sie ist mit der jungen Frau identisch, die dem Offizier bei seiner Ankunft auf dem *Vyšehrad* aufgefallen war.

Die topographischen Angaben im Text ermöglichen es dem heutigen Besucher, die Wege des Ich-Erzählers nachzugehen, auch wenn sich die erwähnten militärischen Anlagen nur teilweise erhalten haben.

2. Nr. 4/89: Neue Probstei (Nové proboštství)

Vom *Wischehrader Tor* gelangt man über einen gepflasterten, von Bäumen gesäumten, aufwärts führenden Weg zu der Neuen Probstei *(Nr. 4/89)* und der dahinterliegenden, weniger ansehnlichen Alten Probstei *(Nr. 1/69)*. Mit den Augen eines Offiziers betrachtet, kann dieser Gebäudekomplex durchaus als eine „Art Kloster" bezeichnet werden. Wie bei dem „Priesterhaus" der Erzählung handelt es sich bei der Neuen Probstei um ein stattliches, zweigeschossiges, von Linden umschattetes Gebäude, das tatsächlich den angrenzenden Friedhof den Blicken des Betrachters entzieht. Das im Text erwähnte Papstwappen (die gekreuzten Schlüssel Petri, darüber Kreuz, Mitra und Bischofsstab) befindet sich allerdings nicht mehr über dem Portal, sondern ist neuerdings zwischen den Fenstern der Nordfront angebracht worden.

Wenn man das Anwesen im Westen umgeht, gelangt man zwischen Friedhofs- und Basteimauern in südlicher Richtung zur Kollegiatskirche St. Peter und Paul. Rechter Hand die Weinstube „Zum Wischehrad" (vinárna „Na Vyšehradě") *(Nr. 2/102)*, ein einstöckiges Haus mit Garten-Restaurant, das mit der kleinen Bauernwirtschaft identisch sein muß, in dem Ludmilla und ihre Familie wohnt. Es liegt tatsächlich „in einiger Entfernung schräg gegenüber" den Probsteien und außerdem so, daß zwischen ihm und der Kirche ein breiter Pfad zur Bastei führt, der im Text vorausgesetzt wird.

3. Wischehrader Friedhof (Vyšehradský hřbitov)

Nach der Aufhebung der Festung wurde der kleine, seit der Mitte des 17. Jahrhunderts bestehende Friedhof erweitert und allmählich zu einer nationalen Begräbnisstätte ausgestaltet, wobei man sich bei den 1908 fertiggestellten Arkaden vom „Campo Santo" in Pisa inspirieren ließ. Die Bedeutung der Anlage wuchs noch, als man an ihrer Ostseite den *Slavín* errichtete, eine Gemeinschaftsgruft für verdiente tschechische Künstler, die 1901 ihrer Bestimmung übergeben wurde und die Inschrift trägt: „Obwohl sie gestorben sind, sprechen sie noch."

Auf dem Friedhof ruhen etwa zweihundert Gelehrte, Politiker, Schriftsteller, Musiker, Schauspieler und Bildende Künstler. Viele Grabmonumente haben künstlerischen Rang. Hier seien wenigstens diejenigen bezeichnet, die in diesem Buch eine Rolle spielen:

   I. Svatopluk Čech (1846–1908), vgl. S. 131 und 140

  II. Antonín Dvořák (1841–1904), der im deutschen Sprachraum vor allem durch seine Sinfonien und seine Oper „Rusalka" (1900) bekannte Komponist, der jedoch auch durch seine Kammermusik von Bedeutung ist.

III. Karel Hynek Mácha (1810–1836), vgl. S. 75

IV. Karel Čapek (1890–1938), der sein literarisches Werk vielfach zusammen mit seinem Bruder Josef (1887–1945) schrieb. Er fand im deutschen Sprachraum besonders mit seinen Erzählungen „Gottesmarter" (1917) sowie den Dramen „Aus dem Leben der Insekten" (1921) und „Die Sache Makropulos" (1922) Beachtung, in denen er Auswirkungen der modernen Technisierung kritisch beleuchtet.

V. Eduard Bass (1888–1946), vgl. S. 243

VI. Vítězslav Nezval (1900–1958), vgl. S. 223

VII. Ehrengruft *Slavín:*

— Julius Zeyer (1841–1901), ein Hauptvertreter der tschechischen Neuromantik, der mit Rainer Maria Rilke befreundet war. Vgl. S. 212.

— Josef Hora (1891–1945), der Lyriker, dessen letzter Ruhestätte Jaroslav Seifert (Näheres S. 19) im titellosen Eingangsgedicht seiner Sammlung „Die Pestsäule" (1981) auf diese Weise gedenkt:

> Für Josef Hora las ich meine Verse,
> als sein Sarg vor uns ruhte
> im Nationalfriedhof auf der Treppe zum Slavín.
> Ich las ihm zu Füßen
> leise und demutsvoll.
> Vom Festungswall nahe dem Friedhof
> hat man einen weiten Ausblick auf Prag,
> und im Norden steht der Berg Říp
> wie von Kinderhand hingekippt.
> Er gehört zwar uns allen, die wir hier sind,
> aber Hora gehört er besonders.

— Jaroslav Vrchlický (1853–1912), Dramatiker und Lyriker, der aus dem Deutschen, Italienischen und Spanischen übersetzte, aber maßgeblich daran beteiligt war, daß sich die tschechische Kultur seit dem letzten Drittel des 19. Jahrhunderts nicht mehr an deutschen, sondern an französischen Vorbildern orientierte.

Der Wischehrader
Friedhof: Lageplan

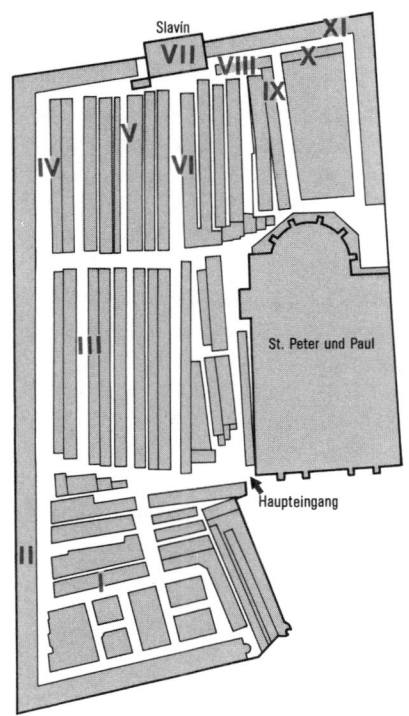

VIII. Bedřich Smetana (1824–1884), der dem Musikfreund durch seine Opern „Die verkaufte Braut" (1866) und „Dalibor" (1868) sowie den erwähnten Zyklus sinfonischer Dichtungen vertraut ist, vgl. S. 30.

IX. Václav Beneš Třebízský (1849–1884), der aus Volksüberlieferungen schöpfte und seine Erzählungen in der Hussitenzeit, der Reformation und Gegenreformation ansiedelte. Sein Grab ziert eine von František Bílek geschaffene, von Kafka bewunderte allegorische Plastik („Leid").

X. Jan Neruda (1834–1891), vgl. S. 103

XI. Božena Němcová (1820–1862), die große Erzählerin, die mit ihrem Roman „Babička" (1855) („Großmütterchen") ein übrigens auch von Kafka hochgeschätztes Werk der Weltliteratur schrieb.

4. Bastei (Bašta)

Zwischen der Kollegiatskirche St. Peter und Paul und der Weinstube „*Na Vyšehradě*" hindurchgehend, gelangt man zu einem Stein-
portal, das sich zu den Wischehrader Parkanlagen öffnet. Der Fußweg
führt zwischen einem rechts liegenden Birkenwäldchen und vier monumentalen Steinskulpturen linker Hand hindurch, die Motive aus der
tschechischen Sagenwelt darstellen. Sie sind von Josef Myslbek
(1848–1922) für die Prager Palacký-Brücke geschaffen und später
hierher übertragen worden. Nach links am Mauerwerk entlang etwas
aufwärts gehend, kommt man zu einer der Basteien, die entsprechend der Beschreibung Ferdinand von Saars in stumpfem Winkel
gegen die Moldau vorspringt.

Das in der Erzählung erwähnte verfallene Blockhaus ist zwar in
der Zwischenkriegszeit durch ein größeres Gebäude ersetzt worden,
dessen Längsfront parallel zur Südflanke der Bastei verläuft, aber
noch immer wachsen hier Fliederbüsche, die, wie schon Zeitgenossen
bemerkten, die in Kenntnis des Textes den *Vyšehrad* aufsuchten, von
der produktiven Einbildungskraft von Saars zur traulichen Laube um-
gestaltet wurden.

Nach Süden schauend, sieht man linker Hand die Häuser von
Podol (Podolí), schräg gegenüber am Westufer der Moldau flußaufwärts ist der spitze Turm der Kirche von Zlíchov auszumachen, den
Rilke in seinem Gedicht „Im Sommer" (aus den 1895 gedruckten
„Larenopfern") zum Ziel eines literarischen Ausflugs gemacht hat. Dahinter, mehr zu erahnen als wirklich zu erkennen, die Pferderennbahn
von Kuchelbad (Chuchle), über der sich die Berge von Königssaal
(Zbraslav) im Dunst verlieren. Dampferfahrten, die vom Prager Mol-
dauquai aus flußaufwärts bis Davle oder Stechowitz (Štěchovice) führten und sich dann in Wanderungen im Tal der Beraun (Berounka) oder
Sasau (Sázava) fortsetzten, gehörten in den ersten Jahrzehnten dieses Jahrhunderts zu den Freizeitvergnügungen der Prager Bevölkerung und waren auch bei den in der Stadt lebenden deutschen Autoren beliebt. Neben Rilke haben Max Brod (Näheres S. 100), der die erwähnten Orte häufig mit seinem Freund Kafka besuchte, in seinem
Gedicht „Dampferfahrt" und Franz Werfel (Näheres S. 225) mit dem
„Kindersonntagsausflug" diese Region literarisch gewürdigt.

Dem *Vyšehrad* direkt gegenüber auf der anderen Flußseite die Fa-
brikvorstadt *Smíchov*, weiter flußabwärts, in Verlängerung der Befesti-
gungsanlagen, der Hradschin: „Prag läßt nicht los", hatte Kafka am

20. Dezember 1902 an seinen Jugendfreund Oskar Pollak geschrieben, um dann in Anlehnung an die tschechische Wendung „matička Praha" fortzufahren: „Dieses Mütterchen hat Krallen. Da muß man sich fügen oder –. An zwei Stellen müßten wir es anzünden, am Vyšehrad und am Hradschin, dann wäre es möglich, daß wir loskommen. Vielleicht überlegst Du es Dir bis zum Karneval." (Franz Kafka, Briefe 1902–1924, S. 14)

Unterhalb der sich rechter Hand fortsetzenden Befestigungsmauer sind als Libussas Bäder bezeichnete Mauerreste zu sehen, die dem ehemals an dieser Stelle gelegenen mittelalterlichen Palast zugehören. Hier spielen Teile aus dem ersten Band von Adalbert Stifters (1805–1868) Spätwerk, dem historischen Roman „Witiko". Der Přemyslide Sobeslaw I., dessen Sohn noch nicht der Herrschaft fähig ist, liegt im Sterben und sendet den jungen Witiko nach Prag, wo sich die Großen des Reichs auf dem *Vyšehrad* versammelt haben, um die Nachfolgefrage zu regeln. Witiko soll dem Herzog die gefaßten Beschlüsse mitteilen, gegen die er sich, auch wenn sie ihm feindlich gesinnt sind, keineswegs auflehnen will:

Als der folgende Tag, der vierte des Monates Hornung, angebrochen war, hatte Witiko sein wohlgereinigtes Lederkleid an, die Lederhaube auf dem Kopfe, und das Schwert an der Seite. Als der Priester gekommen war, ging er mit ihm durch die Straßen Prags. In denselben waren Menschen, welche ihre sonntäglichen Gewänder an hatten, in verschiedenen Richtungen gingen, und von den Dingen sprachen, die heute geschehen sollten. Der Priester und Witiko schlugen den Weg nach dem Wyšehrad ein. Menschen gingen desselben Weges. Mancher Reiter zog mit großem Gefolge dahin. Mancher verfolgte einzeln den Weg. So gelangten sie an den Wyšehrad, und gingen durch das Tor ein.

In dem Hofe waren viele Menschen. Der Priester führte Witiko zu einer Treppe, und dann über diese in einen langen Gang. Wenn irgendwo Reisige standen, sagte der Priester ein Wort, und auf das Wort wurden sie vorüber gelassen. Von dem Gange traten sie in ein Gemach. Das Gemach war groß, und in demselben befanden sich sehr viele Menschen. Es waren Diener da, es waren Herren da, selbst Frauen und Mädchen. Von dem Gemache führte eine Tür in ein weiteres Gemach, in das sie gingen, und in dem wieder Menschen waren.

„Hier müssen wir warten", sagte der Priester zu Witiko.

In dem Gemache war noch weiterhin eine sehr große Tür, an der Bewaffnete standen.

Als sie eine Stunde gewartet hatten, trat ein Mann aus der hohen Tür, und rief: „Witiko."

„Du mußt allein hineingehen", sagte der Priester.

Witiko ging an den Bewaffneten vorüber durch die hohe Tür, der Mann mit ihm, die Tür wurde hinter ihnen geschlossen, und Witiko stand vor der Versammlung.

Es war ein sehr großer Saal. Der Saal war rückwärts und seitwärts ganz mit Menschen gefüllt. Nur wo Witiko stand, war ein größerer freier Raum. Er konnte auf alle sehen, und alle konnten auf ihn sehen. Vorne in der Versammlung, wo ein langer Tisch mit Schreibgeräten stand, saß der Bischof von Prag Silvester. An seiner Linken saß der Bischof mit den dunklen Augen und dem braunen Barte, welchen Silvester Zdik den Bischof von Olmütz geheißen hatte. Dann saßen mehrere Äbte und geistliche Herren. Seitwärts saßen Priester, die zu den Untergebenen der Bischöfe und Äbte gehörten. Vorne in der Versammlung saß auch ein Mann in einem sammetnen dunkelpurpurnen weiten Gewande, das ein Gürtel zusammen hielt, in welchem aber kein Schwert hing. Auf dem Haupte hatte er eine dunkelpurpurne Haube mit einer weißen Feder. Ein weißer Bart floß auf das Gewand nieder. Neben ihm saß einer in grauem Gewande mit grüner Haube weißer Feder und weißen Haaren. Es war Smil ein Kriegsanführer, den Witiko im Zuge nach Sachsen gesehen hatte. Neben Smil saß einer in schwarzem Gewande mit schwarzer Haube grauer Feder weißem Barte, dann noch mehrere in kostbaren Gewändern. In den Reihen hinter diesen saßen vornehme Herren Böhmens schön geziert. Alle hatten ein Schwert. Witiko kannte keinen, oder er konnte ihn in der Menge nicht erkennen. Unter denen, die ganz rückwärts waren, glaubte er das Angesicht des Reiters zu erblicken, der sich bei Chynow den Sohn des Načerat geheißen hatte. Auch sah er einen Mann, von dem er meinte, daß er damals Welislaw genannt worden war. Noch einen sah er, der in jenem Gefolge gewesen war, er kannte aber seinen Namen nicht.

Als er in den Saal getreten war, nahm er seine Lederhaube mit der linken Hand ab, neigte sich, strich mit der rechten seine Locken zurück, und stand dann da, seine Augen auf die Versammlung richtend.

Es war ein großes Gemurmel gewesen, als er in den Saal trat, wie es ist, wenn viele Menschen in einem Raume sind, und es ist größer geworden, da er eintrat. Manche erhoben sich, um ihn zu sehen, und rückwärts standen mehrere aufrecht, um besser nach vorwärts schauen zu können.

Als das Geräusch sich minderte, erhob sich ein Priester, der neben dem Bischofe gesessen war, trat in den freien Raum vor dem Tische, und rief: „Ich bin der Abt von Kladrau!"

Hierauf schwieg er, und da sich nirgends ein Widerspruch erhob, und da fast eine gänzliche Stille eingetreten war, hob er an: „Liebe Mächtige und Wohlgesinnte! Wir haben heute in diesem Hause eine Versammlung, die so groß und ehrfurchterweckend ist, wie selten eine in diesem Lande stattgefunden hat. Viele treue Männer haben, als das Unglück zu drohen schien, welches nun nahe ist, ihre Worte ausgetauscht, was vorzubringen ist, daß der Jammer nicht erscheine, der schon öfter bei einem Wechsel auf dem Herzogstuhle in diese Länder gekommen ist: als aber die Nachricht unter die Menschen ging, daß es nicht mehr anders sein werde, als daß unser erlauchter Herzog Soběslaw zum ewigen Leben in der Gesellschaft seiner Brüder, Eltern und Vorfahren werde einberufen werden, so kam eine große Zahl edler Herren dieser Reiche herein, sie offenbarten ihren Stand und ihren Besitz, und verlangten zu den Versammlungen gelassen zu werden. Der Rat zu ernster Erwägung der Dinge und zur Findung des letzten Ausganges ist nun heute in diesem Saale versammelt. Aber ehe er seinen Gegenstand pflegen konnte, ist ein Fall gekommen, dessen Schlichtung vorher not tut. Ein junger Reiter ist erschienen, den unser mächtiger Herzog Soběslaw gesendet hat, daß er ergründe, was die edlen Herren des Reiches beschließen, und es melde. Er will daher an die Versammlung die Bitte tun, daß sie ihn ihre Beratungen und Beschlüsse anhören lasse, damit er die Wahrheit berichten könne. Sein erstes Anliegen aber ist, daß ihm der Rat gestatte, seine Bitte vor ihm selbst darzulegen. Weil durch Umfrage bei einsichtsvollen Männern, und dann in diesem Rate beschlossen worden ist, daß man ihn höre, und weil ich die Umfrage verursacht, und die Frage vor dieses Haus der Versammlung gebracht habe, so melde ich jetzt, daß der junge Bote vor euch steht, damit das geschehe, was bestimmt ist, und damit die, welche vor seiner Anhörung noch zu reden gemeldet sind, reden."

(Adalbert Stifter, Witiko, S. 94–97)

Anschließend entspinnt sich eine Diskussion über Witiko. Während ein Teil der versammelten Würdenträger seine Anwesenheit als Provokation empfindet, ihn als Kundschafter bezeichnet, den man für seine Frechheiten bestrafen oder gar aufhängen müsse, erreichen andere, daß er sein Anliegen vorbringen kann, worauf die Mehrheit der Anwesenden damit einverstanden ist, daß er den Beratungen zuhören darf. Nach längerem Hin und Her beschließt die Versammlung, nach dem Tod Sobeslaws den Sohn seines verstorbenen Bruders, Wladislaw, zum Herzog auszurufen, also den Sohn Sobeslaws zu übergehen. Witiko überbringt Sobeslaw diese schlechte Nachricht und wird reich beschenkt.

Den ersten Band des „Witiko" hat Stifter geschrieben, ohne Prag gesehen zu haben. Im zweiten Band war darzustellen, wie die belagerte Stadt sich gegen Konrad von Znaim verteidigt, während Herzog Wladislaw mit kleinem Gefolge zum Reichstag nach Nürnberg reitet, um die Hilfe des deutschen Kaisers zu gewinnen. Dieses Vorhaben setzte aber eine genaue Lokalkenntnis voraus. Deswegen kam Stifter 1865 für einige Tage in die Stadt an der Moldau und verbesserte aufgrund der dabei gewonnenen topographischen Einsichten die schon vorhandene Rohfassung dieses Romanteils. Nachdem dieses Mittelstück 1866 erschienen war, schloß Stifter im Frühjahr 1867 den dritten, teilweise ebenfalls in Prag spielenden Teil ab, der noch im gleichen Jahr veröffentlicht wurde. Am 18. Januar 1868 ist er in Linz an einem Selbstmordversuch gestorben.

Zum Abschluß, gleichsam als Abschied von der böhmischen Metropole, sei ein Gedicht des Lyrikers und Übersetzers Camill Hoffmann (1878–1944) zitiert, das zuerst 1918 veröffentlicht wurde. Es beschwört Einsamkeit und Verfallsstimmung der verlassenen Wischehrader Zitadelle. Hoffmann hatte seine Jugend in Prag verbracht, war anschließend in Wien als Feuilleton-Redakteur der „Zeit" tätig (wo er 1908 Werfels erstes Gedicht druckte) und wirkte später als Kulturattaché der tschechoslowakischen Gesandtschaft in Berlin.

Fedja Michailowitsch

Ach dieser Morgen, Ende Januar!
Aprilen scherzende Sciroccodüfte
Aufsprengen unter Rippen mir die Grüfte,
Verschüttet und vergessen! Wieder ist, was war!

So leuchtete die Luft, als von Dominicus[1]
In Prag ich, monatlich ein Heft, „Casatis Abenteuer
Am dunkeln Kongo" heimtrug, angezehrt vom Feuer
Des Unbekannten und der Ferne Rätselgruß.

Die Wolken flogen, und das Herz entflog!
Die Straßen stürzten eng, erst auf den Schanzen
Schien holder Tag Lichtbahnen aufzupflanzen.
Sie wehten breit zum Strom, der um Ruinen bog.

Raddampfer schaukelten, Rennpferde, lang gestreckt,
Durchschnitten glatt das grüne Tuch der Wiesen.
Zwei Flößerjungen Okarina bliesen,
Ein Taubenschwarm entschwirrte aufgeschreckt.

Fedja Michailowitsch, mein liebster Freund,
Kam mit erhobnen Armen mir entgegen:
„O Glück, so wollen wir uns in die Sonne legen,
Die Welt ward nicht erschaffen elend eingezäunt!

Sieh, wie die Wolke silbertrunken fliegt,
Unendlich aufgebaut erblaun die Himmelsräume!
So sei Unendlichkeit das Maß der Träume!
O fühl es, wie sich Erde selig an uns schmiegt!"

Fedja Michailowitsch, entflammter Geist,
Wie sind wir oft mit Wolken, Sternen, Vögeln,
Das Herz entankert, auf! mit Purpursegeln
In fabelferne Länderein gereist!

Geschieht's nicht täglich auf dem Vyšehrad,
Daß dort zwei Menschen brüderlich erbrennen,
Um Freundschaft süß und Freiheit Gott zu nennen?
Zu Füßen Prag, die schmerzenreichste Stadt!
(Die Aktion 8, Heft 7/8, Sp. 94)

---

1 Eine Buch-, Kunst- und Musikalienhandlung dieses Namens existierte bis um
die Jahrhundertwende in der *Národní třída Nr. 38/37.*

Literaturverzeichnis

Nachweise zum ersten Spaziergang

Brod, Max: Jugend im Nebel. Witten und Berlin: Eckart-Verlag 1959

Brod, Max: Prager Tagblatt. Roman einer Redaktion. Frankfurt/M.: S. Fischer Verlag 1979 (Erstausgabe 1957 unter dem Titel „Rebellische Herzen")

Brod, Max: Stefan Rott oder Das Jahr der Entscheidung. Roman. Frankfurt/M.: S. Fischer Verlag 1973

Brod, Max: Über Franz Kafka. Frankfurt/M.: S. Fischer Verlag 1966

Filip, Ota: Café Slavia. Roman. Frankfurt/M.: S. Fischer Verlag 1985

Hašek, Jaroslav: Der Amtseifer des Mauteinnehmers auf der Prager Brücke, Štěpán Brych (Originaltitel: „Úřední horlivost pana Štěpán Brycha, výběrčího na Pražském mostě"), in: J. H., Schule des Humors. Frankfurt/M.: B & N Bücher & Nachrichten (Bärmeier & Nickel) 1984

Kafka, Franz: Beim Bau der Chinesischen Mauer, in: Beschreibung eines Kampfes. Novellen, Skizzen, Aphorismen aus dem Nachlaß (hrsg. von Max Brod). Frankfurt/M.: S. Fischer Verlag 1954

Kafka, Franz: Beschreibung eines Kampfes. Die zwei Fassungen. Parallelausgabe nach den Handschriften (hrsg. von Max Brod). Textedition von Ludwig Dietz. Frankfurt/M.: S. Fischer Verlag 1969

Kafka, Franz: Briefe an Milena. Erweiterte und neu geordnete Ausgabe (hrsg. von Jürgen Born und Michael Müller). Frankfurt/M.: S. Fischer Verlag 1983

Kafka, Franz: Briefe 1902–1924 (hrsg. von Max Brod). Frankfurt/M.: S. Fischer Verlag 1958

Kafka, Franz: Er, in: Beschreibung eines Kampfes. Novellen, Skizzen, Aphorismen aus dem Nachlaß (hrsg. von Max Brod). Frankfurt/M.: S. Fischer Verlag 1954

Kafka, Franz: Der Proceß (bisher: „Der Prozeß"), hrsg. von Malcolm Pasley. Frankfurt/M.: S. Fischer Verlag 1990 (Kritische Ausgabe)

Kafka, Franz: Tagebücher, hrsg. von Hans-Gerd Koch, Michael Müller und Malcolm Pasley. Frankfurt/M.: S. Fischer Verlag 1990 (Kritische Ausgabe)

Kisch, Egon Erwin: Geschichten vom Brückenkreuzer, in: Aus Prager Gassen und Nächten. Prager Kinder. Die Abenteuer in Prag. Berlin und Weimar 1968

Kisch, Egon Erwin: Der Mädchenhirt, in: Schreib das auf, Kisch! Gesammelte Werke in Einzelausgaben, Band 1. Berlin und Weimar: Aufbau-Verlag 1976

Kisch, Egon Erwin: Der tote Hund und der lebende Jude, in: Geschichten aus sieben Ghettos. Eintritt verboten. Nachlese. Gesammelte Werke in Einzelausgaben, Band 6. Berlin und Weimar: Aufbau-Verlag 1971

Kisch, Egon Erwin: Wie der Türke auf der Karlsbrücke um seinen Säbel kam, in: Prager Pitaval. Berlin und Weimar: Aufbau-Verlag 1969

Leppin, Paul: Das Antlitz der Mutter. Mit einer Selbstbiographie des Dichters, Prag 1938

Leppin, Paul: Frühlingslied, in: Max Brod, Der Prager Kreis. Stuttgart 1966

Leppin, Paul: Gespenster, in: Bohemia 80, Nr. 282 (12. 10. 1907), Beilage S. 1

Leppin, Paul: Severins Gang durch die Finsternis. Ein Prager Gespensterroman. München 1914

Macek, Antonin: Frühling auf der Insel Kampa, in: Prager Presse 9, Nr. 89 (30. 3. 1930), Beilage Dichtung und Welt Nr. 13, S. 1

Rilke, Rainer Maria: Zwei Prager Geschichten und Ein Prager Künstler. Mit Illustrationen von Emil Orlik, hrsg. von Josef Mühlberger. Frankfurt/M.: Insel Verlag 1976 (it 235)

Seifert, Jaroslav: Alle Schönheiten der Welt. Geschichten und Erinnerungen (Originaltitel: „Všecky krásy světa. Příběhy a vzpominky"). Deutsch von Eckhard Thiele. Berlin und Weimar: Aufbau-Verlag 1987

Seifert, Jaroslav: Am Novotny-Steg, in: Gewitter der Welt. Vom süßen Unglück, ein Dichter zu sein (Originaltitel: „Býti básnikem", „Ein Dichter sein"). Übertragen von Hermann Buchner. Illustrationen von Irena Rácek. Karlsruhe: Loeper-Verlag 1984

Seifert, Jaroslav: Das Café Slavia, in: Das Prager Kaffeehaus. Literarische Tischgesellschaften (Originaltitel: „Kavárna Slávie", aus der Sammlung „Halleyo kometa"), deutschsprachige Ausgabe, Nachdichtung: Annemarie Bostroem. Berlin: Verlag Volk und Welt 1988

Strobl, Karl Hans: Die Flamänder von Prag (vom Verfasser revidierte Neuausgabe des „Schipkapasses"). Karlsbad-Drahowitz und Leipzig 1932

Werfel, Franz: Kleine Verhältnisse, in: Erzählungen aus zwei Welten, hrsg. von Adolf D. Klarmann, Band II. Frankfurt/M.: S. Fischer Verlag 1952

Wiener, Oskar: Mit Detlev von Liliencron durch Prag, in: Alt-Prager Guckkasten. Wanderungen durch das romantische Prag. Prag/Wien/Leipzig 1922

Nachweise zum zweiten Spaziergang

Brod, Max: Prager Tagblatt. Roman einer Redaktion (Originaltitel 1957: „Rebellische Herzen"). Frankfurt/M.: S. Fischer Verlag 1979

Brod, Max: Tycho Brahes Weg zu Gott. Ein Roman. Leipzig: Kurt-Wolff-Verlag 1915

Čech, Svatopluk: Die wahre Reise des Herrn Brouček zum Mond (Originaltitel: „Pravý výlet pana Broučka do měsíce"), in: Tschechische Erzähler des 19. und 20. Jahrhunderts. Auswahl, Übersetzung aus dem Tschechischen, Nachwort und Anmerkungen von Peter Sacher. Zürich: Manesse Verlag 1990

Kafka, Franz: Der Proceß (bisher: „Der Prozeß"), hrsg. von Malcolm Pasley. Frankfurt/M.: S. Fischer Verlag 1990 (Kritische Ausgabe)

Kafka, Franz: Briefe an Felice und andere Korrespondenz aus der Verlobungszeit, hrsg. von Erich Heller und Jürgen Born. Frankfurt/M.: S. Fischer Verlag 1967

Meyrink, Gustav: Walpurgisnacht. Roman. Mit einem Nachwort von Gerhard Fritsch. München/Wien: Langen Müller Verlag (in F. A. Herbig Verlagsbuchhandlung GmbH) 1977

Neruda, Jan: Eine Prager Idylle, in: Bilder aus dem alten Prag (Originaltitel: „Arabesky a jiné povidy"), Deutsche Übersetzung von Günther Jarosch. Berlin und Weimar: Aufbau-Verlag 1984

Neruda, Jan: Eine Woche in einem stillen Haus, in: Kleinseitner Geschichten. München: Artemis und Winkler Verlags GmbH 1977

Nezval, Vitězslav: Aus meinem Leben (Originaltitel: „Z mého života"). Leipzig 1988

Perutz, Leo: Nachts unter der steinernen Brücke. Phantastischer Roman. Wien/Darmstadt: Paul Zsolnay Verlag Gesellschaft mbH 1988. Zitiert nach dtv-Ausgabe 1978, München

Rilke, Rainer Maria: Zwei Prager Geschichten und Ein Prager Künstler. Mit Illustrationen von Emil Orlik, hrsg. von Josef Mühlberger. Frankfurt/M.: Insel Verlag 1976

Urzidil, Johannes: Meine ersten Zeitschriften, in: Bekenntnisse eines Pedanten. Erzählungen und Essays aus dem autobiographischen Nachlaß. Zürich und München: Artemis-Verlag 1972

Urzidil, Johannes: Vermächtnis eines Jünglings, in: Prager Triptychon. Krefeld: Scherpe Verlag. Zitiert nach der Ausgabe des Wilhelm-Heyne-Verlags 1980

Wenig, Adolf/Sudek, Josef: Náš Hrad. Praha 1948

Wiener, Oskar: Mit Detlev von Liliencron durch Prag, in: Alt-Prager Guckkasten. Wanderungen durch das romantische Prag. Prag/Wien/Leipzig 1922

Nachweise zum dritten Spaziergang

Apollinaire, Guillaume: Zone, in: Poetische Werke. Oeuvres Poétiques. Neuwied und Berlin: Luchterhand Verlag 1969

Cibula, Václav: Pražské fugurky. Praha 1985

Fuchs, Rudolf: Die Prager Aposteluhr, in: Die Prager Aposteluhr. Gedichte, Prosa, Briefe, hrsg. von Ilse Seehase. Halle/Leipzig: Mitteldeutscher Verlag 1985

Kafka, Franz: Brief an den Vater, in: Hochzeitsvorbereitungen auf dem Lande und andere Prosa aus dem Nachlaß (hrsg. von Max Brod). Frankfurt/M.: S. Fischer Verlag 1953

Kafka, Franz: Briefe an Felice und andere Korrespondenz aus der Verlobungszeit, hrsg. von Erich Heller und Jürgen Born. Frankfurt/M.: S. Fischer Verlag 1967

Kafka, Franz: Briefe an Milena. Erweiterte und neu geordnete Ausgabe, hrsg. von Jürgen Born und Michael Müller. Frankfurt/M.: S. Fischer Verlag 1983

Kafka, Franz: Briefe 1902–1924 (hrsg. von Max Brod). Frankfurt/M.: S. Fischer Verlag 1958

Kafka, Franz: Er, in: Beschreibung eines Kampfes. Novellen, Skizzen, Aphorismen aus dem Nachlaß (hrsg. von Max Brod). Frankfurt/M.: S. Fischer Verlag 1954

Kafka, Franz: Tagebücher, hrsg. von Hans-Gerd Koch, Michael Müller und Malcolm Pasley. Frankfurt/M.: S. Fischer Verlag 1990 (Kritische Ausgabe)

Kisch, Egon Erwin: Die Geheimnisse des Salons Goldschmied, in: Hetzjagd durch die Zeit. Gesammelte Werke in Einzelausgaben, Band 5. Berlin: Aufbau-Verlag 1972. Zitiert nach der Ausgabe von 1926

Kisch, Egon Erwin: Das Haus „Zu den zwei goldenen Bären, in: Aus Prager Gassen und Nächten. Prager Kinder. Die Abenteuer in Prag. Berlin und Weimar: Aufbau Verlag 1968

Kohn, S.(alomon): Die Antipoden, in: Prager Ghettobilder, Leipzig 1884

Lasker-Schüler, Else: Der alte Tempel in Prag, in: Sämtliche Gedichte. München: Kösel-Verlag 1984

Lube, Manfred: Zur Entstehungsgeschichte von Gustav Meyrinks Roman „Der Golem", in: Österreich in Geschichte und Literatur 15, 1971

Meißner, Alfred: Lemberger und Sohn. Eine Prager Judengeschichte. Berlin 1865

Meyrink, Gustav: Der Golem. Mit 25 Illustrationen von Hugo Steiner-Prag. München/Wien: Langen Müller Verlag (in F. A. Herbig Verlagsbuchhandlung GmbH) 1972

Morgenstern, Christian: Palmström bei Gogo, in: Hetzjagd durch die Zeit. Berlin 1926

Pannwitz, Rudolf: Der Judenfriedhof, in: Wasser wird sich ballen. Gesammelte Gedichte. Stuttgart 1963. © Deutsches Literaturarchiv, Marbach

Raabe, Wilhelm: Holunderblüte, in: Werke, Band 4: Erzählungen, hrsg. von Karl Hoppe. München: Winkler-Verlag 1973

Seifert, Jaroslav: Fingerabdrücke, in: Der Regenschirm vom Piccadilly. Die Pestsäule. Gedichte in der Übertragung aus dem Tschechischen von Franz Peter Künzel. München: Franz Schneekluth Verlag 1985

Strobl, Karl Hans: Die Flamänder von Prag. Roman. Karlsbad-Drahowitz und Leipzig 1932 (Neuausgabe von „Der Schipkapaß")

Strobl, Karl Hans: Die Vaclavbude. Eine Prager Studentengeschichte. Leipzig 1919 (revidierte Ausgabe)

Torberg, Friedrich: Golems Wiederkehr, in: Golems Wiederkehr und andere Erzählungen. München: Langen Müller Verlag (in F. A. Herbig Verlagsbuchhandlung GmbH) 1968

Torberg, Friedrich: Die Tante Jolesch oder Der Untergang des Abendlandes in Anekdoten. München: Langen Müller Verlag (in F. A. Herbig Verlagsbuchhandlung GmbH) 1977

Vilímková, Milada: Die Prager Judenstadt. Hanau: Werner Dausien 1990

Winter, Zikmund: Dies irae (Originaltitel des Romans: „Mistr Kampanus"), in: Tschechische Erzähler des 19. und 20. Jahrhunderts. Auswahl, Übersetzung aus dem Tschechischen, Nachwort und Anmerkungen von Peter Sacher. Zürich: Manesse Verlag 1990

Nachweise zum vierten Spaziergang

Diviš, Vladimír: Apollinaire. Chronik eines Dichterlebens. Prag 1966

Fuchs, Rudolf: Das Haus „Zur Sonne", in: Die Prager Aposteluhr. Gedichte, Prosa, Briefe, hrsg. von Ilse Seehase. Halle/Leipzig: Mitteldeutscher Verlag 1985

Haas, Willy: Nachwort, in: Franz Werfel, Der Tod des Kleinbürgers. Erzählung. Stuttgart 1978

Hrabal, Bohumil: Ich habe den englischen König bedient. Roman. Aus dem Tschechischen von Karl-Heinz Jähn (Originaltitel: „Obsluhoval jsem anglického krále"). Frankfurt/M.: Suhrkamp Verlag 1990

Kafka, Franz: Briefe an Felice und andere Korrespondenz aus der Verlobungszeit, hrsg. von Erich Heller und Jürgen Born. Frankfurt/M.: S. Fischer Verlag 1967

Kafka, Franz: Briefe 1902–1924 (hrsg. von Max Brod). Frankfurt/M.: S. Fischer Verlag 1958

Kafka, Franz: Briefe an den Vater, in: Hochzeitsvorbereitungen auf dem Lande und andere Prosa aus dem Nachlaß (hrsg. von Max Brod). Frankfurt/M.: S. Fischer Verlag 1953

Kisch, Egon Erwin: Welt des Stadtparks, in: Aus Prager Gassen und Nächten. Prager Kinder. Die Abenteuer in Prag. Berlin und Weimar 1968

Kraus, Alfred: Oltář a rotačka („Altar und Rotationspresse"). Praha 1930

Kraus, Oskar: MEYRIAS. Die Meyriade. Humoristisches Epos aus dem Gymnasialleben. Leipzig 1891

Nezval, Vítězslav: Der Porschitsch (Originaltitel: „Poříč"), in: Ausgewählte Gedichte. Frankfurt/M.: Suhrkamp Verlag 1967

Rilke, Rainer Maria: Mein Geburtshaus, in: Die Gedichte. Frankfurt/M.: Insel Verlag 1986

Strobl, Karl Hans: Heimat im frühen Licht. Jugenderinnerungen aus deutschem Ostland, Budweis. Leipzig 1942 (Neufassung des 1920 erschienenen Bandes „Verlorene Heimat")

Werfel, Franz: Erster Frühling, in: Das lyrische Werk, hrsg. von Adolf D. Klarmann. Frankfurt/M.: S. Fischer Verlag 1967

Werfel, Franz: Erster Schultag, in: Ebenda.

Werfel, Franz: Der göttliche Portier, in: Ebenda.

Werfel, Franz: Schwäne, in: Ebenda.

Nachweise zum fünften Spaziergang

Bass, Eduard: Ein Prager Sherlock Holmes (Originaltitel: „Prazsky Sherlock Holmes", aus der Reihe „Prazské a jiné historie" – „Prager und andere Geschichten"), in: Ein Prager Sherlock Holmes. Tschechische Humoresken (hrsg. von Ludwig Richter/ Deutsche Übersetzung von Gustav Just). Berlin: Verlag der Nation 1984 (Mit freundlicher Genehmigung der staatlichen Agentur DILIA, Prag.)

Fuchs, Rudolf: Erinnerungen an die Nikolanderschule, in: Die Prager Aposteluhr. Gedichte, Prosa, Briefe (hrsg. von Ilse Seehase). Halle/Leipzig: Mitteldeutscher Verlag 1985

Hašek, Jaroslav: Die Abenteuer des braven Soldaten Schwejk. Illustriert von Josef Lada. Reinbek: Rowohlt-Verlag 1961

Kafka, Franz: Briefe an Felice und andere Korrespondenz aus der Verlobungszeit, hrsg. von Erich Heller und Jürgen Born. Frankfurt/M.: S. Fischer Verlag 1967

Kafka, Franz: Briefe an Milena. Erweiterte und neu geordnete Ausgabe, hrsg. von Jürgen Born und Michael Müller. Frankfurt/M.: S. Fischer Verlag 1983

Kisch, Egon Erwin: Die Gifthütte, in: Aus Prager Gassen und Nächten. Prager Kinder. Die Abenteuer in Prag. Berlin und Weimar: Aufbau-Verlag 1968

Liliencron, Detlev von: Poggfred (hrsg. von Richard Dehmel). Berlin 1915[5]

Meyrink, Gustav: Dr. Haselmayers weißer Kakadu, in: Das Haus zur letzten Latern. Nachgelassenes und Verstreutes (hrsg. von Eduard Frank). München: Langen Müller Verlag (in F. A. Herbig Verlagsbuchhandlung GmbH) 1973

Nettl, Paul (Hrsg.): Das Prager Lied, in: Prag im Studentenlied (Schriftenreihe der sudetendeutschen Ärzte, Nummer 6). München: Lerche Verlag 1964

Rilke, Rainer Maria: Unser Abendgang, in: Die Gedichte. Frankfurt/M.: Insel Verlag 1986

Werfel, Franz: Der Abituriententag. Die Geschichte einer Jugendschuld (hrsg. von Knut Beck). Frankfurt/M.: S. Fischer Verlag 1990

Wiegler, Paul: Das Haus an der Moldau. Mit einem Nachwort von Hans J. Schütz. Frankfurt/M. und Leipzig: Insel Verlag 1991. (it 1337)

Wiener, Oskar: Mit Detlev von Liliencron durch Prag, in: Alt-Prager Guckkasten. Wanderungen durch das romantische Prag. Prag/Wien/Leipzig 1922

Nachweise zum sechsten Spaziergang

Hoffmann, Camill: Fedja Michailowitsch, in: Die Aktion 8, Heft 7/8 (23. 2. 1918), Sp. 94 und 97

Kafka, Franz: Briefe 1902–1924 (hrsg. von Max Brod). Frankfurt/M.: S. Fischer Verlag 1958

Saar, Ferdinand von: Innocens. Kritisch herausgegeben und gedeutet von Jens Stüben. Bonn: Bouvier-Verlag 1986

Seifert, Jaroslav: Während eines seiner frühen Vorträge . . . („Na jedné ze svých dávných přednášek . . ."), in: Der Regenschirm vom Piccadilly. Die Pestsäule. Gedichte in der Übertragung aus dem Tschechischen von Franz Peter Künzel (Originaltitel der zweiten Sammlung: „Morový sloup"). München: Franz Schneekluth Verlag 1985

Stifter, Adalbert: Witiko. München: Winkler-Verlag 1967

Abbildungsverzeichnis

Hinweise zur Aussprache tschechischer Laute

á: langes a wie in Tat
é: langes ä wie in Bär
ě: jä wie in jäh
í, ý: langes i wie in Liebe
o, ó: kurzes und langes, stets offenes o
ů: langes u wie in gut
c: immer wie ts, auch am Wortende und vor k
č: wie tsch in deutsch
ch: wie in Bach
d', t': Verschmelzung von d bzw. t und j zu einem Laut
h: stark behaucht, in allen Stellungen zu hören
ň: Verschmelzung von n und j zu einem Laut wie in Kognak
ř: 1. Im Auslaut und neben stimmlosen Konsonanten Verschmelzung vor r und š zu einem Laut
2. In allen anderen Positionen Verschmelzung von r und ž zu einem Laut
s: immer stimmlos wie in Haus
š: wie sch in schön
v: wie w, am Wortende wie f
z: wie s (stimmhaft) in Rose
ž: wie g in Genie.